Matthias von Saldern

Schulleistung 2.0
Von der Note zum Kompetenzraster

„Man weiß nie, was daraus wird, wenn die Dinge verändert werden. Aber weiß man denn, was daraus wird, wenn sie nicht verändert werden?"

Elias Canetti

Schule in Deutschland 4

Matthias von Saldern

Schulleistung 2.0

Von der Note zum Kompetenzraster

MIX
Papier aus verantwortungsvollen Quellen
Paper from responsible sources
FSC® C105338

FSC
www.fsc.org

Bibliografische Informationen der Deutschen Bibliothek
Die Deutsche Bibliothek verzeichnet diese Publikation in der Deutschen
Nationalbibliografie; detaillierte bibliografische Daten sind im Internet
unter http://dnb.d-nb.de abrufbar.

© 2011 Matthias von Saldern
Herstellung und Verlag: Books on Demand GmbH, Norderstedt
ISBN 978-3-8423-7607-6

Inhaltsverzeichnis

1   Einleitung

Die bildungspolitische Diskussion in Deutschland war zeitweise trotz zaghafter Belebungsversuche an einem historischen Tiefpunkt angelangt. Erst die internationalen Vergleichsuntersuchungen (z. B. PISA-Studien usw.) brachten neuen Schub in die öffentliche Debatte, allerdings mit nicht immer erfreulichem Verlauf.

> *Wenn es ein Land gibt, in dem die Rolle der Schule besonders bedeutsam und notwendig ist,*
> *so ist es das unsre.*
>
> Emile Durkheim, Vorlesung an der Sorbonne 1902/3

Derzeit lassen sich zwei gegenläufige Entwicklungen beobachten: Einerseits werden auf Grund z. B. der PISA-Studien bildungspolitische Entscheidungen gefällt, die u.a. zu einer massiven Verengung des schulischen Auftrags führen (*Verengungsthese*), was durch den Sparwillen noch beschleunigt wird (*Beschleunigungsthese*). Andererseits erfordert gerade die Internationalisierung der Wirtschaft eine Bildung, die eine erhöhte Anzahl an Kompetenzen usw. umfasst (*Anforderungserhöhungsthese*). In diesem Buch wird die Frage zu beantworten gesucht, ob das deutsche Schulsystem, das im Zwiespalt zwischen Selektion und Förderung zu stehen scheint, den Herausforderungen der Zukunft angemessen begegnen kann.

Zu den Thesen im Einzelnen:

Verengungsthese. Im öffentlichen und bildungspolitischen Bereich wird über Rolle und Funktion der Bildungsinstitutionen ebenso diskutiert wie über Studiengebühren und verkürzte Studienzeiten. Im schulischen Bereich versucht man die Selbstständigkeit der Schulen zu erhöhen und dabei die Schulzeit zu verkürzen. Dazu wurden – wie sonst nur selten der Fall – insbesondere die internationalen Studien politisch instrumentalisiert. Zudem werden Veränderungen gefordert, die durch diese Studien gar nicht zu belegen sind, teilweise kommt man gar zu gegenteiligen Ergebnissen. Die Diskussion verläuft zu schnell und Handlungen kommen häufig überstürzt und widersprüchlich daher, auch wenn die erste PISA-Studie schon über 10 Jahre her ist.

Beschleunigungsthese. Diese Diskussionen über Schule machen prinzipiell durchaus Sinn, ihre Motive liegen allerdings – so wie diskutiert wird – selten im pädagogischen Bereich. So ist besonders das Streben nach einer Entlastung der öffentlichen Kassen hier ein kontraproduktives Leitmotiv. An dieser Stelle soll keineswegs in das häufig vernehmbare allgemeine Lamentieren eingefallen werden, stattdessen soll aufgezeigt werden, dass bei genauerem Hinsehen zukünftig alle die Konsequenzen für das rigorose *Sparen* tragen müssen. Denn das Sparen der öffentlichen Hand wird einseitig umgesetzt. Das Bildungssystem ist dabei ein besonders anfälliges Opfer, weil andere Bereiche eine stärkere Lobby haben. Man denke nur an den Banken-Rettungsschirm. Kurioserweise streichen gerade diejenigen Politikerinnen und Politiker den Bildungshaushalt zusammen (und nutzen selten die demografische Rendite), die den Erziehungsinstitutionen mehr Leistungen (was auch immer darunter verstanden wird) abverlangen. Die Jugendlichen scheinen die abnehmende Bildungsfinanzierung zu erkennen und empfinden dies als Bedrohung wie die jüngste Shell-Jugendstudie zeigen konnte. Zudem wird der klare Zusammenhang zwischen Bildungsinvestitionen und volkswirtschaftliche Entwicklung von Nationen übersehen.

Anforderungserhöhungsthese. Die Spardiskussion wäre für sich alleine genommen noch im Rahmen allgemeingesellschaftlicher Diskussionen zu akzeptieren. Die Brisanz dieser Diskussion liegt allerdings darin, dass die Anforderungen an die Bildungsinstitutionen derzeit nicht geringer, sondern höher werden. Die Bildungsdiskussion ist nämlich auch eine Standortdiskussion. Es ist keineswegs vordergründig, die Schulleistungsdiskussion mit der Standortfrage zu verbinden. Wäre da keine Wirkung vom Schulsystem auf das Wirtschaftssystem nachzuweisen, dann wäre Schule alleine auf Persönlichkeitsentwicklung angelegt. Die OECD belehrt uns seit Jahren diesbezüglich eines Besseren.

Wie müssen Schulen ausgestattet sein, damit sie alle Anforderungen gerecht werden kann? In Deutschland wird zwar berechtigter Weise viel über Schulstrukturen diskutiert, wobei häufig vergessen wird, was innerhalb der Einzelschule falsch läuft: Viele Schulen fahren noch 45-Minuten-Einheiten, bleiben bei stressgeschwängerten 5-Minuten-Pausen, haben noch eine Schulklingel wie beim preußischen Militär, muten Eltern 10-Minuten-Sprechzeiten pro Halbjahr zu, vermeiden Teamarbeit und: Sie nutzen Leistungsfeststellung zur Selektion, kaum zur förderlichen Diagnose. Einige dieser Dinge sind per Erlass vorgegeben, andere sich selbst verschuldet.

Die Frage also rückt in den Mittelpunkt, wie wir in der Schule lernen, und darüber hinaus, was die Ursachen dieses Lernens und seine Begründungen sind. Für die Schüler allerdings fokussieren sich die genannten Thesen im schulischen Alltag auf den Begriff Leistung. Es zeigt sich, dass das schulische Lernen nicht über den Zugang *Optimales Lernen* definiert, sondern über den Zugang *Optimale Leistungsbeurteilung* bestimmt wird: „Es spricht manches für die Vermutung, dass die Leistungsbeurteilung sich verselbstständigt hat. Eine für die pädagogische Arbeit nebensächliche Erscheinung ist zur Hauptsache geworden" (Soll, 1993, S. 3). Es scheint möglich, über die Leistungsdiskussion, welche ja Kern der Schule zu sein scheint, die Schule selbst – auch in rein organisatorischen Bereichen – Veränderungen erfahren zu lassen, um ihren Auftrag den Herausforderungen der Zukunft angemessen anzupassen. Der Ist-Zustand ist in Standardwerken hinreichend erfasst (z. B. Jürgens, 2005; Sacher & Rademacher, 2009).

Allerdings gibt es zahlreiche Praxisbücher zu Formen der alternativen Leistungsfeststellung, die in einem eklatanten Widerspruch zur Erlasslage stehen. Es ist also nicht nur den Schulen anzulasten, dass eher Selektion und weniger Förderung handlungsleitend für Leistungsmessung sind, sondern auch der Legislative und den untergesetzlichen Maßnahmen der Exekutive.

Leistungsanforderungen dienen nicht nur die Förderung und Herausbildung einer Elite, sondern auch der Anhebung des Durchschnitts der Leistungsfähigkeit unserer Kinder und Jugendlichen, unter Vermeidung von Schulversagen. Die Optimierung unseres Bildungssystems darf deshalb keinesfalls zu einer Steigerung der Ungleichheit führen, wie Luhmann und Schorr es für möglich halten (Luhmann & Schorr, 1979, S. 555). Wenn die OECD beim Vergleich der Industrieländer immer wieder darauf hinweist, dass in Deutschland die Rate der Studierenden zu niedrig ist, dann dürfte dies Warnsignal genug sein. Bei dieser Diskussion zwischen Sparen, bildungspolitischem Aktionismus und neuen Anforderungen bleibt die pädagogische Wissenschaft merkwürdig ruhig und stellt sich häufig als unkritisches und politiknahes Bildungsforschungssystem dar.

Die Aufgabe der vergleichenden Erziehungswissenschaft ist allerdings nicht einfach zu bewältigen: Die Merkmale eines Bildungssystems stehen in einer Wechselbeziehung. Änderungen an einem Parameter können das Gleichgewicht des Ganzen beeinflussen, sei es, dass eine Dynamik ausgelöst wird, deren positive Effekte die Hoffnungen übertreffen, sei es, dass Wirkungen eintreten, die für andere Elemente des Systems nachteilig sind (siehe zum systemischen Ansatz von Saldern, 2010).

Jedes Bildungssystem ist zudem ein Produkt einer gesellschaftlichen Entwicklung. Seine Merkmale sind das Ergebnis eines langsamen Prozesses, in dessen Verlauf die divergierenden Forderungen unterschiedlicher Interessengruppen eingeflossen sind. Nun mögen bei uns aber diese Entwicklungen ganz anders verlaufen sein als anderswo. Dies erklärt, warum es problematisch ist, davon auszugehen, dass eine Maßnahme, die in einem Land Erfolg bringt, in einem anderen Land dieselben Wirkungen nach sich zieht. Wenn wir also von anderen Ländern z. B. auf der Basis der Daten der internationalen Studien etwas lernen und es in unser Schulsystem implementieren, kann das unabsehbare Folgen haben. Deshalb ist bei einer Übernahme kritische Vorsicht angeraten. Dennoch: In anderen Staaten, insbesondere bei denen, die bei PISA usw. erfolgreich sind, sowie auch in deutschen Vorzeigeschulen werden andere Formen der Leistungsfeststellung und -rückmeldung gepflegt, die den einzelnen Schüler und dessen Lernentwicklung in den Mittelpunkt stellen. Sie sind stärker förder- als selektionsorientiert.

Selektion ist ein Begriff, der von manchem abgelehnt wird wegen seines historischen Bezuges. International wird er bedenkenfrei verwendet. Eine Zuordnung eines Schülers zu einer Gruppe ist eben Selektion. Dies ist wertneutral gemeint. Selektion als Platzierungsentscheidung (z. B. Zuweisung zu einer Schulform des gegliederten Systems) ist hoch problematisch, Selektion im Sinne einer kurzfristigen Fördermaßnahme keinesfalls. Das Problem des deutschen Schulsystems ist es allerdings, dass die erste Form von der Schule verlangt wird. Und dies steht im Widerspruch zum Fördergedanken. Es verhindert sogar eine Steigerung der Leistung des Schulsystems und auch des einzelnen Schülers und führt damit zu einer Leistungsferne.

Deutliches Anzeichen für die Richtigkeit dieser Analyse ist die Tatsache, dass im deutschen Schulsystem die Note eine so herausragende Rolle spielt. Würde der Staat es mit dem einzelnen Schüler ernst meinen, dann würde die Leistungsbeschreibung inhaltlich präzise und nicht verschwommen sein, unterlegt mit der Suggestion, dass Ziffern hochpräzise seien. Aber auch andere Formen der Leistungsrückmeldung, wie zum Beispiel Lernentwicklungsberichte, sind durchaus problematisch zu sehen: Entweder stecken hinter vielen Sätzen doch Formen der Notengebung oder die Äußerungen sind so unpräzise, dass sie von keinem verstanden werden.

Eine gewisse Wende bei Leistungsfeststellung und auch -rückmeldung ist nach den Pisa-Studien zu erkennen, obwohl eine Internationalisierung vorher bereits vehement gefordert worden war: Es ist der unschätzbare Verdienst von Karlheinz Ingenkamp, die Diskussion über die überregionale Lernerfolgsmessung nach Deutschland getragen zu haben. Dies war notwendig, weil die Anfänge in Deutschland verloren gegangen waren. So schreibt er in der Einleitung des Buches über ein internationales Symposium 1988: „Wer die Beurteilungspraxis in den Schulen der Bundesrepublik Deutschland gegenwärtig nüchtern analysiert, kann der Feststellung nicht ausweichen, dass wir uns immer noch unter dem Niveau befinden, das Mitte der 20er Jahre bereits erreicht war." (Ingenkamp & Schreiber, 1989, S. 8).

Nun scheint es so, dass seine Mahnungen Früchte getragen haben. Die Diskussion heute beachtet dabei vorwiegend den internationalen Vergleich und verläuft deshalb teilweise unglücklich, weil die vorliegenden Ergebnisse selektiv und z.T. sogar falsch interpretiert werden.

Was völlig übersehen wurde: Die Pisa-Studien selbst verzichten gänzlich auf Noten und Entwicklungsberichte, sondern versuchen die Fachleistungen der Schülerinnen und Schüler durch Kompetenzstufen zu beschreiben. Dieser Gedanke zu einer präzisen Erfassung und Rückmeldung, ohne zur generalisierenden Note greifen zu müssen, ist zwar nicht gänzlich neu, scheint aber langsam Leitmotiv auch im deutschen Schulsystem zu werden.

Basis ist das Kompetenzraster, eine im Prinzip einfach aufgebaute Matrix mit Kompetenzen, denen Stufen zugeordnet sind (siehe Abbildung 1).

„Ich kann ..."	Tiefe der Kompetenz					
	A1	A2	B1	B2	C1	C2
Kompetenz 1						
Kompetenz 2						
Kompetenz 3						

Abbildung 1: Grundidee des Kompetenzrasters

Diese Entwicklung einer verstärkten Kompetenzorientierung wird allerdings nicht nur positiv gesehen:

„Angesichts ihrer Überforderung reagiert die universitäre Fachdidaktik fraktioniert: Manche verspüren den alten Charme taxonomischer Architekturen und setzen auf hoch abstrakte, streng formalisierte und mehrdimensionale Kompetenzmodelle in der Hoffnung, jene irgendwann einmal füllen zu können." (Kämper-van den Boogaart, 2008, S. 6)

Man mag damit übereinstimmen, dass „die Kompetenzorientierung nicht
die neue bildungspolitische oder didaktisch-methodische „Heilslehre" darstellt" (Kayser, 2008, S. 11). Wer aber in der Pädagogik nach Heilslehren
sucht, wird prinzipiell enttäuscht werden.

Die Orientierung am Kompetenzbegriff ist - wie gezeigt werden wird - über-
fällig und hat zahlreiche Konsequenzen, die von der Vorbereitung des Unterrichts, über Unterrichtsmethoden bis hin zur Kritik an der Qualität von
Schulbüchern reicht. Ein weiterer Bereich ist davon ebenfalls betroffen: die
Messung der schulischen Leistung sowie deren Rückmeldung an die Schülerinnen und Schüler, deren Eltern und auch Lehrkräfte. Eine derartige Umsetzung des Kompetenzgedankens ist allerdings nicht voraussetzungslos,
wie es manchmal in den Büchern mit Vorschlägen zu Kompetenzraster erscheint.

Dieses Buch gliedert sich neben dieser Einleitung und ohne das Fazit in
acht weitere Kapitel. Im zweiten Kapitel wird zunächst die Rolle von Leistung in einer Demokratie herausgearbeitet. Im dritten Kapitel werden an-
schließend einige Anmerkungen zum Leistungsprinzip und -begriff gemacht,
weil Schule für das Leben vorbereiten soll und es deshalb nur sinnvoll sein
kann, in der Schule das zu lehren, was der Wirklichkeit nahe kommt. Auch
wird das Verhältnis von Kompetenz und Performanz thematisiert. Das sich
anschließende vierte Kapitel fasst die Anforderungen an die Schule zusammen, gefolgt von der Frage, wie Inhaltssteuerung im Schulsystem aussehen
kann. Im sechsten Kapitel geht es um die Funktion der Leistungsfeststellung, gefolgt von einem Abschnitt zur Leistungsbeurteilung und den damit
zusammenhängenden Beurteilungsfehlern. Das achte Kapitel konzentriert
sich ganz auf den Kompetenzrasteransatz und fragt, ob die Mängel der
schulischen Leistungsfeststellung dadurch gemindert werden können. Es
folgt eine Kritik dieses Ansatzes.

2 Leistung und Demokratie

Die Notwendigkeit, schulische Leistungsmessung und -rückmeldung zu verbessern, setzt voraus, dass diese überhaupt notwendig sind. Dies wird hier nicht bezweifelt, wohl aber deren schulpraktische Umsetzung der Notenfindung und -erteilung. Logisch vorrangig ist allerdings die Frage, ob in einer freiheitlichen Demokratie ein Zwangssystem wie Schule überhaupt zulässig ist.

2.1 Bildung und Leistung

Es scheint gleichgültig, welche pädagogische Grundhaltung man selber innehat oder welche theoretische Perspektive man auf pädagogische Fragestellung richtet: Die Diskussion nach PISA muss in den Blick genommen werden. Sie bestimmt in weiten Teilen die schulpädagogische Diskussion und betont auch seit Langem eingeführte Begriffe, wobei häufig versucht wird, diese neu zu definieren. Einer dieser Begriffe ist der Bildungsbegriff als Bindeglied zwischen individueller Leistung und Staatsform (Demokratie).

Die Idee der Bildung besagt, dass die Teilnahmemöglichkeit „an Gesellschaft, ja an Welt, dem Einzelnen als Individuum vermittelt werden müsse und dass die Individualität des Einzelnen so entwickelt werden müsse, dass er frei darüber verfügen und Teilnahme als eigene verwirklichen könne" (Luhmann, 1991, S. 20).

Aber wie könnte das ermöglicht werden? Weinert suchte eine Lösung und versuchte, den Bildungsbegriff mit der aktuellen Kompetenzdiskussion kompatibel zu machen. So definiert Weinert (1986): „Bildung ist ein Wissen besonderer Qualität". Er führt dazu näher aus:

- Bildung ist der Erwerb und Besitz eines thematisch reichhaltigen Wissens (Bezug auf die Wissenspsychologie).
- Bildung ist der Erwerb und Besitz intelligent nutzbaren Wissens, eines Wissens, das Urteile und Anwendungen ermöglicht (Bezug auf die konstruktivistische Lerntheorie).
- Bildung ist der Erwerb und Besitz motivierenden Wissens. Wissen und Interesse bedingen einander (Bezug auf die Motivationsforschung).

Nun könnte man hinterfragen, was Weinert unter Wissen versteht. Dies ist aber nicht Gegenstand der weiteren Analyse. Vielmehr soll geklärt werden, was Weinert unter Erwerb von Wissen versteht. Geht man davon aus, dass er Erwerb hier als geistige Aneignung verstanden wird, dann ist man kaum weiter, weil wiederum gefragt werden muss, was Aneignung sei. Mit diesem Begriff ist eine Bedeutungsvielfalt verbunden, die Chancen eröffnet: Zum einen ist damit die Durchdringung eines Sachverhaltes gemeint, zum anderen die Zuschreibung einer Bedeutung zu einem Sachverhalt. Damit deuten sich Gedanken an, die man auch in einer konstruktivistischen, deutungsbezogenen oder systemischen Auffassung von pädagogischen Prozessen finden kann. Es stellt sich aber gleichzeitig die Frage, ob derartige Prozesse in der Schule realisiert werden können. Ein Blick zurück lohnt daher.

Bildung ist im schulischen Bereich seit Langem der Leitbegriff für Lernprozesse und dient als theoretische Grundlage für die Zielbestimmung im Unterricht. Im Zeitalter der Aufklärung wurde dabei der Mensch als Vernunftswesen betrachtet, der einen brauchbaren Beitrag zum Gemeinwesen zu leisten hat.

> „Aufklärung ist der Ausgang des Menschen aus seiner selbstverschuldeten Unmündigkeit. Unmündigkeit ist das Unvermögen, sich seines Verstandes ohne Anleitung eines anderen zu bedienen." (Kant, 1784)

In diesem Zeitraum (Ende des 18. Jahrhunderts) waren es zahlreiche politische Geschehnisse, wie die amerikanische Unabhängigkeitserklärung oder die Französische Revolution, die gegen den Ständestaat gerichtet waren. Die These, dass jeder nach seiner Leistungsfähigkeit vorankommen können sollte, führte natürlich dazu, dass Bildung einen zentralen Stellenwert erhielt. Bildung wurde also unter dem Kriterium der Nützlichkeit betrachtet, was dazu führte, dass nicht zwischen allgemeiner Bildung und Ausbildung unterschieden wurde.

Ein klassisches Beispiel für dieses Nützlichkeitsdenken war das Buch von Knigge (von Knigge, 1804). Er war der Auffassung, dass man wissen müsse, wie man sich bei Hofe verhalten soll. Um diese Manieren als Möglichkeit des sozialen Aufstiegs zu beherrschen, publizierte Knigge ein Buch in deutscher (!) Sprache, um diese Form der Bildung möglichst vielen Menschen (sofern sie lesen konnten) zu ermöglichen.

Erst der Neuhumanismus Wilhelm von Humboldts vertrat dann entschieden das Prinzip der allgemeinen Bildung der Persönlichkeit und verwahrte sich gegenüber einer zu frühen Spezialisierung sowohl der Schulen als auch der Universitäten. In diesem neuen Bildungsbegriff wurde also die allgemeine Bildung betont, die jeder beruflichen Spezialisierung vorausgeht und nicht verwischt werden soll (also die Ablehnung des reinen Nützlichkeitsgedankens im Prozess der allgemeinen Bildung). Die Begründung dafür ist darin zu finden, dass man nicht in die Zukunft sehen könne, was aber Voraussetzung sei, überhaupt zukunftsfähige Kompetenzen zu bestimmen. Deshalb wurde es auch abgelehnt, allgemein bildende Inhalte nur bestimmten Schülergruppen zugänglich zu machen, wie es heute in der Bundesrepublik Deutschland noch gemacht wird:

> „Auch Griechisch gelernt zu haben könnte auf diese Weise dem Tischler ebenso wenig unnütz seyn, als Tische zu machen dem Gelehrten." (Königsberger und Litauischer Schulplan, 1809, Teil B.: Unmassgebliche Gedanken über den Plan zur Einrichtung des Litthauischen Stadtschulwesens.)

Mit dieser Schwächung des Nützlichkeitskriteriums ergab sich natürlich die Frage, wie man Bildung umschreiben kann. Bildung sollte helfen, auf den ersten Blick etwas kryptisch formuliert, ein Individuum zu einem humanen Wesen zu machen.

> Dazu gehören drei Zielbereiche: Individualität als einzigartige Ausgestaltung der individuellen Fähigkeiten und Haltungen, Totalität als Entfaltung aller Kräfte des Individuums sowie Universalität als Teilhabe an allen Lebens- und Kulturbereichen. Aber zu den Zielen gehören auch Wege, die zu den Zielen führen. Was war hier bei Wilhelm von Humboldt angedacht? Bildung war bei ihm immer konzipiert als *Selbstbildung*, die zur Entfaltung von Individualität zur Humanität beitragen sollte. Die drei eben genannten Zielbereiche sind ihm zufolge also letztendlich nicht durch Fremdbildung, sondern nur durch Selbstbildung zu erreichen. Dies bedeutet natürlich auch, dass man Menschen erst zur Selbstbildung bringen muss – der Erwerb von Wissen sensu Weinert (s. o.) ist also nicht voraussetzungslos.

Der Begriff Bildung wird auf unterschiedliche Weise mit Inhalt gefüllt. Folgendes sind drei Möglichkeiten der Veranschaulichung:

- Bildung ist „zureichend nur definierbar als die vermittelnde Kategorie zwischen den Ansprüchen der objektiven Welt und dem Recht auf Selbstsein des Subjekts" (Blankertz, 1975, S. 45), zu dem die „Freiheit zu Urteil und Kritik" gegenüber allen Lebensbereichen gehört.
- „Bildung ist eine Geistesverfassung, Ergebnis eines nachdenklichen Umgangs mit den Prinzipien und Phänomenen der eigenen Kultur" (von Hentig, 1980, S. 109).

Aus den vorgenannten Beschreibungen ergibt sich, dass auf die Fragen: „Was ist Bildung?" und „Wie wird man gebildet?" zum Teil andere Antworten als bisher gegeben werden müssen. Bildung als offener, lebenslanger und dynamischer Prozess wird zunehmend als Befähigung zur Bewältigung von Lebenssituationen im Spannungsfeld von Selbstbestimmung und Verantwortung für das Gemeinwesen verstanden. Negt wurde in der Frankfurter Rundschau vom 5.11.1998 wie folgt zitiert:

> „Der kritikfähige Mensch bedarf der Reserven, der inneren Lagerhaltung, die ihm situationsunabhängige Selbstdeutungen im gesellschaftlichen Zusammenhang ermöglichen. Bildung ist wesentlich auch die Entwicklung von Eigensinn, von Wissens- und Urteilsvorräten, die nicht immer gleich anwendungsfähig sind und aufgebraucht werden".

Der Allgemeinheitsgrad dieser Aussagen verpflichtet dazu, nach genaueren Bestimmungen zu suchen. Klafki (1986) hat dies unter Rückgriff auf die klassischen Bildungstheorien im Zeitraum von 1770 bis 1830 versucht. Er kommt zu zwei Momenten des Bildungsbegriffs:

- Vernünftige Selbstbestimmung: Selbstbestimmung, Freiheit, Emanzipation, Autonomie, Mündigkeit, Vernunft, Selbsttätigkeit.
- Subjektentwicklung im Medium objektiv-allgemeiner Inhaltlichkeit: Humanität, Menschheit, Menschlichkeit, Welt, Objektivität, Allgemeines.

Klafki extrahiert daraus vier Dimensionen des Bildungsbegriffes:

- *Moralische Dimension*: moralische Verantwortlichkeit, moralische Handlungsbereitschaft und Handlungsfähigkeit.
- *Kognitive Dimension*: Erkennen und Denken; Verstand als instrumentelle Rationalität und Vernunft als Reflexion von Rationalität (Klafki hebt hervor, dass in den klassischen Bildungstheorien Wissenschaft nie alleine auf ihren instrumentellen Aspekt reduziert wurde. Dies fördere naive Wissenschaftsgläubigkeit.)
- *Ästhetische Dimension*: Empfindungsvermögen, Einbildungskraft, Geschmack, Genussfähigkeit (Hier betont Klafki, dass eine Reduzierung der ästhetischen Dimension auf Literatur, Theater und Musik in die falsche Richtung weise. Die Ästhetik des Alltags - Geselligkeit, Volksmusik, Spiele, Feste, Erotik, usw. - gehörten auch dazu.)
- *Praktische* Dimension: Praktisch-werktätige Fähigkeiten.

Es scheint also erforderlich, dass die heranwachsende Generation befähigt wird, an der gesellschaftlichen Diskussion und an Entscheidungsprozessen über die Gestaltung von Gegenwart und Zukunft mitzuwirken. Dabei muss aufgrund der Heterogenität der Lernvoraussetzungen (individuelle Ausgangs- und Bedürfnislage, individuelles Lerntempo) das Lernen stärker individualisiert werden, ohne dabei das Ziel gemeinsamer Standards zu vernachlässigen. Dem Prozess des Lernens und dem Lernen in Gruppen muss mehr Bedeutung beigemessen werden.

Ein weiterer großer Denker, der die Bildungsdiskussion weiterführte, ist Hartmut von Hentig. Er stellte fest, dass der Bildungsbegriff inhaltlich nicht genau festgelegt ist, aber auf Vorstellungen darüber verweist, wie das Menschliche im Menschen hervorgebracht werden kann (von Hentig, 2007). Bildung kann ihm zufolge als Prozess (Man bildet sich.) oder als Ergebnis (Man ist gebildet.) definiert werden. Die Folge davon ist, dass so etwas wie „Besitz von Bildung" leicht missverstanden werden kann, weil Bildung nicht endgültig ist. Diese Interpretation wird durch die o.g. Definition des Bildungsbegriffes durch Weinert nicht abgedeckt.

Von Hentig schreibt weiter:

> „Demgegenüber besteht Bildung jedoch in einer Tätigkeit, die grundsätzlich unabgeschlossen ist. Bildung muss jeweils vom Individuum aus angestrengt und aktiv ergriffen werden. Insofern besteht der zentrale Gedanke dieses Grundbegriffes im Aspekt der Selbstbildung, in der Selbsthervorbringung des Menschlichen im Menschen. In diesem Sinne handelt es sich um einen Sonderbegriff der deutschsprachigen Pädagogik, der als nicht in andere Sprachen übersetzbar gilt. In Abgrenzung zu Erziehung oder Förderung, die sich in der Regel an andere Menschen richten, bezieht sich Bildung auf einen selbst - der Mensch bildet sich selbst!" (von Hentig, 2007).

Im Folgenden ist es sinnvoll zur weiteren Klärung zwischen affirmativer und nicht-affirmativer Bildung zu unterscheiden. Im ersten Fall geht man davon aus, dass die Belehrsamkeit und Bestimmbarkeit des Menschen nur anhand von festgesetzten Normen argumentiert werden kann (Man denke z. B. an die unterschiedlichen Formen der Förderschule). In diesem Falle hat man ganz bestimmte Vorstellungen über das pädagogische Handeln. Sinnvoll ist dieser Ansatz erst, wenn es einen Konsens über die menschliche Bildung und das pädagogische Handeln gibt. Da dieses selten der Fall ist, wird in der Praxis das Konzept der affirmativen Bildung nicht gelebt, und wenn, dann nur mit unterschiedlichen Auffassungen zwischen Lehrkräften, Eltern sowie Schülerinnen und Schülern. Bei der nicht-affirmativen Bildung hingegen liegen keine festgesetzten Verhaltensnormen vor. Die Schülerinnen und Schüler sollen ihre Grenzen, die Konsequenzen selbst entdecken und erfahren und daraus Schlüsse für weiteres Verhalten ziehen. Bekannt ist dieses Konzept in der Schulpädagogik durch die Formulierung „Lernen durch Einsicht", wodurch Selbstveränderung erst ermöglicht wird.

Die Bestimmung des Begriffes Bildung ist noch nicht vollendet. Wenn man Selbstbildung (und damit Selbstveränderung) zu Grunde legt, stellt sich automatisch die Frage, welche Rolle Inhalte oder Unterrichtsstoffe denn noch spielen können. Ist alles dann dem Einzelnen überlassen? Wolfgang Klafki (bereits 1959) hat zu dieser Frage beigetragen. Er stellt die Person (formal) den Inhalten (material) gegenüber und stellt die auf Kant basierende erkenntnistheoretische These auf, dass jede Person sich von den Inhalten ein eigenes Bild macht (kategorial). Er bindet diesen Gedanken an den der Selbstbildung an: „Bildung ist kategoriale Bildung in dem Doppelsinn, dass sich dem Menschen eine Wirklichkeit ‚kategorial' erschlossen hat und dass eben damit er selbst – dank der selbstvollzogenen ‚kategorialen' Einsichten, Erfahrungen, Erlebnisse – für diese Wirklichkeit erschlossen worden ist." Und weiter:

> „Entsprechendes gilt für Bildung als Vorgang: Bildung ist der Inbegriff von Vorgängen, in denen sich die Inhalte einer dinglichen und geistigen Wirklichkeit "erschließen", und dieser Vorgang ist - von der anderen Seite her gesehen - nichts anderes als das Sich-Erschließen bzw. Erschlossenwerden eines Menschen für jene Inhalte und ihren Zusammenhang als Wirklichkeit. Diese doppelseitige Erschließung geschieht als Sichtbarwerden von allgemeinen, kategorial erhellenden Inhalten auf der objektiven Seite und als Aufgehen allgemeiner Einsichten, Erlebnisse, Erfahrungen auf der Seite des Subjekts. Anders formuliert: Das Sichtbarwerden von "allgemeinen Inhalten", von kategorialen Prinzipien im paradigmatischen Stoff, also auf der Seite der "Wirklichkeit", ist nichts anderes als das Gewinnen von "Kategorien" auf der Seite des Subjekts. Jeder erkannte oder erlebte Sachverhalt auf der objektiven Seite löst im Zögling nicht eine subjektive, "formale" Kraft aus oder ist Übungsmaterial solcher subjektiven Kräfte oder formalverstandener Methoden, sondern er ist - in einem übertragenen Sinne - selbst Kraft, insofern - und nur insofern - er ein Stück Wirklichkeit erschließt und verfügbar macht" (Klafki, 1959, S. 410).

Solche Sätze sind für Praktiker schwer verdaulich, dennoch sei eine letzte Erläuterung erlaubt:

> „Bildung nennen wir jenes Phänomen, an dem wir – im eigenen Erleben oder im Verstehen anderer Menschen – unmittelbar der Einheit eines objektiven (materialen) und eines subjektiven (formalen) Momentes innewerden. Der Versuch, die erlebte Einheit der Bildung sprachlich auszudrücken, kann nur mithilfe dialektisch verschränkter Formulierungen gelingen: Bildung ist Entschlossensein einer dingli-

chen und geistigen Wirklichkeit für einen Menschen – das ist der objektive und materiale Aspekt; aber das heißt zugleich: Erschlossensein dieses Menschen für diese
seine Wirklichkeit – das ist der subjektive oder formale Aspekt zugleich im „funktionalen" wie im „methodischen" Sinne." (Klafki, 1963, S. 43).

Man mag sich schon fragen, wie der objektive beziehungsweise materiale
Aspekt auszusehen hat, wenn ein Mensch zur Selbstveränderung fähig werden soll. Selbstveränderung setzt erst einmal eine Art Initialzündung voraus,
die eine Person vor die Entscheidung stellt, ob sie sich selbst verändern
will. Im Konstruktivismus ist dies theoretisch gefasst durch den Begriff der
Pertubation (Störung).

Die Selbstbildung des Einzelnen (formal) benötigt also immer einen Gegenstand (material). Wenn dieser Gegenstand um den Einzelnen herum aber
nicht so vielfältig ist, wie Welt nun mal ist, dann hat der Einzelne keine
Chance, die Zielbereiche von v. Humboldt zu erreichen. Ist die Welt um
einen herum einfach gestaltet, können auch die Kategorien nur einfach und
reduziert entwickelt sein. Innerhalb der Schulpädagogik verfolgt man deshalb bewusst das Konzept einer anregungsreichen Lernumwelt, die dem
Einzelnen ermöglichen, Impulse für eine Selbstveränderung zu erhalten.
Dazu gehört aber auch, dass man die Schülerinnen und Schüler nicht nach
der Grundschule aufteilt, weil man sie dann einer nur reduzierten Lernumwelt (differenzielle Entwicklungsmilieus sensu Baumert, Stanat & Watermann, 2006) aussetzt.

Nach Luhmann und Schorr ist die Bildungsdiskussion erst die zweite Phase
einer historischen Entwicklung und Diskussion in der Pädagogik. Pädagogik müsse sich drei Entwicklungen stellen: den schnell laufenden, abrupten
Prozessen der Ausdifferenzierung, dem immensen Anwachsen möglicher
Unterrichtsthemen und einer bleibend hohen funktionalen Relevanz von
Überschneidungsbereichen, die sich der vollen Ausdifferenzierung entziehen (Luhmann & Schorr, 1999, S. 61). „Humane Perfektion" sei daher das
erste Ziel gewesen, der Mensch werde durch Erziehung, die menschliche
Natur werde moralisch vollendet. Die Pädagogik reagiere auf die wirt-
schaftlichen Anforderungen im letzten Jahrhundert durch eine neue *Kontin-
genzformel:* die Bildung, bei der nach Kant Sittlichkeit zur Grundlage der
Erziehung werde. Das Subjekt sei autonom und werde durch Bildung zum
Ideal erhoben (Luhmann & Schorr, 1979, S. 533). Individualität und auch
Wissenschaftlichkeit konvergierten im Begriff der Bildung, ein „Leerwer-
den" des Begriffes Bildung sei zu beobachten. Der Bezug zur Welt, Wissenschaft und Individualität ginge verloren:

„Am Ende ist Bildung nur noch ein Ersatzausdruck für Erziehung, der anscheinend immer dann einspringt, wenn es gilt, Orientierungslosigkeit durch Berufung auf Werthaftes zu überspielen. Wortwucherungen wie Bildungsforschung, Bildungsplanung, Bildungsdefizit, Bildungsrat, Bildungskommission, Bildungseinrichtungen, Bildungswert, Bildungssystem konvergieren in einer Semantik der Ratlosigkeit" (S. 83). Bildung selbst sei ja nur eine „kommode Bezeichnung für offizielle Bemühungen, die man angesichts des Alters der Klienten nicht mehr gut als Erziehung bezeichnen kann" (Lenzen & Luhmann, 1997, S. 27).

Die dritte Kontingenzformel hätte sich bis heute nicht durchgesetzt: Lernfähigkeit (das Lernen lernen). Nur durch sie könne sich das Erziehungssystem den gesellschaftlichen Anforderungen stellen. Dies sei kein neuer Begriff, er breche aber mit der Tradition des Bildungsgedankens, wenn man im Lernen „die Zentralfigur sieht, um die alles andere gravitiert" (S. 85). Luhmann und Schorr legten diese Gedanken erstmalig 1979 vor. Tatsächlich zeigt die Entwicklung seitdem eine Hinwendung zu neuen Begriffen wie Methodenkompetenz und Schlüsselqualifikationen, die als einen Faktor das Lernen lernen beinhalten.

Interessant für die Leistungsdiskussion ist aus Sicht von Luhmann und Schorr, dass es erst jetzt unter der dritten Kontingenzformel möglich sei, Leistung überhaupt zu thematisieren: „Dem Lernen entspricht ein Können, für das ein gesellschaftlicher Bedarf besteht" (Fauser & Schweitzer, 1981, S. 797).

Hierbei verfolgt Bildung einen ganzheitlichen Anspruch, der sich auf alle Fähigkeiten und Möglichkeiten des Menschen und alle Bereiche gesellschaftlicher Existenz bezieht. Insbesondere ist es Ziel einer ganzheitlichen Bildung, den Lernenden Handlungskompetenz zu vermitteln, in der praktische, methodische und soziale Dimensionen sowie sachbezogene und allgemeine Inhalte integriert sind. Um dieses Ziel zu erreichen, muss dem Erwerb von Kompetenzen und der Fähigkeit zu vernetztem Denken zunehmend größere Bedeutung beigemessen werden.

So eingeordnet sind Kompetenzen ganzheitliche Befähigungen, die auf die Entfaltung der Persönlichkeit hin angelegt sind: „Wollen, Wahrnehmen, Empfinden, Mitfühlen, Denken, Ausführen" stehen im Vordergrund. Insofern sind insbesondere Befähigungen anzustreben, die fächerübergreifend dauerhaft auf andere Bereiche übertragbar und vor allem auch für außerschulische Lebensbereiche tauglich sind.

Der Bildungsbegriff erfährt derzeit trotz dieser Kritik eine Renaissance, um der Inhaltsleere der verwendeten Begriffe zu begegnen:

> „Der Zielbegriff *Bildung* war von den 60er Jahren an eine Weile lang „out": in der „Curriculumtheorie" als zu vage und zu traditionalistisch angegriffen und ersetzt durch Lernen für (oder: Qualifikation für) spätere Zwecke oder Situationen, in der ideologiekritischen Aufarbeitung der Geschichte des Bildungswesens als bürgerlich-konservativ und gerade nicht „allgemein" erkannt, in Richtlinien oder Rahmenlehrplänen der Kultusminister vermieden z. B. zu Gunsten von Formeln wie „Selbstverwirklichung in sozialer Verantwortung" (für die Sekundarstufe II) und „Wissenschaftspropädeutik". Ab Mitte der 80er Jahre holen ihn Pädagogen zurück, weil sie für den Prozess und die Förderung der subjektiven Verarbeitung, Integration und Transzendierung all der Umwelt- und Qualifikationsanforderung einen Zielbegriff brauchten." (Huber, 1994, S. 63)

Die teilweise unterschiedlichen Standpunkte der Diskussion sind abhängig von der spezifischen kulturellen, politischen und gesellschaftlichen Situation. Die *materialen* Bildungstheorien beziehen sich auf Inhalte (Wissen, Fähigkeit, Verhalten) und definieren darüber die Qualität des Menschen. Die *formalen* Bildungstheorien gehen vom Subjekt aus, „von der Entwicklung und Förderung seiner Möglichkeiten" (Blankertz, 1975, S. 67). Beide Aspekte sind im Bildungsbegriff enthalten. Man kann vier Komponenten des Bildungsbegriffes ausmachen und ihnen jeweils ein pädagogisches Konzept zuweisen (Benner, 1991, S. 10f):

Tabelle 1: Komponenten des Bildungsbegriffes nach Benner (1991)

Komponente	Pädagogisches Konzept
Teleologische Komponente	Identitätsbildung
Anthropologische Komponente	Bildsamkeit/ Bildungsnotwendigkeit
Logische Komponente	Erziehung zur Selbstständigkeit?
Gesellschaftliche Komponente	Individuation vs. Sozialisation

Oberstes Ziel der Erziehung ist die in Selbstbestimmung gewordene Identität, demnach ein vielseitig und offen ausgelegtes Individuum. Mit dem Begriff Bildung ist also ein *teleologisches Prinzip* verbunden. Bildung ist aber zweierlei, zum einen ein Ziel und zum anderen der Weg zu diesem Ziel, also ein Prozess, den es zu unterstützen und damit auch zu beschreiben gilt. Der reine Ruf nach besserer beruflicher Qualifikation greift folglich zu kurz, zumindest müssen die relevanten Aspekte einer Allgemeinbildung mitbedacht werden.

Voraussetzung für Bildung ist die Bildsamkeit des Menschen, also eine ursächlich *anthropologische Erkenntnis*. Es tut sich im Weiteren das bekannte Problem auf, inwieweit man zur Selbstständigkeit erziehen kann (*Logische Komponente*). Dies führt zu der Frage: selbstständig in Abgrenzung von was? An dieser Stelle kommen die *gesellschaftliche Komponente* und ihr Einfluss auf die Erziehung mit hinzu, was letztlich auch zu dem Schluss führen muss, dass hier kein irgendwie geartetes Primat der Gesellschaft vorliegen darf. Wenn also die Schule die Aufgabe ernst nimmt, die heranwachsende Generation zu befähigen, an der gesellschaftlichen Diskussion sowie an Entscheidungsprozessen über die Gestaltung von Gegenwart und Zukunft teilzunehmen, dann muss dem Erlernen von Methoden und dem Erwerb von Qualifikationen zunehmend größere Bedeutung beigemessen werden. Grundbildung ist notwendig, damit unsere Kinder und Jugendlichen „in der Welt, in der sie leben, erwachsen werden" (von Hentig). Die bloße „Lernschule" greift zu kurz.

Bildung muss Orientierung ermöglichen. Kinder werden von Geburt an mit einer Flut von Informationen konfrontiert, die Orientierung und Verständnis erschweren. Schule muss Zusammenhänge aufzeigen – historisch, naturwissenschaftlich, logisch, sprachlich, kunsthistorisch usw.

So muss Bildung im Sinne Klafkis als selbsttätig erarbeiteter und personal verantworteter Zusammenhang der folgenden drei Grundfähigkeiten verstanden werden:

- als Fähigkeit zur Selbstbestimmung jedes Einzelnen über seine individuellen Entscheidungen, Lebensbeziehungen und Sinndeutungen zwischenmenschlicher, beruflicher, ethischer, religiöser Art,
- als Mitbestimmungsfähigkeit zur Gestaltung unserer gemeinsamen kulturellen, ökonomischen, gesellschaftlichen und politischen Verhältnisse,
- als Solidaritätsfähigkeit, als Einsatz für und Zusammenschluss mit Benachteiligten.

Die Bildungsbegriffe, wie sie derzeit wissenschaftlich diskutiert werden, sind modern und ihre Formulierungen sind den neuen Herausforderungen gewachsen. Die Kritik von Luhmann und Schorr greift zumindest an dieser Stelle nicht mehr. Schule, die sich diesem Bildungsbegriff nähert, ist keine bloße Lernschule mehr. Gesellschaft im Allgemeinen und Schule im Besonderen werden sich mit der derzeitigen Handhabung der Leistungsfeststel-

lung kritisch auseinandersetzen müssen, weil angestrebte Bildung und prak-
tizierte Leistungsfeststellung sich nicht decken.

Hinzu kommt: Bildung hat mit der aktuell üblichen Leistungsmessung erst
einmal nichts zu tun. Wer sie, wie oft üblich, gegenüberstellt, begeht einen
Kategorienfehler. Der nach einem bestimmten Bewertungsmaßstab erfolgreiche Vollzug einer Handlung ist nicht gleichzusetzen mit den dazu notwendigen Zielen und Inhalten. Deshalb stellt sich die Frage, ob die folgende Aussage vor dem Hintergrund der Bildungsdiskussion noch sinnvoll ist:
„Matthias hat in Deutsch eine 3.“

Die fehlende Schärfe dieser Aussage wird besonders deutlich, wenn man
nach der Bildungsdiskussion die Rolle der Leistung in einer demokratischen
Gesellschaft entfaltet.

2.2   Leistung im Sozialstaat

Das oben genannte Diktum Kants ist in einer bestimmten historischen Situation entstanden, die das Verhältnis von Individuum und Staat neu ordnen
wollte. Herausragende Ereignisse waren wie genannt die amerikanische Unabhängigkeitserklärung von 1776 oder die Französische Revolution von
1789. Das Denken entfernten sich vom Ständestaat und stellte die individuelle Leistung in den Mittelpunkt.

Schule hat in einer derartigen Gesellschaft bestimmte Funktionen zu erfüllen, auf die noch eingegangen wird. Dies bedeutet aber, dass Schule kein
Staat im Staate ist, sondern dass schulische Phänomene – wie eben auch die
Leistung – nur vor dem Hintergrund gesellschaftlicher Bedingungen verstanden werden können. In diesem Abschnitt geht es um das Leistungsprinzip und die daraus zu ziehenden Konsequenzen für die Schule.

Eine Leistungsgesellschaft ist zumindest theoretisch eine Gesellschaft, die
soziale Ränge, Chancen, Positionen, Aufstieg, Entlohnung, Einfluss und Re-
putation allein nach der individuellen Leistung zuteilt (Lenk, 1976, S. 12)
und nicht mehr nach Status oder Herkunft. Das Leistungsprinzip besagt,
dass immer wenn und nur wenn nach einem objektiven Kriterium bestimmte
Leistungsstandards von einer Person erfüllt werden, diese Person eine *Belohnung* erhält.

Das Leistungsprinzip ist ein Gestaltungsprinzip für Gesellschaften, es ist ein Regel- oder Ordnungssystem. Materielle und soziale Chancen sollen durch dieses Prinzip gerecht verteilt werden, was in Bevölkerungsumfragen wiederholt bestätigt wurde (Perspektive Deutschland, 2006, S. 6f). Angenommen, das Leistungsprinzip gelte ungebrochen, dann könnte es nach Bolte (1979, S. 32) folgende Funktionen erhalten:

- Allokationsfunktion (Verteilung der Positionen nach Leistungsbefähigung und -bereitschaft),
- Statuszuteilungsfunktion (leistungsgerechte Zuordnung von Einkommen, Ansehen und besonderen Privilegien),
- Entschädigungsfunktion (Entschädigung für erbrachte Vorleistungen, z. B. Ausbildung),
- Äquivalenzfunktion (Außerkraftsetzung nicht leistungsgerechter Zuteilungen und Verhinderung anderer problematischer Zuteilungen),
- Befriedigungsfunktion (Verteilung der Früchte der Arbeit nach geltenden Werten, wodurch Ausbeutung verhindert und Konflikte vermieden werden können),
- Leistungsmobilisationsfunktion (Motivierung),
- Orientierungsfunktion (der Mensch weiß, was zu tun ist, um sich bestimmte Wünsche zu erfüllen).

Leistungsgesellschaft wird häufig wie folgt umschrieben:

- Leistung wird als aktives Handeln und Vorwärtsstreben verstanden, als etwas Schätzens- und Erstrebenswertes. Leistung ist hier ein gesellschaftlicher Wert.
- Die Kräfte in einer Leistungsgesellschaft konzentrieren sich besonders auf die wirtschaftliche Entwicklung.
- Die Verteilung sozialer und materieller Chancen wird über Leistung garantiert.
- Ziele sollen möglichst effizient (mit wenig Aufwand) erreicht werden.
- Wettbewerb ist der Motor der Entwicklung.

In dem ersten Punkt wird Leistung als Wert an sich definiert, ohne dass der Inhalt näher spezifiziert wird. Erst im zweiten Punkt wird die wirtschaftliche Entwicklung hervorgehoben. Hier könnten aber auch ganz andere Werte, insbesondere aus dem sozialen Bereich einbezogen werden (z. B. die Erziehungsleistungen des nicht erwerbstätigen Lebenspartners). Der dritte

Punkt ist der Kern des Leistungsprinzips, der aber – wie unten noch gezeigt werden wird – zunehmend hinterfragt wird. Auch die Annahme, der Wettbewerb sei der Motor der Entwicklung, muss kritisch gesehen werden (Lobbyismus). Er gipfelt in der Annahme, dass eine Leistungsgesellschaft nur funktionieren könne, wenn soziale Ungleichheit vorhanden sei. Besonders für Linke (1999, S. 215) ist die Existenz des Leistungsprinzips ohne Konkurrenz gar nicht möglich. Ohne Konkurrenz sei kein Leistungsvergleich durchführbar. Die Praxis zeigt aber, dass auch ohne Konkurrenz Leistungsdifferenzierung möglich ist und in der Schule aus pädagogischen Gründen auch notwendig ist. Ein hohes gemeinsames Ziel kann ebenso Leistungsbereitschaft folgen lassen wie ein Ansporn durch Konkurrenz. Dies wird z. B. in Katastrophensituationen immer wieder deutlich. Dabei werden durchaus unterschiedliche Leistungen mit höchster individueller Anstrengung für die Sache gezeigt.

Leistung hatte also ursprünglich eine emanzipatorische Funktion: Nicht die Herkunft, sondern die Leistung sollte über das Fortkommen entscheiden. Der deutsche Staat versucht dies auch rechtlich abzusichern, so z. B.: in Art. 33 des GG: „Jeder Deutsche hat nach seiner Eignung, Befähigung und fachlichen Leistung gleichen Zugang zu jedem öffentlichen Amt". Jeder hat die gleichen staatsbürgerlichen Rechte, die auf Chancengleichheit abzielen, und spezifische Freiheitsrechte wie das Berufswahlrecht. Es ist in der Praxis deutlich zu erkennen, dass Bildung und Leistung als der Königsweg zum Erfolg gewertet werden, wobei Beziehung und Protektion auch eine nicht unerhebliche Rolle spielen. Dies wird durch die Untersuchungen in den Bereich der Eliteforschung (Hartmann) ebenso deutlich wie durch die drei Kapitalformen des französischen Soziologen Pierre Bourdieu.

Es zeigt sich dennoch, dass das Bildungssystem für das Leistungsprinzip eine nicht zu unterschätzende Rolle spielt: Hier werden die Schülerinnen und Schüler und die Studierenden sowie die Auszubildenden auf ihre spätere Rolle im Berufsleben vorbereitet. Dies ist die eine Rolle des Bildungssystems, die andere besteht darin, die Chancengleichheit nach Art. 3 Abs. (3) GG durch spezifische Maßnahmen zu sichern. Gleichheit beim Start ist aber notwendig, damit das Leistungsprinzip umgesetzt werden kann. Dieses Spannungsfeld eröffnet immer wieder breit geführte Diskussion über die Maßnahmen innerhalb des Bildungssystems, weil die Schülerinnen und Schüler ja bereits mit unterschiedlichen Voraussetzungen in die Schule eintreten. Alle Bemühungen in diese Richtung werden ihr Ziel allerdings niemals optimal erreichen können, weil die Chancenverteilung in Deutschland eben nicht nur über das Leistungsprinzip geschieht, und weil die Allokation nicht nur über die Leistung verläuft. Auch wenn man in sehr eng eingeschränkten Teilbereichen das reine Leistungsprinzip finden kann, so gilt doch grundsätzlich das sog. *Lebenschancenprinzip*. Dies besagt, dass jedes Mitglied der Gesellschaft eine Mindestzuweisungsversicherung hat (das soziale Netz). Die Spannung zwischen dem Leistungsprinzip (Chancen persönlicher Entfaltung; vertikale Differenzierung) und dem Sozialprinzip (gleiche Chancen zur Teilnahme an der Gesellschaft; horizontale Differenzierung) sind besonders hoch. Allein- oder Vorherrschaft eines dieser Prinzipien würde zu einer starken Veränderung der Gesellschaft führen. Mit dem Sozialprinzip ist aber nur eines der möglichen Zuteilungsprinzipien genannt. Weiterhin gehören dazu das ...

- Prinzip der politischen Entscheidung (z. B. Subventionen an Wirtschaftsunternehmen),
- Verhandlungs- und Kampfprinzip (z. B. Tarifauseinandersetzungen),
- Vererbungsprinzip (Zuteilung von Chancen über die Leistung vorhergehender Generationen),
- Besitzprinzip (z. B. Zuteilung von Chancen durch Aktienbesitz),
- Lebensalterprinzip (z. B. Höchst- und Mindestalter bei Stellenbesetzungen),
- Aciennitätsprinzip (Zuweisung auf Grund des Dienstalters, z. B. Lohnerhöhung bei Beamten und Angestellten im öffentlichen Dienst),
- Herkunftsprinzip (z. B. Stellenbesetzung auf Grund der Nationalität),
- Gesundheitsprinzip (z. B. frühe Pensionierung von Piloten aus Sicherheitsgründen),
- Familienstandsprinzip (z. B. Aufnahme nur lediger Personen bei bestimmten Sicherheitskräften),
- Geschlechtsprinzip (z. B. keine Zulassung von Frauen zu bestimmten Teilen der Bundeswehr),
- Wahlprinzip,
- Alimentationsprinzip (z. B. leistungsunabhängige Bezahlung der Beamten),
- Zufallsprinzip (z. B. Gewinn bei Lotterie).

Neben diesen legalen Zuteilungsprinzipien gibt es auch noch illegale wie Zuteilung über Wirtschaftsverbrechen wie Steuerhinterziehung, Betrug durch Plagiate usw. Nicht zu unterschätzen sind weiterhin Benachteiligungen auf Grund des Wohnortes, des Geschlechtes, der sozialen Schicht usw.

Es muss also festgehalten werden, dass das Leistungsprinzip nicht alleiniger Zuteilungsmechanismus ist. Es stellt sich jedoch die Frage, ob dies überhaupt wünschenswert wäre. Viele der anderen (legalen) Zuteilungsprinzipien sollen nämlich die bestehenden Nachteile des reinen Leistungsprinzips abschwächen. Eine totale Leistungsgesellschaft wäre inhuman gegenüber Heranwachsenden, gegenüber den aufgrund persönlicher Schicksalsschläge Leistungsunfähigen und gegenüber jenen, die aus dem Produktionsprozess ausgeschieden sind und nichts mehr leisten. Diese Haltung begründet sich durch das Sozialstaatsprinzip.

> „Sollte man das Leistungsprinzip wegen der weit verbreiteten Kritik an ihm abschaffen? Sicher nicht. Denn ein Leben ohne jegliche Leistungsanreize, ohne das kontrollierte Risiko, ohne die Attraktivität einer nicht zu schwierigen noch zu leichten Aufgabe, ohne dosiertes Abenteuer wäre langweilig. Das Dasein im technologisch erleichterten und geglätteten Zeitalter ist ohnehin schon zu domestiziert" (Lenk, 1976, S. 69).

Eine weitere Tatsache kommt hinzu: Das Leistungsprinzip greift nur dort, wo jeder die gleiche Chance hat, sein Leistungsoptimum zu entfalten. Unser heutiges Schulsystem und besonders die Leistungsfeststellung und -beurteilung spielen in diesem Zusammenhang eine eher kontraproduktive Rolle, wie noch gezeigt werden wird. Deutschland nutzt derzeit nicht die Chance, jedem zu seinem Optimum zu verhelfen.

Solange eine der zentralen Funktionen der Schule die Selektion ist (wie noch gezeigt werden wird, ist dies nicht in allen europäischen Ländern so früh wie in Deutschland der Fall, andere Modelle sind somit denkbar), wird sie sich auch und gerade durch die Leistungsfeststellung und -beurteilung in einem Spannungsverhältnis zwischen Leistungs- und Sozialstaatsprinzip befinden.

Nun wird das Sozialstaatsprinzip auf unterer Ebene (in der Schulklasse) nur selten unmittelbar sichtbar, z. B. bei der Lehrmittelfreiheit oder bei den diskutierten Bildungsgutscheinen. Die Frage ist generell wichtig, wie man die Nachteile einer einseitigen Leistungsorientierung auffangen kann. Generell stellt sich damit die Frage, wie eine Leistung entstanden ist. Gibt die Formulierung *Beate hat in Mathematik eine 3* darüber Auskunft? Und was sind die Konsequenzen daraus? Wenn die Logik der Chancengleichheit darin besteht, Ungleiche ungleich zu behandeln, dann hilft eine derartige Rückmeldung offensichtlich nicht.

2.3   Zur Differenz von Gesellschaft und Schule

Gesamtgesellschaftlich betrachtet leben wir schon deshalb nicht in einer reinen Leistungsgesellschaft, weil Leistung heute kaum mehr einem einzigen Individuum zuteilbar ist, wenn auch immer noch das gesellschaftliche Leistungsprinzip mit dem individualistischen Leistungsprinzip gleich gesetzt wird. Man denke nur an die Arbeit in Großbetrieben. Die Komplexität des Arbeitsprozesses verhindert häufig eine individuell-persönliche Zuschreibung des entstandenen Arbeitsresultats als eines eigenen Werkes. Soziale Faktoren der Bewertung, der Bedingungserleichterung, der komplexen Integration, der Produktion und der psychosozialen Umstände prägen die Diskussion unter Arbeitswissenschaftlern schon lange. Auch die Verhandlungen zwischen Arbeitgebern und Arbeitnehmern in der BRD machen eindrucksvoll deutlich, dass ein strikt auf das Individuum bezogenes Leistungsprinzip als ausschließliche soziale Zuteilungsformel nicht mehr zur alleinigen Rechtfertigung von Vergütungen und Vergütungsunterschieden in komplexen Industriegesellschaften ausreicht.

Die Schule lehrt ein Bild vom Leistungsprinzip, was nur dann gerechtfertigt erscheint, wenn dieses Bild mit dem Bild in der Gesellschaft übereinstimmt. Dies ist darin begründet, dass Schule neben ihrer Selektionsfunktion auch eine Allokationsfunktion hat, also Menschen den ihnen angemessenen Platz in der Gesellschaft zuweist. Dies wiederum ist nur dann möglich, wenn die Selektionsmechanismen den Allokationsmechanismen nicht entgegenstehen. Dies ist nicht selten der Fall.[1]

Ein Beispiel dazu ist die Notwendigkeit der Verstärkung von kooperativen Unterrichtsformen (Gruppenpuzzle, Lerntempoduett usw.) mit den damit verbundenen Fähigkeiten, z. B. im Team zu arbeiten. Die Fähigkeit zur Teamarbeit wird vom Arbeitsmarkt gefordert. In der Schule führt dies zu der Frage, wie man Gruppenarbeiten angemessen bewerten kann. Derzeit ist die Leistungsfeststellung noch weitgehend auf die individuelle Leistung begrenzt.

Eine weitere Diskrepanz wird sichtbar, wenn man aus soziologischer Perspektive fragt, ob die Leistungsprinzipien, die in der Schule vermittelt werden, gesellschaftlichen Erfolg nach sich ziehen. Hier ist Skepsis angebracht. Es gibt durchaus noch andere Allokationsmechanismen (wie oben genannt),

---

1   Man beachte, dass sich Funktion und Auftrag von Schule unterscheiden: Funktion beschreibt, was *ist*, der Auftrag hingegen, wie Schule funktionieren *soll*.

die weniger auf der Art von Leistung beruhen, die unseren Schülerinnen und Schülern suggeriert wird. Zu denken ist dabei an persönliche Verbindungen aber auch an Zufälle, die das eigene Weiterkommen besser ermöglichen als ein guter Schulabschluss. Nicht umsonst ist die Verbindung zwischen Bildungs- und Beschäftigungssystem weniger stringent, als es der Sache nach angemessen wäre. Dies gilt zumindest für die Verbindung über das Leistungsprinzip. So genannte Eliteschulen oder -universitäten sind nicht unbedingt die besseren Bildungsanstalten (Weiß & Wernstedt, 2011), sondern stellen eine soziale Selektion durch den Aufbau später wirksamer sozialer Beziehungen im Jugendalter bzw. jungen Erwachsenenalter sicher.

Diese Orientierung an der sog. Abnehmerseite (Berufsfeld und Universität) darf aber nicht vergessen lassen, dass Schule einen umfassenderen Auftrag hat, nämlich Persönlichkeitsbildung. Dies führt letztlich auch zu der Frage, ob die Leistungsfeststellung dem im Grundgesetz festgelegten Menschenbild entspricht.

Diese Kritik an der Schule ist nicht erst in jüngster Zeit formuliert worden:

> „Die Didaktik „nimmt das Schulkind, die seelische Oberfläche, die das Schulkind sich aufdecken lässt, für des Kindes Seele. Weil die Schule des Kindes Leben und Lernen trennt, weil die Schule dies lebendigste Lebewesen zwingt – in ihren Räumen – ein intelligentes oder dummes, aber ein Lernwesen zu sein, meint die Didaktik, was sie vom Lernen in der Schule feststellt, sei Einsicht in das Lernen, in das Leben des Kindes überhaupt. Und meint, in der Psyche des Kindes gäbe es einen säuberlich abgetrennten Bezirk für Lesen, Schreiben, Rechnen, Handfertigkeit und Religion, und untersucht die Vorgänge in diesem Bezirk und hält die vorgefundenen Regeln für seelische Gesetzmäßigkeiten. Und sieht nichts vom Bios des Kindes, seinen Trieben, Wünschen, Idealen, nichts von seiner Lust und nichts von seinem Hass gegen den Lernbezirk" (Bernfeld, 1973, S. 29).

Die Frage mag allerdings erlaubt sein, ob die so formulierte Kritik an der Schule die Wirklichkeit noch abbildet. Wenn auch die als Ideal bezeichneten Kriterien als Ziele durchaus Sinn machen, so darf man doch den Gebrauchswert von Wissen nicht unterschätzen. Die ausschließliche und isolierte, nur auf Wissensinformation zielende Schule, die dazu noch stark kontrolliert, ist aber auch nicht das Modell für die Zukunft, weshalb man auch den Bereich der Leistungsmessung neu diskutieren muss.

Es spricht vor dem Hintergrund der gesellschaftlichen Entwicklung doch einiges dafür, dass die meisten Schulen die Herausforderungen von heute teilweise angenommen haben. Somit bekommen sie allerdings den Widerspruch zur Selektionsfunktion stark zu spüren. Schule hat heute zunehmend mit der

Übernahme rein erzieherischer Aufgaben zu rechnen. Vor diesem Hintergrund ist die Leistungsfeststellung, wie sie heute gehandhabt wird, geradezu antiquiert.

Die Schule befindet sich derzeit in einer ausgesprochen unglücklichen Lage: Zum einen muss sie immer neuen außerschulischen Anforderungen gerecht werden, die aus gesellschaftlichen Entwicklungen herrühren und offenbar woanders nicht bewältigt werden können, zum anderen soll sie sich auf neue Herausforderungen des nächsten Jahrtausends einstellen. Beides gleichzeitig ist derzeit nicht zu erreichen.

Die Schule muss von erzieherischen und sozial-erzieherischen Aufgaben insofern entlastet werden, als diese nicht ihrer primären Aufgabe entsprechen. Eine Alternative könnte darin liegen, die Schule von einer Lernanstalt zu einer Sozialisationsanstalt auszubauen.

Dies bedeutet aber im ersten Falle, dass die sozialen Institutionen außerhalb der Schule erweitert oder integriert werden müssen, was sich im grundgesetzlich garantierten Sozialstaatsprinzip begründet. Dies wird nicht kostenneutral erreicht werden können. Gleiches gilt auch für den zweiten Fall, weil eine Aufgabenerweiterung der Schule meist nur über die Ganztagsform erreicht werden kann (siehe dazu das Forschungsprogramm STEP).

Werner hat im Fach Politik eine 2 - reicht diese Form der Rückmeldung vor dem Hintergrund dieser Diskussion?

3   Leistung: Begriffsklärung

In der Literatur zur Leistung werden häufig viele Definitionen präsentiert, die mit sozialwissenschaftlichem oder pädagogischem Gedankengut nicht vereinbar sind. Für diesen Bereich unterscheidet man vier unterschiedliche Leistungsbegriffe, die man aus der Sicht der Schule wie folgt interpretieren kann (Krumm, 1974, S. 382f).

- Im schulischen Bereich werden *Anforderungen* meist durch Lernzielformulierungen fest umrissen. Die Formulierung der Leistung als Anforderung ist fester Bestandteil der Curriculumtheorie, die heute in ihrer Ursprungsform keine so große Verbreitung mehr hat, aber sich den den neuen Bildungsstandards wiederfindet (von Saldern & Paulsen, 2004).
- Leistung als *Prozess* ist Gegenstand der Lernforschung. Hier gilt es, den Lernprozess zu analysieren und schließlich zu optimieren. Prozessorientierte Leistungsmessung ist in der Regelschule kaum anzutreffen, aber in der sog. Förderdiagnostik fest verankert.
- Auch Leistung als *Ergebnis* ist ebenfalls Gegenstand der Lernforschung. Hier soll der Lernerfolg, der Lernertrag gemessen werden. In diesen Bereich fällt die Leistungsmessung, wie sie derzeit überwiegend in der Schule durchgeführt wird.
- Von Leistung als *Verdienst* wird dann gesprochen, wenn sich jemand für etwas verdient gemacht hat und dafür z. B. einen Orden oder einen Vermerk im Zeugnis erhält. Dieser Aspekt wird in Schule derzeit systematisch vernachlässigt.

Die ganze Breite des Begriffes und dessen etymologischer Ursprung können hier nicht diskutiert werden.[2] Die meisten Vorschriften (Erlasse und Verwaltungsvorschriften) lassen den Begriff der Leistung weitgehend offen. Dies ist nicht verwunderlich, denn Schulleistung kann außerordentlich heterogen definiert werden: Es können Leistungen einzelner Schüler oder ganzer Schulklassen sein, es kann sich auf prozedurales oder deklaratives Wissen beziehen, es kann sich um fachliches oder übergreifendes Wissen handeln, usw. Schließlich könnte es sich sogar um die Leistung der Schule selbst handeln. Die in den Vorschriften festzustellende „Form ohne Inhalt" lässt also breite Interpretationsspielräume zu, die aus pädagogischer Sicht auch zu nicht wünschenswerten, da verengten Auslegungen führen können. Des-

---

2   Zur historischen Einordnung siehe Fiegert, 2001; Grünig, Kaiser, Kreitz, Rauschenberger & Rinninsland, 1999

halb erscheint eine ausführliche Analyse notwendig, die diesen Begriff näher beleuchtet, wodurch auch deutlich wird, dass die Reduktion von Leistung auf eine Ziffer die Komplexität nicht im Mindesten abbildet.

In älteren Publikationen, insbesondere Handbüchern, findet man keinen Hinweis zum Begriff der Leistung (z. B. Roloff, 1913, Sander, 1889). Erst in der Literatur nach dem Zweiten Weltkrieg tauchen u.a. folgende Definitionen zum Leistungsbegriff auf (von Saldern, 2001):[3]

- Leistung als Produkt oder Effekt (Kleinert, 1951)
- Leisten als Schaffen; Vollbringen sei eine Tätigkeit, deren Ergebnis die Leistung sei (Deutsches Institut für wissenschaftliche Pädagogik, 1953)
- Leistung ist bewertetes Handeln (Becker, 1991)
- Unter Leistung versteht man die Ausführung einer geistigen oder körperlichen Tätigkeit, die mit einem gewissen Maß an Anstrengung verbunden ist – oder das Ergebnis solcher Tätigkeit, das an einem Maßstab gemessen wird (Kommission 'Anwalt des Kindes', 1978; Linke, 1999).
- Leistung ist der Vollzug oder das Ergebnis einer Arbeit in Relation zu einem Gütemaßstab (Schröder, 1991)
- Pädagogische Leistung ist das Ausmaß, in welchem ein Individuum Aufgaben mit einem definierten Schwierigkeitsgrad erfolgreich bewältigen kann (Dietrichs, 1993).

Leistung wird also nicht über Inhalte definiert: „'Leistung' ist die Formel, auf der man die einzelnen vergleichen kann, ohne dass der Leistungsbegriff selbst über das, was das einzelne Werk sichtbar macht, begründet oder artikuliert werden kann" (Schorr, 1979, S. 889). In manchen Definitionen findet man zudem den Gedanken, Leistung müsse mit Anstrengung verbunden sein. Dieser Aspekt ist für die Schule allerdings irrelevant: Schülerinnen und Schüler müssen soviel lernen, dass sie eine Hürde nehmen können. Dabei ist es, was den Leistungsbegriff angeht, gleichgültig, wie schwer oder wie leicht dies einem Schüler fällt. Dies ist unabhängig von dem individuellen Leistungszuwachs. Der Schüler muss per definitionem nur handeln. Zu den Zeitpunkten, an denen eine Selektion stattfindet, wird die individuelle Perspektive ohnehin weitgehend vernachlässigt.

---

3   Aber auch 1998 wird auf Leistung nicht immer Bezug genommen, selbst wenn der Untertitel eines Buches heißt: „Stichworte zur aktuellen Reformdiskussion" (Haarmann , 1998).

Die genannten Definitionen (es gibt sicher viele weitere) bilden verschiedene formale Fassetten ab, aus denen sich das folgende Bild ergibt:

Bewertung. Der Begriff Leistung ist nur im Kontext von Selbst- und Fremdbewertung definierbar (Gütemaßstab, Norm, definierter Schwierigkeitsgrad oder Standard). „Leistung ist [...] eine Eigenschaft, die einem bestimmten Spektrum von Handlungen zugeschrieben wird" (Hondrich, Schumacher, Arzberger, Schlie & Stegbauer, 1988, S. 10). In der Schule wird Leistung derzeit vorrangig fremd bewertet. Die pädagogischen Möglichkeiten einer Selbstbewertung sind noch nicht hinreichend genutzt. Eine Definition wie: „Immer wenn ein Mensch handelt, d. h., wenn sich seine Aktivität in konkreten Akten intentional auf "etwas" richtet, erbringt er eine Leistung" (Hintz, Pöppel & Rekus, 1995, S. 221; Hoppe, 2001) berücksichtigt den Bewertungsaspekt nicht und ist deshalb falsch im genannten Sinne.

Tabelle 2: Leistung von Schülern und Schule zwischen Fremd- und Selbstbewertung

	Tätigkeit	Bewertung
Leistung der Schüler	selbst gewählt	selbst bewertet
Leistung der Schule	andere wählen aus	fremd bewertet

Nicht jede Handlung wird allerdings als Leistung bewertet. Über die Auswahl der zu bewertenden Handlungen muss immer wieder diskutiert werden. Man muss also die Frage stellen, was bewertet werden soll und was nicht (siehe Tabelle 3).

Tabelle 3: In Schule bewerten oder nicht?

	Derzeit in der Schule bewertete Handlungen	Derzeit in der Schule nicht bewertete Handlungen
Sollte auch zukünftig bewertet werden		
Sollte zukünftig nicht bewertet werden		

So unterliegt der Artikel von Westphalen (1997) einem großen Irrtum, weil der Autor glaubt, bei „der" 68er Generation eine leistungsfeindliche Ideologie zu entdecken. Diese Generation war aber keineswegs leistungsfeindlich, wenn man ihre Handlungen (Veränderung der Gesellschaft) als Leistung akzeptiert und auch bewertet.

Produkt und Prozess. Leistung ist ein Prozess und ein Produkt (Vollzug, Ergebnis, Prozess, Ausführung). Schüler und Eltern erwarten klare Bewertungsgrundlagen und Erkenntnisse über den Leistungsstand. Leistung wird von Lehrkräften häufig am „Produkt" gemessen. Dem Prozess muss aber eine gleichrangige Bedeutung zugemessen werden. Dabei sind vorrangig die Bedingungen, unter denen Leistungen erbracht werden, zu berücksichtigen. Dazu gehören z. B. die Entwicklung eines Kenntnisstandes und der Vorgang einer gezeigten Problemlösung. Bekannt ist dies auch aus der Begabungsdiskussion, insofern also nicht neu.

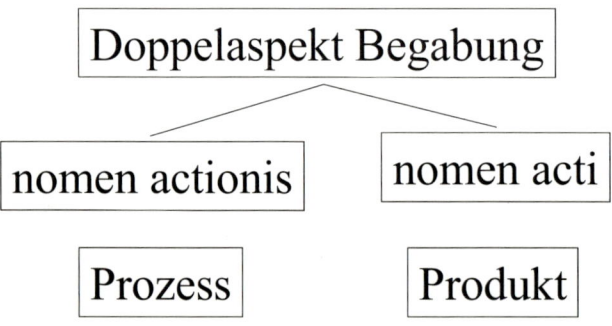

Abbildung 2: Der Doppelaspekt von Begabung

Leistung kann somit als Prozess und Produkt menschlichen Handelns im Kontext von Selbst- und Fremdbewertung gesehen werden. Damit ist der formale Aspekt von Bildung angesprochen. Vorschläge, wie man sich diesem weiten Ansatz in der Schule nähern kann, werden später diskutiert.

3.1   Leistungsprofile

Der materiale Aspekt von Bildung führt zur Frage: Wie soll man erkennen, bei welchen Inhalten Leistung angestrebt werden soll? Generell sollte Schule so konzipiert sein, dass sie für *das Leben* ausbildet. Die Wahrnehmungen der Schülerinnen und Schüler differieren oft von dieser Annahme. Es muss also ein anderer Zugang gewählt werden: Lenk (1976) machte sich die Mühe, verschiedene leistungsbezogene Handlungsarten aus der Literatur zusammenzustellen. Es ergibt sich folgende Gegenüberstellung:

Tabelle 4: Leistungsbezogene Handlungsarten nach Lenk (1976)

fähigkeitsbezogen	anstrengungsbezogen
eigenhandelnd	darbietend
aufgabenbezogen	wettbewerbsbezogen
eigenmotiviert	fremdbestimmt
kreativ	routinehaft
lustvoll	unlusterzeugend
gruppenbezogen	individualistisch
prozessorientiert	resultatorientiert
psychisch	physisch
nicht kommerziell	kommerziell
erlernt	genetisch festgelegt
kurzfristig	langfristig
konzentriert	disziplinierend

Man kann zeigen, dass man mithilfe dieser natürlich vereinfachenden Gegenüberstellung für unterschiedliche Tätigkeiten unterschiedliche Leistungsprofile ausfindig machen kann, z. B. Marathonläufer, Kunstspringer oder Fließbandarbeiter vs. Akademiker, Schülerinnen und Schüler, aber auch Lehrende.

Dies ist ein wichtiger Hinweis darauf, dass die Leistungsanforderungen verschiedener Tätigkeiten unterschiedlich sein können. Die Frage ist, wohin Schule eigentlich ausbilden soll, wenn diese Anforderungen (im beruflichen Alltag oder in einer weiterführenden Bildungsinstitution) doch so verschieden sind. Man darf nicht übersehen, dass die Lehrer und Schüler sich dieser Diskrepanz – zumindest diffus – nicht bewusst wären. Die Frage nach dem Sinn von Schule muss zwangsläufig auftauchen und immer wieder beantwortet werden. Der Hinweis auf *non scolae, sed vitae discimus* genügt nicht mehr, der Satz bedarf der konsequenten Umsetzung. Vielleicht hilft hier der Satz, den Seneca (55 v. Chr. - 40 n. Chr.) tatsächlich im 106. Brief der *epistula morales* schrieb: *non vitae, sed scolae discimus*. Haarmann (1997, S. 35) glaubt aus dem Zusammenhang dieses Satzes zu erkennen, dass Seneca ihn ironisch gemeint hatte: Nicht Weisheit für das Leben, sondern Überflüssiges lernen wir.

Fremd gesetzte Inhalte und andere Anforderungen führen zu einer Interessenabnahme während der Schullaufbahn. Oerter (1998b, S. 782) hat die Hoffnung, dass die Interessen durch Umweltanregungen außerhalb der Schule aufgebaut werden. Oerter schreibt: „Damit ergibt sich das paradoxe Phänomen, dass die Schule als zentrale Institution für Lernen und Entwicklung [...] keineswegs förderlich für den [...] wohl zentralen Bereich des menschlichen Umweltbezuges des Interesses sein muss und in diesem Sektor möglicherweise dysfunktional ist" (Oerter, 1998b, S. 782). Damit entlastet der Autor die Schule und nimmt sie aus der Verantwortung des für eine gute Didaktik so notwendigen Lebensweltbezuges der Inhalte der Schule.

Damit stellt sich aber auch die Frage, ob Schule sich einem spezifischen Leistungstyp nähern soll und kann (z. B. berufliche Bildung; Fachabitur), oder ob ein allumfassendes Leistungsbild vermittelt werden soll (z. B. Studierfähigkeit für alle Fächer; weiter gefasst: Lebensfähigkeit). Die Note als Leistungsfeststellung und -rückmeldung genügt offenbar in beiden Fällen nicht, vor allem dann, wenn man Leistung inhaltlich breit füllt bis hin zu sozialen Performanzzielen (Stöger, 2002).

3.2   Kompetenz und Performanz

In der schulischen Leistungsfeststellung kann man nur das feststellen, was beobachtbar ist. „Jeder Leistung liegt ein entsprechendes Potenzial zugrunde, die Umsetzung eines Potenzials in aktuelle Leistungen hängt aber von zahlreichen Drittvariablen ab" (Rost & Buch, 2010, S. 258). Damit sind Probleme verbunden. Jeder kennt den stillen Schüler, der sich nicht oft meldet, aber eigentlich leistungsstark ist. An dieser Stelle ist es deshalb sinnvoll, zwei Begriffe voneinander abzugrenzen: Kompetenz und Performanz. Diese beiden Begriffe sollen helfen, ein Problem der Leistungsfeststellung in der Schule näher zu beleuchten. Beide Begriffe kommen eigentlich aus der Sprachwissenschaft, werden aber zwischenzeitlich weiter gefasst.

Kompetenz wird für unseren Zusammenhang gemeinhin als Vermögen oder Fähigkeit einer Person bezeichnet. Im Weiteren wird das, was der Schüler *kann*, als Kompetenz bezeichnet.[4]

Performanz ist die konkrete Realisierung, also Anwendung und Ausführung von Kompetenzen. Im Weiteren wird das, was der Schüler *zeigt*, als Performanz bezeichnet.

---

4   Dieser Zugang erscheint gerechtfertigt, auch wenn der Begriff seines Inhaltes wegen an vielen Stellen diskutiert wird (Sevsay-Tegethoff, 2007, S. 151).

Das Problem hinsichtlich der Leistungsfeststellung ist offensichtlich: Man kann nur bewerten, was gezeigt wird. Dieser Sachverhalt lässt sich am besten am Handlungsbegriff differenzieren: Das obere Kästchen in der Abbildung 3 umfasst alle Fähigkeiten eines Schülers. Alle darunter liegenden Kästchen sind Teilmengen des jeweils darüber liegenden. Das zweite Kästchen umfasst alle Handlungen, die ein Schüler zeigt. Dazu gehört Leistungsverhalten, aber auch der alltägliche Spaß, Unsinn, Streiche usw. Die nächste Teilmenge umfasst Handlungsweisen, die potenziell bewertungsfähig sind, aber aus verschiedenen Gründen wie Lehrerwahrnehmung, Auswahl der zu überprüfenden Inhalte etc. nur teilweise bewertet werden. Nicht jede leistungsrelevante Handlung eines Schülers wird also immer bewertet, auch wenn dies von Krichbaum (1993, S. 151) so gefordert wird: „In eine im pädagogischen Sinne adäquate Leistungsbewertung sind alle im Unterricht erbrachten Leistungen eines Kindes einzubeziehen". Dies ist schlicht eine Überforderung. Die unterste Teilmenge schließlich ist die Menge von Handlungen, die dann Grundlage einer Bewertung wird (also z. B. in eine Note oder in einen Lernentwicklungsbericht einfließen).

Das Problem besteht nun darin, dass man bei der Leistungsmessung davon ausgeht, dass man unter Feststellung der Handlung des untersten Kästchens (bewertete Leistungsperformanz) auf das oberste (Kompetenz) schließen. Ob dies immer zufrieden stellend gelingt, sei hier bezweifelt.

Zudem wird man diskutieren müssen, ob alle notwendigen Kompetenzen gemessen werden sollen bzw. trotz ihrer hohen Relevanz gemessen werden können (siehe dazu z. B. Frederking, 2008).

Im späteren Berufsleben wird die *gezeigte* Kompetenz handlungsrelevant. Insofern stellt sich die Frage, ob das derzeitige System der Leistungsfeststellung nicht doch adäquat ist, weil es im realen Leben Gültigkeit hat. Dies wird hier bestritten. Auch deshalb, weil es limitierende Faktoren hinsichtlich der Leistungserbringung geben kann, die dem einzelnen Schüler nicht anzulasten ist. Damit wird jede Beurteilung unfair, weil z. B. Bildungswege eingeschlagen werden, deren Begründung außerhalb der Person des Schülers liegt. Stellenweise wird dies berücksichtigt, allerdings nicht immer im produktiven Sinne.

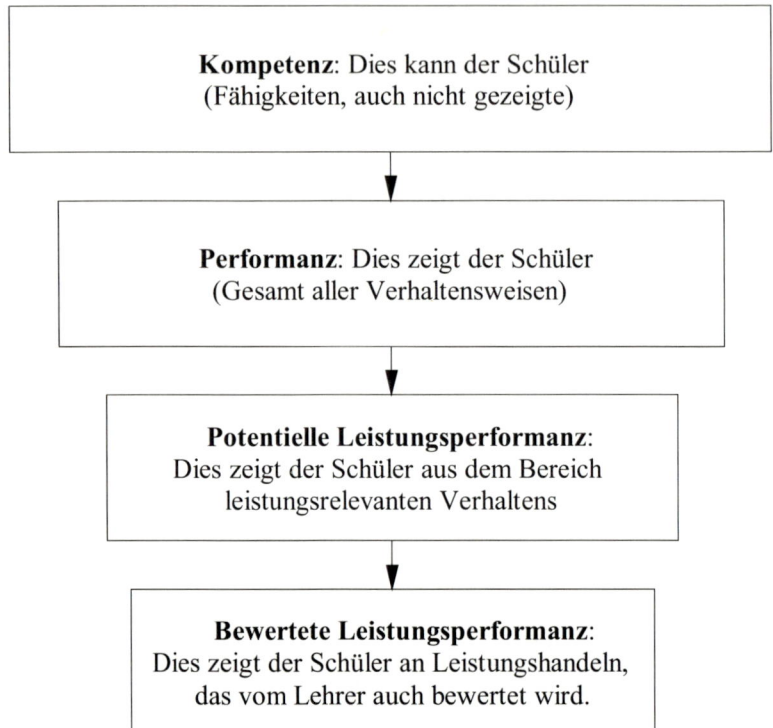

Abbildung 3: Von der Kompetenz zur bewerteten Leistungsperformanz

So spricht man im politischen Raum z. B. vom *begabungsgerechten Schulsystem*. Damit wird in naiver Weise Begabung als alleinige Ursache für Schülerleistung deklariert. Tatsächlich gibt es zutreffendere Modelle, wie z. B. das Hochbegabungsmodell von Heller und Hany (1996).

Hier hat die Schülerleistung drei Quellen, wie in Abbildung 4 zu sehen ist: Persönlichkeit (wie Schulangst, Motivation, Lernstrategien, usw.), die Umwelt (Förderung durch die Familie, usw.) sowie Begabungsfaktoren (Intelligenz, Kreativität, etc.). Leistung nur auf Begabung zurückzuführen ist deutlich unterbestimmt.

An diesem Begabungsmodell wird erneut klar, wie facettenreich sich die Begründung für Leistung ausgestalten kann. Zum wiederholten Male stellt sich die Frage, ob eine Schülerin bzw. ein Schüler nicht das Recht haben sollte, eine umfassende Rückmeldung zu erhalten, die weit über die Ziffer hinausgeht.

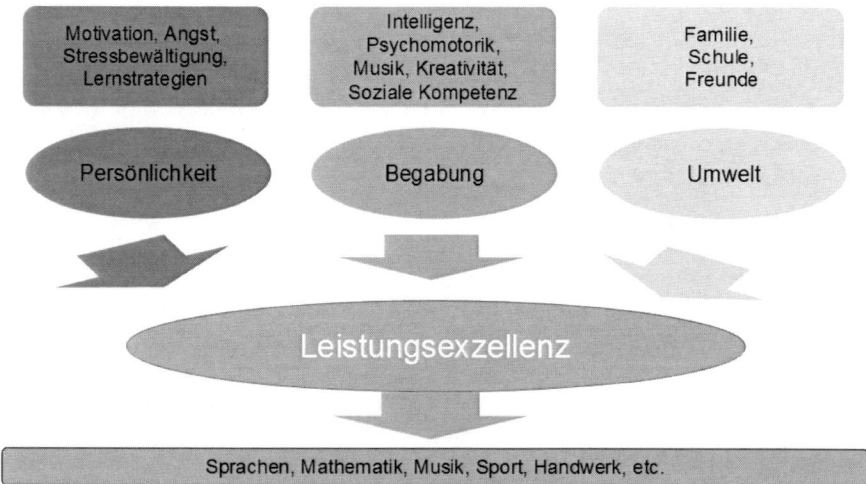

Abbildung 4: Das Hochbegabungsmodell von Heller & Hany

Dieses scheint schon deshalb wichtig, um das Elternhaus bzw. die Erziehungsberechtigten stärker mit einzubeziehen. Zu den Faktoren im Einzelnen:

3.2.1 Die Persönlichkeit

Dieser Faktor ist außerordentlich umfangreich, hier kommen die Ergebnisse der Persönlichkeits- und der Motivationspsychologie zusammen. Auf zwei Punkte soll hier genauer eingegangen werden:

Der Aspekt der Lernstrategien ist ein zentraler. Diese Erkenntnis ist nicht neu und wird im Kompetenzrasteransatz stark betont. Es muss allerdings darauf hingewiesen werden, dass viele Schulen dem Weg gehen, Lernstrategien unabhängig vom Fach zu vermitteln. Diese Entkopplung von Fachinhalt und Methode ist deshalb nicht sinnvoll, weil sie auch im späteren Leben so nicht auftritt.

Ein weiterer wichtiger Punkt ist die Schulangst. Es gibt in der Schulpraxis zu viele demütigende Ereignisse, die lernrelevante Emotionen negativ beeinflussen.

Die Angst vor der Leistungsfeststellung ist es, die die Schülerinnen und Schüler oft dazu verleitet, ihre Kompetenz nicht zu zeigen (Angst vor dem Fehler; im Weiteren: Richter, 2009; Scheiflinger, 1999). Schule muss also den Schülerinnen und Schülern die Angst vor dem Fehler nehmen. Die derzeitige Form der Leistungsfeststellung ist aus psychologischen Gründen umzustrukturieren. Anders werden es die Schülerinnen und Schüler kaum lernen, ihre Gedanken zu äußern und Fehler als Chance zu begreifen. Dazu gehört eine klare sachorientierte Rückmeldung mit Hinweisen, was man in Zukunft besser machen kann.

Für die Lehrkräfte ist wichtig: Leistungsprinzip und gute Atmosphäre dürfen sich nicht widersprechen. Leistung stellt dort kein Problem dar, wo die Leistungshandlung Spaß macht. Daraus ergibt sich eine einfache Forderung: *Lernen muss Spaß machen.* Dies aber nicht nur der Freude wegen, sondern weil gute Leistung nur in einer guten Atmosphäre möglich ist. Bei einer reinen Strafpädagogik ist die Leistungsbereitschaft bald gelöscht. Bestleistungen oder außergewöhnliche Leistungssteigerungen sind nicht durch Zwangsmaßnahmen gegenüber anderen zu erzielen (Lenk, 1976, S. 70). Zum Marschieren, aber nicht zu einem Weltrekord im Marathonlauf kann man jemanden zwingen. Der Aufbau einer Leistungsmotivation wäre damit eines der zentralen Ziele von Schule. Wenn man immer wieder hört, dass Leistung etwas mit Unlust zu tun haben muss und keinen Spaß machen darf, dann widerspricht dies psychologischen Erkenntnissen. Zudem ist es auch leicht zu überprüfen an den eigenen Emotionen, wenn man intensiv einem Hobby nachgeht. Schiefele & Pekrun (1996, S 164) haben die lernrelevanten Emotionen wie folgt zusammengefasst (siehe Tabelle 5).

Tabelle 5: Klassifikationen lernrelevanter Emotionen Schiefele & Pekrun (1996)

		positiv	negativ
aufgabenbezogen	prozessbezogen	Lernfreude	Langeweile
	prospektiv	Hoffnung Vorfreude	Angst Hoffnungslosigkeit
	retrospektiv	Ergebnisfreude Erleichterung Stolz	Traurigkeit Enttäuschung Scham/Schuld
sozial		Dankbarkeit Empathie Bewunderung Sympathie/Liebe	Ärger Neid Verachtung Antipathie/Hass

Dass Lernen und Leisten etwas mit Leiden und „Wehtun" zu tun haben müssen, ist wohl eher die Übertragung eigener negativer Lernerlebnisse auf die jüngere Generation.

3.2.2 Die Begabung

Es gibt zahlreiche Begabungsfaktoren, die intensiv diskutiert und beforscht werden in der so genannten differenzierenden Psychologie. Es steht außer Frage, dass Menschen unterschiedliche Begabungen verschiedener Ausprägung zeigen. Gerne wird dies mit der Frage verbunden, ob derartige Persönlichkeitsfaktoren angeboren sind. Dies ist aber keine Frage, die die Pädagogik interessiert. Sie fragt nicht, ob Merkmale angeboren sind oder nicht, sondern, ob sie veränderbar sind oder nicht. Diese Perspektive hat sich allerdings bisher noch nicht bei allen Beteiligten herumgesprochen.

Gerne spricht man daher von einem so genannten *begabungsgerechten Schulsystem* und meint damit die Selektion der Kinder nach der vierten bzw. sechsten Klasse in unterschiedlichen Schulformen. Die Begründung dafür ist alt und bis heute nicht gültig:

> „Dreierlei Menschen braucht die Maschine. Den, der sie bedient und in Gang hält, den, der sie repariert und verbessert, schließlich den, der sie erfindet und konstruiert. Hieraus ergibt sich: die richtige Ordnung der modernen Arbeitswelt gliedert sich in drei Hauptschichten: Die große Masse der Ausführenden, die kleine Gruppe der Entwerfenden und dazwischen die Schicht, die unter den beiden anderen vermittelt [...] Offenbar verlangt die Maschine eine dreigliedrige Schule: eine Bildungsstätte für die ausführenden, also zuverlässig antwortenden Arbeiter, ein Schulgebilde für die verantwortlichen Vermittler und endlich ein solches für die Frager, die sogenannten theoretisch Begabten." (Weinstock, 1936)

Auch in der Intelligenzforschung wird häufig ein Anteil des Erbes bzw. der Umwelt unterstellt. Diese trivialen Modelle vernachlässigen, dass es Wechselwirkungen zwischen Anlage und Umwelt gibt. Dies bedeutet, dass die Zuweisung von Schülerinnen und Schülern zu bestimmten Schulformen unterschiedliche Effekte bei gleichen Intelligenz- und Begabungsfaktoren haben kann. So wie ein Lernmilieu fördern kann, kann es auch hemmen. Der Aufbau von Parallelgesellschaften durch ein gegliedertes Schulsystem ist kontraproduktiv.

3.2.3 Die Umwelt

Umweltfaktoren, neben den differenziellen Entwicklungsmilieus in den ver-
schiedenen Schulformen insbesondere die Rolle des Elternhauses bzw. der
Erziehungsberechtigten, spielen eine außerordentlich wichtige Rolle in der
Frage, ob und wieweit Kompetenzen gut aufgebaut werden.

Oerter skizziert die Lage wie folgt: „Da das außerfamiliäre Stützsystem in
allen westlichen Kulturen weitgehend zusammengebrochen ist, gewinnt el-
terliche Überwachung und Kontrolle im Jugendalter einen neuen Stellenwert" (Oerter, 1998a, S. 116). Gerade zur Schulleistung lassen sich Zusammenhänge erkennen: Das Elternhaus erklärt einen großen Teil von Schul-
leistungsunterschieden (Krumm, 2010, S. 81; Heller, 1998, S. 983f), weil
die Familie nicht ausschließlich zum Zweck des Lernens institutionalisiert
wurde, wie man es von der Schule erwartet. Es scheint aber nicht unbedingt
Überwachung und Kontrolle zu sein, sondern der positive familiäre Zusam-
menhalt, der gute Schulleistungen fördert (Ulich & Jerusalem, 1996, S.
184).

Der Einfluss der Herkunft auf den schulischen Erfolg ist dabei zudem nicht
zu unterschätzen: Luhmann und Schorr (1999, S. 252f) fassen es so: „Es
mag schon skeptisch stimmen, dass in empirischen Untersuchungen der Input in das Erziehungssystem sehr oft als der beste Prädiktor für den Output
erscheint."

Die notwendige Kooperation zwischen Schule und Elternhaus ist meist defi-
zitbezogen: Erst wenn Probleme auftreten (Hausaufgaben, Lernstörungen,
usw.) wird der Kontakt intensiver. Nach verbreiteter Einschätzung von Lehrkräften und Eltern hat sich das Lern- und Sozialverhalten der Kinder und
Jugendlichen in den letzten Jahren deutlich verändert. Die Schülerinnen
und Schüler erscheinen unruhiger, weniger ausdauernd, deutlich ichzentrier-
ter und wenig bereit, Pflichten um ihrer selbst willen zu übernehmen.

Dieses Bild von der Jugend schwebt aber schon seit Jahrhunderten in den
Köpfen der Erwachsenen. Es ist das Resultat der Vermischung einer Verklä-
rung der eigenen Leistungsfähigkeit und den berechtigten Wünschen der Jugend heute. Zudem sind ja genau diese Kinder von den Eltern erzogen worden, von denen sie dann kritisiert werden. Es kommt hinzu, dass Eltern oft
andere Schulerfahrungen gemacht haben, also mit einem auch in anderen
Bereichen zu beobachtenden Problem konfrontiert werden, nämlich von den

Erfahrungen der eigenen Generation auf die Zielsetzung für die nachrückende Generation zu schließen. Hier hilft nur Aufklärung.

An diesen Beispielen wird deutlich, wie unterschiedlich die Ausgangs- und Interessenlagen von Elternhaus und der Restgesellschaft sein können (Abbildung 5). In den Augen der Eltern ist Schule nicht mehr ausschließlich eine Institution zur Vermittlung von Wissen (was ja alleine sowieso nicht genügt), sondern, gestützt auf das herkömmliche Notensystem, ein Abschlussvergeber. Eltern streben höhere Abschlüsse auch deshalb an, weil sie wissen, dass es einen Zusammenhang gibt zwischen Abschluss und Verweildauer im Beruf (bzw. Maß der Arbeitslosigkeit).

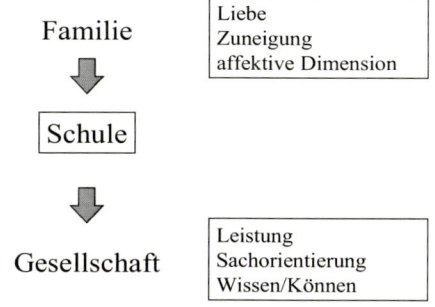

Abbildung 5: Unterschiedliche Ausgangslagen

Die Rolle der Schule ist deshalb nicht einfach, weil sie beide Perspektiven berücksichtigen muss. Hondrich beobachtet diese Zentrierung auf Leistung aber nicht nur für die Eltern, sondern als gesamtgesellschaftliches Phänomen: „Bemerkenswert ist [...], mit welchem eifern, ja mit welcher Verbissenheit sich die ganz große Mehrheit der Menschen hierzulande in den Prozess der Leistungssteigerung, in dem ja für viele das Leistungsversagen einprogrammiert ist, hineinstürzt. Leistung, [...], ist zu einem unbefragbaren Wert geworden" (Hondrich, 1998, S. 496). Dies hat allerdings Gründe: Eltern vermuten richtigerweise, dass Einkommen und Schulabschluss zusammenhängen. Dies wird seit Jahren von der OECD immer wieder bestätigt: Mit steigendem Abschluss wird das Einkommen höher. Zwischenzeitlich ist der Druck sogar noch gewachsen: In Deutschland sind Einkommensungleichheit und relative Armut in den vergangenen Jahren stärker gewachsen als im OECD-Schnitt (OECD, 2009).

Eltern haben daher differenzierte Gründe, warum sie der klassischen Leistungsfeststellung eher positiv gegenüberstehen, was ja sogar so weit führt, dass manche Eltern entgegen allgemeinem pädagogischen Gedankengut Noten schon in der ersten Klasse der Grundschule wünschen. Diese Haltung begründet sich aber nicht durch die Leistungsfeststellung selbst, sondern durch den Mechanismus, der der klassischen Leistungsfeststellung zugeschrieben wird: Sicherung des erfolgreichen Lebensweges ihrer Kinder. Außerdem sind sie durch die Vorerfahrung geprägt, selbst benotet worden zu sein und „durch die Hoffnung, dass gute Noten helfen, die Zukunft ihrer Kinder zu sichern" (Lütgert, 1992, S. 387). So ist es nicht verwunderlich, wenn Eltern die abnehmerorientierte Haltung von Wirtschaft und weiteren Bildungseinrichtungen übernehmen. Sie tun dies, obwohl sie fast täglich mit den negativen Folgen der Sachzentriertheit und Notengebung konfrontiert werden, denen zudem oft sogar medikamentös entgegengetreten werden soll. Eine erste Konsequenz wäre die Empfehlung, den Selektionsmechanismus der Schule später eintreten zu lassen und den Schülerinnen und Schülern Zeit zur Entwicklung zu geben.

Das Wechselspiel zwischen Schule, Elternhaus und einzelnem Schüler wird sehr deutlich an dem Beispiel der Lernstörungen. Dieses Thema greift in der Schulpraxis deshalb so stark durch, weil Schüler in einen „Teufelskreis" (so der fatalistische Begriff von Betz & Breuninger, 1993) geraten, aus dem man nur schwer wieder herauskommt. Im Grunde ist der Prozess in Anlehnung an Betz & Breuninger in drei Schritten beschrieben:

Schritt 1: Lernschwächen entstehen (an sich phasenweise völlig normal); negative Bewertung durch Umwelt (Eltern, Lehrkräfte, Mitschüler usw.); sinkendes Selbstwertgefühl (innere Reaktion: *Ich bin ein Fersahger*):

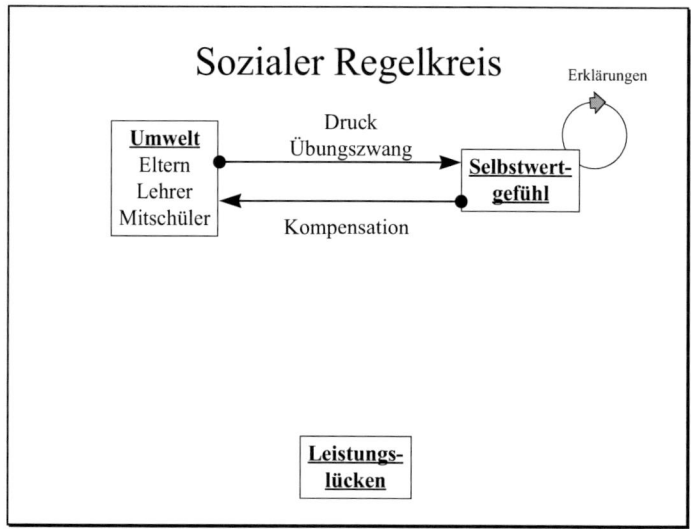

Abbildung 6: Der Soziale Regelkreis

Schritt 2: Suche nach Anerkennung (äußere Reaktion: Kompensation durch Fehlverhalten); Leistungslücken vergrößern sich durch didaktischen Aufbau; Einnehmen einer Vermeidungshaltung (zu spät kommen, Bus verpassen, „verschlafen"); Versagensangst steigt:

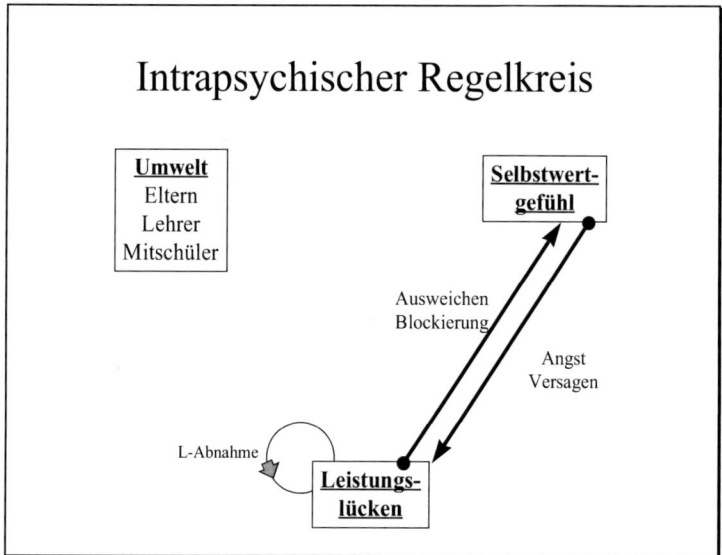

Abbildung 7: Der Intrapsychische Regelkreis

Schritt 3: Erwartungen der Eltern und Lehrkräfte steigen; Es baut sich ein schlechtes Lernklima auf (*Der kann das gar nicht schaffen!*); Kind reagiert mit Zukunftsängsten. (*Ich schaffe das nie!*):

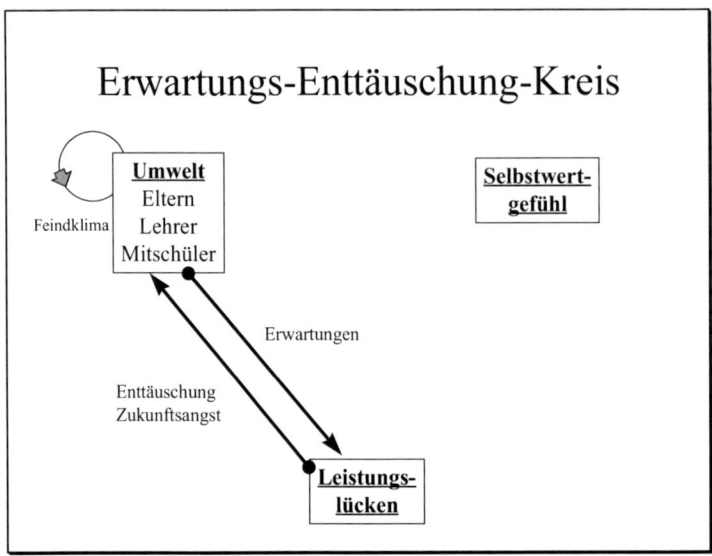

Abbildung 8: Der Erwartungs-Enttäuschungs-Kreis

Der gesamte Prozess, der wie Treibsand wirken kann, ist in der folgenden Abbildung 9 zusammengefasst. Dieses Gesamt der Regelkreise zeigt die ganze Problematik eines Schülers, der in der Leistung nachlässt: Es sind weit mehr Faktoren und damit auch Verantwortlichkeiten einbezogen, als den meisten Menschen bewusst ist. Die Ursachen liegen also nicht nur primär im Leistungssektor, dieser wird aber von anderen Faktoren beeinflusst, die hier nur angedeutet werden können.

- Zur *Ursache Bildungsplanung* gehören folgende problematische Ursachen für Lernstörungen: äußere Differenzierung, Einschulung zum gleichen Zeitpunkt; Klassengrößen, Selektionsmechanismus, gleichschrittiges Lerntempo, usw.
- Die *Ursache Schule* könnte man wie folgt umreißen: Bewältigung von Übergängen, Geschehnisse im Schulbus oder auf dem Schulhof usw., Lehrerwechsel, Einführung eines neuen Fachs, Fachlehrerprinzip, usw.
- Zur *Ursache Unterricht* gehören: Passung Lernangebot-Entwicklungsstand, Individualisierung/Binnendifferenzierung, Klassenklima,

Übergewichtung kognitiver Lernziele, Unterrichts-/ Lehrstil, Lehrerverhalten, Notengebung: Lehrer/-in als Freund und Beurteiler, Memorieren statt Begreifen.

Diese Ursachenbereiche können noch ergänzt werden durch *Persönlichkeitsmerkmale und soziale Faktoren* wie Familie etc. In der Verantwortung der Bildungspolitiker liegen aber die drei erstgenannten Ursachenbündel. Das Erstaunliche ist, dass viele der Ursachen ohne viel Aufhebens aus der Welt geschafft werden könnten, ohne die damit verbundenen ursprünglich gedachten Ziele aus den Augen zu verlieren.

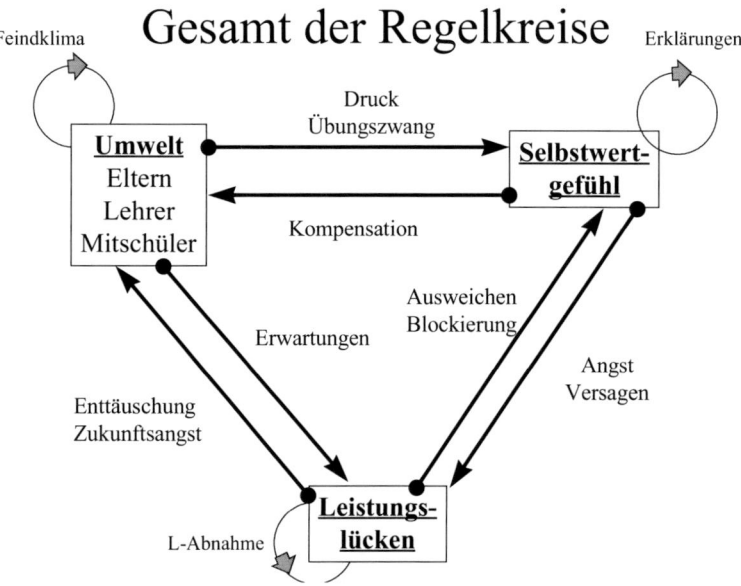

Abbildung 9: Der gesamte Prozess nach Betz & Breuninger

Anzustreben ist ein Zustand, der sich leicht aus der vorherigen Abbildung in das Positive gewendet beschreiben lässt. Wege dorthin führen über Schulung der Eltern und *In-service-Training* der Lehrkräfte. Von besonderer Bedeutung ist dabei die Hebung des Selbstwertgefühls, das auch eine generelle Entwicklungsaufgabe für die 6-12jährigen ist (Oerter, 1998a, S. 124). Dies wird bewerkstelligt über die positive Bewältigung des, für dieses Alter zentralen, Konfliktes zwischen Fleiß, Leistung und Minderwertigkeit. Die Schule hat eine zentrale Aufgabe beim Aufbau der Leistungsmotivation: „Man darf sich aber nicht vorstellen, dass dieser Einfluss immer positiv ist.

Im Gegenteil, Kinder, die häufig versagen, verlieren die Erfolgszuversicht und entwickeln ein niedriges Fähigkeitskonzept" (Oerter, 1998b).

Abbildung 10: Der erwünschte Normalfall

Die Eltern reagieren aus nachvollziehbarer Liebe zu ihrem Kind mit häuslicher Unterstützung, was sich in der Überwachung von meist zu umfangreichen *Hausaufgaben* oder in der Bezahlung von *Nachhilfestunden* zeigt. Beides ist im Grunde die Bankrotterklärung unseres Schulsystems. In den meisten Bundesländern findet man klare Vorschriften darüber, dass Hausaufgaben nicht überfordern dürfen und ein angemessenes Zeitlimit einzuhalten ist. Hausaufgaben sollen ohne Eltern zu bewältigen sein. Schüler übrigens lehnen Hausaufgaben mit Mehrheit ab.

Zusammenfassend lässt sich festhalten, dass der Leistungsbegriff nicht nur auf das Schulfach bezogen werden darf, weil sonst andere Ziele der Schule nicht hinreichend erfasst werden. Zudem muss deutlich werden, dass es zahlreiche limitierende Faktoren gibt, die Aufschluss darüber geben können, warum eine Schülerin oder ein Schüler die maximal mögliche Leistung nicht zeigt.

4 Anforderungen an die Schule

Die Diskussion um Ziele und Inhalte der geforderten Schulleistung geht teilweise tiefer als es das hohe Abstraktionsniveau von Bildungsdefinitionen vermuten lässt: Schule ist als gesellschaftliche Institution zahlreichen Diskussionen ausgesetzt und Wünschen ausgeliefert. Kern ist der gesetzliche Auftrag von Schule, mit dem begonnen werden soll.

4.1 Auftrag der Schule

„Die Schule ist weitgehend eine Vernichtung der natürlichen Fähigkeiten des Menschen" - so Daniel Goeudevert, einer der bekanntesten Manager in Deutschland (FR, vom 11.1.1999, Nr. 8, S. 7). Dabei ist der Auftrag der Schule eigentlich in seinem Sinne formuliert. Man findet ihn in den Schulgesetzen der einzelnen Bundesländer – übrigens in sehr ähnlicher Weise – beschrieben. Im Folgenden soll als Beispiel das niedersächsische Schulgesetz (Stand 2011) herangezogen werden.

§2 Bildungsauftrag der Schule

(1) Die Schule soll im Anschluss an die vorschulische Erziehung die Persönlichkeit der Schülerinnen und Schüler auf der Grundlage des Christentums, des europäischen Humanismus und der Ideen der liberalen, demokratischen und sozialen Freiheitsbewegungen weiterentwickeln. Erziehung und Unterricht müssen dem Grundgesetz für die Bundesrepublik Deutschland und der Niedersächsischen Verfassung entsprechen; die Schule hat die Wertvorstellungen zu vermitteln, die diesen Verfassungen zugrunde liegen.

Die Schülerinnen und Schüler sollen fähig werden,

die Grundrechte für sich und jeden anderen wirksam werden zu lassen, die sich daraus ergebende staatsbürgerliche Verantwortung zu verstehen und zur demokratischen Gestaltung der Gesellschaft beizutragen,

nach ethischen Grundsätzen zu handeln sowie religiöse und kulturelle Werte zu erkennen und zu achten,

ihre Beziehungen zu anderen Menschen nach den Grundsätzen der Gerechtigkeit, der Solidarität und der Toleranz sowie der Gleichberechtigung der Geschlechter zu gestalten,

den Gedanken der Völkerverständigung, insbesondere die Idee einer gemeinsamen Zukunft der europäischen Völker, zu erfassen und zu unterstützen und mit Menschen anderer Nationen und Kulturkreise zusammenzuleben,

ökonomische und ökologische Zusammenhänge zu erfassen,

für die Erhaltung der Umwelt Verantwortung zu tragen und gesundheitsbewusst zu leben,

Konflikte vernunftgemäß zu lösen, aber auch Konflikte zu ertragen,

sich umfassend zu informieren und die Informationen kritisch zu nutzen,

ihre Wahrnehmungs- und Empfindungsmöglichkeiten sowie ihre Ausdrucksmöglichkeiten unter Einschluss der bedeutsamen jeweiligen regionalen Ausformung des Niederdeutschen oder des Friesischen zu entfalten,

sich im Berufsleben zu behaupten und das soziale Leben verantwortlich mitzugestalten.

Die Schule hat den Schülerinnen und Schülern die dafür erforderlichen Kenntnisse und Fertigkeiten zu vermitteln. Dabei sind die Bereitschaft und Fähigkeit zu fördern, für sich allein wie auch gemeinsam mit anderen zu lernen und Leistungen zu erzielen. Die Schülerinnen und Schüler sollen zunehmend selbständiger werden und lernen, ihre Fähigkeiten auch nach Beendigung der Schulzeit weiterzuentwickeln.

(2) Die Schule soll Lehrkräften sowie Schülerinnen und Schülern den Erfahrungsraum und die Gestaltungsfreiheit bieten, die zur Erfüllung des Bildungsauftrags erforderlich sind.

Zieht man die Aussage von Wilhelm von Humboldt heran, dass Bildung nur selbstbestimmt sein kann, dann ist es unmöglich, der Schule einen Bildungsauftrag zuzuschreiben. Vielleicht wäre es angemessener, einfach vom *Auftrag von Schule* zu sprechen. Aber unabhängig von der Bezeichnung dieses Paragrafen fällt auf, dass die Schule einen sehr breit angelegten Auftrag hat. Man muss sich ernsthaft fragen, ob die derzeitige Leistungsmessung und Leistungsrückmeldung auch nur im Mindesten Aussagen darüber machen kann, ob die Auftragsbestandteile von § 2 erreicht wurden.

Entscheidend bei den Formulierungen in den deutschen Schulgesetzen ist, dass der Schwerpunkt auf der Bildung der Persönlichkeit liegt. Die reine Faktenvermittlung ist dabei nur einer der vielen Wege dorthin. So wie sich die deutsche Schule derzeit zeigt, scheint sie deshalb nicht nur dem diskutierten Bildungsbegriff nicht nachzukommen, sondern wegen ihrer Faktenzentrierung sogar weitgehend rechtswidrig zu handeln. Eines ist allzu deutlich: Die aktuelle Leistungsfeststellung und -beurteilung ist zu reduktionistisch und steht daher in dieser Ausschließlichkeit im eklatanten Widerspruch zu dem Auftrag der Schule.

4.2   Gesellschaft, Wirtschaft, Universität

Nun ist es nicht so, dass alleine der Auftrag von Schule hinreichend beschreiben könnte, welche tatsächlichen Aufgaben heutzutage auf die Schule niedergehen. Gesellschaftliche Anforderungen, darunter auch die der Wirtschaft, sowie Vorstellungen von abnehmenden Institutionen (wie zum Beispiel die Universität) werden häufig nicht in einem langwierigen Gesetzgebungsverfahren goutiert, sondern durch andere Mechanismen zu sichern gesucht.

Die Diskussion um die schulische Leistung und die Gestaltung der Schule wird also von vielen Seiten geführt und entzieht sich oft der klaren Analyse, da sehr unterschiedliche Meinungen aufeinandertreffen. Persönliche Werthaltungen sind in pädagogischen Fragen oft zu beobachten. Und sicher gibt es Fragen, auf die es keine eindeutig befriedigende Antwort gibt. Problematisch wird es dann, wenn Meinungen absolut gesetzt werden und Ergebnisse empirischer Forschung dabei missachtet werden: „Leistungsanforderungen gehören in der Schulpädagogik und in unserer Gesellschaft zu einem der sensibelsten Bereiche, wobei auch emotionale Überreaktionen nicht auszuschließen sind" (Kleinschmidt, 1993). Tatsache ist, dass die Form des Umganges mit der Leistung in der Schule zu Problemen führt, mit denen die Beteiligten durchaus unterschiedlich umgehen. Im Folgenden sollen einige Eckpunkte der Diskussion skizziert werden.

Es ist bereits herausgearbeitet worden, dass eine Leistungshandlung eine Handlung ist, die bewertet wird. Die Frage, was eigentlich bewertet werden soll, ist unter der Perspektive diskutiert worden, welchen Auftrag die Schule hat. Nun kommen noch weitere Akteure hinzu.

Je nach Interessenlage, die nach Luhmann auf unterschiedliche soziale Systeme zurückzuführen ist, wird der Auftrag der Schule unterschiedlich interpretiert. Von den meisten an der Diskussion Beteiligten wird Schule in ihrer Zubringerfunktion gesehen, die sich nach den Abnehmern zu richten hat. Diese Perspektive wird gerne von Seiten der Wirtschaftsverbände und von Seiten weiterführender Bildungsinstitutionen eingenommen. Sie wird aber auch von Eltern präferiert, die verständlicherweise für ihre Kinder den richtigen Lebensweg gesichert sehen wollen. Diese Perspektiven vernachlässigen dabei den gesetzlich festgeschriebenen Auftrag von Schule nach Entwicklung der Persönlichkeit, der Schule einen eigenen Stellenwert zuschreibt (vgl. Abschnitt 4.1)

4.2.1 Erwartungen für die Zukunft

Schon bei der Diskussion um den Bildungsbegriff ging es um die Frage: Was müssen die Schülerinnen und Schüler wissen, um ihr Leben erfolgreich gestalten zu können? Dies ist unbestritten die Kernfrage, die immer mehr in den Mittelpunkt rücken muss. Es gibt noch einen weiteren Diskussionsstrang, der relativ unabhängig von der alten (und wieder neuen) Debatte um den Bildungsbegriff verlief und sich auch um die Beantwortung der gestellten Frage bemühte: die Suche nach den notwendigen Kompetenzen, in diesem Zusammenhang auch gerne als Schlüsselqualifikation bezeichnet. Nach Fasholz (1997, S. 554) sind Schlüsselqualifikationen „erwerbbare allgemeine Fähigkeiten, Einstellungen und Strategien, die bei der Lösung von Problemen und beim Erwerb neuer Kompetenzen in möglichst vielen Inhaltsbereichen von Nutzen sind".

Die Suche nach Kompetenzen und/oder Schlüsselqualifikationen ist derzeit aktuell. Allerdings werden dabei oft aus der Perspektive der Abnehmer (Universität, Betrieb) Kompetenzen formuliert, die den gesamten Auftrag der Schule (z. B. Pflichten und Rechte von Staatsbürgern, usw.) nicht abdecken. Eine derartige Verengung ist aber nicht sinnvoll, denn es könnte dazu führen, dass nicht mehr offen und intensiv über die gesamte Breite notwendiger Kompetenzen diskutiert wird. Für die Leistungsdiskussion ist das Nachdenken über notwendige Kompetenzen aber in jedem Falle sinnvoll und erforderlich.

Dabei kann man induktiv oder deduktiv vorgehen. Induktiv heißt in unserem Zusammenhang, dass man aus der Erfahrung heraus nach Partialkompetenzen sucht und diese dann gruppiert, um so zu lehr- und lernbaren Themenstellungen zu kommen. Dieser Weg wird hier nicht bestritten, wiewohl er erfolgreich sein kann.

Der hier eingeschlagene Weg geht deduktiv vor: Man versucht erst die Kompetenzen zu beschreiben, die Schülerinnen und Schüler haben müssen, und leitet dann die weiteren Entscheidungen daraus ab. Einen Versuch stellt die Delphi-Studie 1997/98 dar, die vier Felder des Allgemeinwissens unterschied (von Rosenblatt, 1999). Ein weiteres Modell ist die Gliederung der Handlungskompetenz in vier weitere Subkompetenzen (Abbildung 11; Feiks & Krauß, 1992):

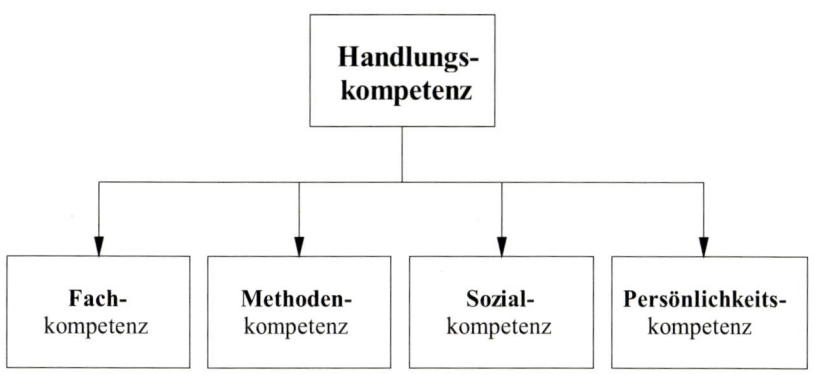

Abbildung 11: Systematisierungsversuch: Die Handlungskompetenz und ihre
Elemente

Man muss diese Abbildung 11 wie folgt lesen: Handlungskompetenz lässt
sich relativ gut über diese vier Teilkompetenzen beschreiben, aber man
muss sehen, dass die vier Elemente nicht unabhängig voneinander sind. So
ist Sozialkompetenz einerseits ohne Kenntnis von Normen und Regeln
(Fachkompetenz) nur sehr beschränkt möglich. Andererseits kann man aber
ohne reflektiertes Wissen soziale Kompetenz haben. Ähnliches gilt für die
Beziehung der anderen Kompetenzen zueinander.

Diese Überschneidungen und Abhängigkeiten dürfen nun nicht zur Verwir-
rung führen. Im Folgenden werden die von Schülerinnen und Schülern verlangten Kompetenzen in der Reihenfolge von links nach rechts in der Abbildung 11 gesondert behandelt. Bei der Suche nach Unterrichtsthemen gilt
dann genau zu prüfen, auf welcher Ebene die Kompetenzen abverlangt werden.

- *Fachkompetenz* bedeutet fachliches Wissen zu besitzen, es situations-
  gerecht umsetzen zu können sowie zum fachlichen Engagement bereit
  zu sein. Es ist erforderlich für die Gestaltung, Steuerung, Untersuchung und Absicherung von Vorgängen, Prozessen und Abläufen und
  steht in der Alltagssprache für Wissen und Fertigkeiten.
- *Methodenkompetenz* bedeutet zu wissen, welcher Weg einzuschlagen
  ist, diesen Weg gehen zu können und bereit zu sein, diesen Weg zu
  gehen. Es ist erforderlich für Gestaltung, Steuerung, Untersuchung
  und Absicherung von Vorgängen, Prozessen und Abläufen. Es steht

allgemein für Umgang mit Störungen, Entscheidungsfähigkeit, Informationsbeschaffungsfähigkeit, Planungsfähigkeit, problemlösendes Denken, Transferfähigkeit, analytisches, logisches, strukturierendes und kreatives Denken.

- *Sozialkompetenz* bedeutet, Gedanken, Gefühle und Einstellungen wahrnehmen zu können, sich situationsbezogen und personenbezogen verständigen zu können und zur Verständigung bereit zu sein. Es ist erforderlich für Menschenführung, Kommunikation, Entwicklung von Gemeinschaften, Persönlichkeitsentwicklung in Vorgängen, Prozessen und Abläufen. Dazugehörige Begriffe sind Delegationsfähigkeit, Fairness, Hilfsbereitschaft, Kooperationsfähigkeit, Kommunikationsfähigkeit, Selbstständigkeit, soziale Verantwortung, Teamfähigkeit, Umweltbewusstsein und Umsichtigkeit.

- *Persönlichkeitskompetenz* bedeutet ein realistisches Selbstbild zu haben, der eigenen Überzeugung gemäß handeln zu können und zur sozialen Verantwortung bereit zu sein. Es ist notwendig für Menschenführung, Kommunikation, Entwicklung von Gemeinschaften, Persönlichkeitsentwicklung in Vorgängen, Prozessen und Abläufen. Beschreibende Begriffe sind: Aufgeschlossenheit, Ausstrahlung, Belastbarkeit, eigene Normen und Werte, Initiative, Kreativität, Kritikfähigkeit, Lernbereitschaft, Motivation, Verantwortlichkeit und Vorbild.

Bei der Interpretation dieser vier Kompetenzen geht man oft falsch vor: Man sieht und diskutiert die vier Kompetenzen jede für sich. Es muss immer wieder in Erinnerung gerufen werden, dass es sich um vier unterschiedliche Perspektiven handelt, aus welchen man *eine* Handlung interpretiert (sie sind also korreliert). Diese vier Kompetenzen sind zudem für verschiedene Handlungen unterschiedlich stark ausgeprägt und sichtbar.

Nun stellt sich die Frage, inwieweit die Schule diese Kompetenzen auszubilden vermag. Es ist keine Frage, dass die Lehrpläne (oder Bildungspläne) vorwiegend die fachlichen Inhalte umschreiben. Die anderen Kompetenzen sind thematisch nicht vorgegeben. Sie sind nur erreichbar über eine sensibilisierende Lehrerausbildung und teilweise fachimmanente Anforderungen (z. B. Kommunikationsfähigkeit in den Sprachen). Ein weiterer Weg könnte darin bestehen, den Schulen Vorgaben zur Schulung der anderen Kompetenzen zu machen und den Schulen bei der Entwicklung einer kind- und jugendlichengerechten Schulkultur zu verhelfen.

Allerdings wird bei Diskussionen die Fachlichkeit der Schule besonders in den Mittelpunkt gestellt. Die Frage ist, ob dies richtig sein kann. Zieht man beispielsweise den Kompetenzbegriff von Weinert heran, dann ist dort Sachlichkeit eingebettet in eine Reihe von weiteren Merkmalen. Weinert definiert Kompetenz als

> „ ... die bei Individuen verfügbaren oder von ihnen erlernbaren kognitiven Fähigkeiten und Fertigkeiten, bestimmte Probleme zu lösen, sowie die damit verbundenen motivationalen, volitionalen und sozialen Bereitschaften und Fähigkeiten, die Problemlösungen in variablen Situationen erfolgreich und verantwortungsvoll nutzen zu können." (Weinert, 2001, S. 27f.)

Hier wird also deutlich, dass es eine Fachkompetenz, die sich nur über die definiert, gar nicht geben kann. Was bedeutet also die Aussage *Matthias hat in Deutsch eine 3?*

Die Schule bildet aber auch unkontrolliert und unbeabsichtigt über den heimlichen Lehrplan (*hidden curriculum*) aus, meist in Richtung eines verengten und überspitzten Leistungsverständnisses und hin zur Einübung in die bürokratische Gesellschaft. Der heimliche Lehrplan setzt direkt an bei Interaktionsbeziehungen (Sozialisationsfunktion der Schule): Der Unterricht unterliegt einem institutionellen Druck, was zu Anpassung an Unterricht, Konkurrenzverhalten und Disziplin führt. Derartige Prozesse sind meist ritualisiert i.S. einer sich verselbstständigenden Handlung ohne explizite Legitimation. Alle Beteiligten übernehmen diese Handlungsmuster, weil sie Sicherheit geben. Eine Abschaffung im einfachen Sinne gibt es nicht, sie führt, wie viele Schulentwicklungsstudien zeigen, zur Verhaltensunsicherheit. Man muss sich derartige Prozesse bewusst machen und daraufhin bewusst steuern.

Ein Weiteres sei bedacht: Wenn hier neutral von verschiedenen Kompetenzen gesprochen wird und diese aus der gesellschaftlichen Notwendigkeit heraus begründet werden, so darf doch nicht übersehen werden, dass als Leistung immer gilt, „was mächtige gesellschaftliche Gruppen als solche definieren" (Sacher, 1992, S. 3). Die Handlungen werden auf Grund der gesellschaftlichen Nachfrage als Leistung definiert. Diese Nachfrage resultiert nach Bolte (1979, S. 48f) aus der Ausprägung und Durchsetzung bestimmter Werthaltungen und Zielsetzungen. Diese Einflüsse wirken sich auch auf die Leistungsabstufungen und die Bemessungsverfahren aus. Dieser *Kampf der gesellschaftlichen Mächte* wurde bereits von Erich Weniger für die Lehrplanarbeit beobachtet. Im Folgenden wird die Perspektive einer dieser Mächte, der Wirtschaft, diskutiert.

4.2.2 Erwartungen der Wirtschaft

Ob man das Erziehungssystem nun aber ausschließlich am Wirtschaftssystem orientiert, wie es Fauser und Schweitzer (1981, S. 805) bei Luhmann und Schorr zu erkennen glauben, und ob dadurch auch „analoge Strukturmuster zwischen kapitalistischer Warenproduktion und schulischem Leistungs- und Benotungssystem" (Schäfer, 1996, S. 89) deutlich werden, sei einmal dahingestellt. Tatsache ist, dass die Wirtschaft gerade in der laufenden Diskussion auch für das Erziehungssystem ein maßgeblicher Faktor geworden ist (Boenicke, Gerstner & Tschira, 2004). Nach dem bildungssoziologischen Reproduktionsmodell vermittelt die Schule die spezifischen Kenntnisse und Fähigkeiten, die für den späteren Arbeitsplatz erforderlich sind (Kalthoff, 1996, S. 106). So muss es auch gemeint sein als Luhmann (1996, S. 19) schrieb: „Ihre wohl wichtigsten Ziele sucht die Erziehung [...] im Verhältnis zum Wirtschaftssystem".

Wie noch bei der Diskussion der Rolle des Elternhauses angesprochen wird, gibt es unterschiedliche Sichtweisen zwischen Familie und Wirtschaft. Diese unterschiedlichen Haltungen führen zu unterschiedlichen Nachfragen an die Schule, wodurch die problematische Rolle der Schule deutlich wird: Schule wird mit zwei unterschiedlichen Ansprüchen konfrontiert, die man in der Bildungsplanung als *social demand* bzw. *manpower approach* kennzeichnet.

Hinzu kommt, dass sich zukünftig die Verschiebung der Schwerpunkte von Tätigkeiten immer weiter vom primären über den sekundären bis hin zum tertiären Sektor fortsetzen wird. Dies bedeutet, dass hochwertige Funktionen und Tätigkeiten im Dienstleistungsbereich für die Bundesrepublik Deutschland eine immer größere Rolle spielen werden.

Zur Bewältigung dieser Tätigkeitsfelder wird die Schule die Grundlagen legen müssen. Da sich die Art der Tätigkeiten verändert, werden sich Inhalte und Lehr-/Lernmethoden genauso ändern müssen. Daraus folgt, dass die Art und Weise, wie Leistungen auf den diversen Teilgebieten gemessen werden, ebenfalls angepasst werden muss. Dieser Prozess geschieht nicht umschlagartig, sondern evolutionär.

Unabhängig davon muss man aber wissen, dass die von der Wirtschaft verlangten Qualifikationen immer umfangreicher werden. Es ist schon eine Frage der Logik, dass bei gleicher Schuldauer (oder ihrer Verkürzung bei G8) und neuen Inhalten, die alten Inhalte in Umfang und Qualität nicht mehr gehalten werden können und neue Methoden in die Schule Einzug halten müssen.

Hier wird deutlich, dass die Wirtschaft einen breiteren Leistungsbegriff hat, als dies in der Schule erkennbar ist. So werden also nicht nur Fachkenntnisse erwartet (z. B. Englisch fließend; Broschüre der IHK und Handwerkskammer NRW), sondern auch Grundhaltungen wie Selbstständigkeit und Kreativität sowie soziale Einstellungen wie Teamfähigkeit, Höflichkeit, Konfliktfähigkeit und Toleranz. Im Spiegel (1992, Heft 23) sagte der damalige Chef der Personalentwicklung einer der größten deutschen Firmen:

> „Leistung muss auch in der Schule neu definiert werden. Bereits vor 15 Jahren sind die Konstrukteure ausgestorben, die noch ein Auto allein entwickeln konnten. Heute sitzen hochspezialisierte Ingenieure am Tisch und müssen gemeinsam für den Kunden beste Ergebnisse entwickeln. Die ganze Leistungsdiskussion hängt der betrieblichen Praxis um Jahre hinterher. Gruppenarbeit, Abbau von Hierarchien, das Fördern von Kreativität sind heute wesentliche Bestandteile der Arbeitsorganisation".

Der Schweizer Wirtschaftsfachmann Jeker äußerte bereits 1986 bei einem Vortrag:

> „Insbesondere bei der Lösung anspruchsvoller Aufgaben in der Wirtschaft kommt heute dem Team-Work entscheidende Bedeutung zu. Komplexe Aufgaben lassen sich überhaupt nur in interdisziplinären Gruppen lösen. Weil die Gruppenarbeit in den schweizerischen Schulen kaum genügend Einzug gehalten hat, müssen die jungen Leute in der Wirtschaft oft an diese Art zu arbeiten gewöhnt und von deren Vorteilen überzeugt werden" (Jeker, 1986, S. 62).

So nimmt es kein Wunder, wenn an der Mittelhochschule Schweden ein neuer Ingenieursstudiengang eingerichtet wird: der Entwicklungsingenieur. Dieser soll aber nicht technische Dinge entwickeln, sondern Entwicklungsgruppen von Ingenieuren erfolgreich moderieren können. Soll (Mitarbeiter in einem Bildungsministerium) bewertet Analysen dieser Art wie folgt: „Ist es nicht erstaunlich, wie damit das jahrelange Bemühen der Grundschule um selbstständiges Lernen im Rahmen der Freiarbeit und des offenen Unterrichts unerwartet Unterstützung erfährt?" (Soll, 1993, S. 5).

Reinhard Mohn, ehemaliger Vorstandsvorsitzender der Bertelsmann-Stiftung, fordert bei der Preisvergabe des Prinz-von-Asturien-Preises im Jahre

1998 mehr Lernbereitschaft und Flexibilität, vor allem auf den unteren Ebenen: „Ich halte es deshalb für unverzichtbar, dass die Leistung, Qualität und Methodenentwicklung möglichst weit auf die untere Ebene delegiert wird", wobei „Menschlichkeit in unserer Zeit eine unverzichtbare Prämisse des Erfolgs geworden ist".

Hier fällt die Zahl der verlangten Kompetenzen sofort in das Auge (ergänzend dazu: Dosenbach, Faix, Hofmann & Stulle, 1993). Auch kann niemand behaupten, es käme einzig und alleine auf die Fachkompetenz an. Dazu muss man festhalten, dass Vermittlung von Schlüsselqualifikationen schon seit relativ langer Zeit gefordert wird. Es stellt sich die bange Frage, ob die Schule diese Kompetenzen und Qualifikationen auch wirklich vermittelt, misst und rückmeldet.

So neu sind diese Forderungen gar nicht: Klafki hat bereits 1974 eine deutliche Unterscheidung von wettbewerbs- oder konkurrenzbezogener Leistungsorientierung auf der einen und problem- bzw. aufgabenbezogener Leistungsmotivation auf der anderen Seite unterschieden. Er wollte damit herausarbeiten, dass Leistungsmotivation nicht unbedingt mit dem Wettbewerbs- und Konkurrenzmotiv verbunden sein muss. Er plädiert für die Schule ein eindeutiges Primat der problemorientierten Leistungsmotivation. Es komme darauf an, „dass vorwiegend individualistisch-wettbewerbsorientierte Leistungsverständnis in unseren Schulen durch einen Leistungsbegriff zu ersetzen, der an der Lösung gemeinsamer Aufgaben und am Prinzip der Solidarität einer lernenden Gruppe orientiert ist: Lernen und Leisten müssen viel stärker als bisher in Gruppen vollzogen werden; die individuelle Leistung sollte primär an ihrem Bezug zur Lösung gemeinsamer Aufgaben gemessen werden und zugleich in ihrem Beitrag zum Lernfortschritt aller Mitglieder einer Gruppe" (Klafki, 1974, S. 93). Später liest sich der gleiche Gedanke so:

> „Leistung wiederum wird überwiegend individualistisch, wettbewerbs- bzw. konkurrenzorientiert aufgefasst. Von mehreren gemeinsam erbrachten Leistungen, die sich vielleicht nicht ohne weiteres nach geläufigen Maßstäben messen lassen, werden häufig gering erachtet oder gar nicht zur Kenntnis genommen. Dieses eingeschränkte Leistungsverständnis begünstigt allenfalls diejenigen, die bereits mit guten, meistens soziokulturell bedingt guten Ausgangsbedingungen ausgestattet sind, es stiftet jedoch kaum eine sachorientierte Leistungsmotivation" (Bildungskommission NRW, 1995, S. 87; siehe auch Träbert, 2010).

Unverständlich bleibt daher, wenn immer wieder versucht wird, z.T. durch die Auswahl völlig ungeeigneter Zitate wie z. B. bei Westphalen (1997), einen Zusammenhang zwischen Leistung und Wettbewerb herzustellen. Der Autor behauptet, dass Leistungsstreben und Wetteifer physiologische und psychologische Grundbedürfnisse des Menschen seien. So zitiert er Huizinga (Huizinga, 2006, Original 1956): „Tief in den Schichten der *Kultur* liegt das Bedürfnis, [...]" (Hervorhebung d. Vf.), ohne den Widerspruch zu seinen eigenen Argumenten zu erkennen. Kulturen können sich ändern und damit auch die aktuell notwendigen Wissensgebiete.

Es stellt sich im Weiteren die Frage, ob der Beruf als begrenztes Kompetenz- und Zuständigkeitsschema heute noch Grundlage betrieblicher Handlungslogik sein kann. Die zunehmende Weiterbildung ist heute generell ein Produkt von Umbruchsituationen, was sich auch historisch zeigen lässt (Arnold & Müller, 1995). Sie ist vermehrt in Perioden der Verunsicherung zu beobachten, wenn die Überlieferungen alleine nicht mehr tragen. Dies steht heute sicher mit dem Bedeutungsverlust der Erstausbildung in unmittelbarer Beziehung. Wir beobachten heute eine Erosion und auch *Entberuflichung*, wie Rolf Arnold es nannte.

Der Beruf ist eine soziokulturell geprägte Ordnungskategorie (Arnold & Müller, 1995) und stark verbunden mit einer erzieherischen Sinnsuche, die man heute in der Praxis allerdings so kaum noch findet. Heute ist Berufsausbildung mehr und mehr ein Thema der bildungs- und arbeitsmarktpolitischen Steuerung (Harney, 1995). In Betrieben steigt die Zahl der berufsfremd eingesetzten Personen. Eine Zuordnung zum Beruf erscheint da nicht mehr sinnvoll. Eher scheint die aktuelle Tätigkeit eine Rolle bei der Konzeptionalisierung oder Auswahl von Weiterbildungsmaßnahmen im Betrieb zu sein.

Nur die nüchterne Analyse der Übergänge innerhalb des Schulsystems und zwischen diesem und dem Beschäftigungssystem werden zu einer Verbesserung führen. Ob dies auch für das Verhältnis der Schule zu weiterführenden Bildungseinrichtungen gilt, soll im Folgenden diskutiert werden.

4.2.3 Erwartungen der weiterführenden Bildungssysteme

Innerhalb des Bildungssystems selbst hat sich eine Abnehmerperspektive aufgebaut. Es handelt sich vorwiegend um zwei Nahtstellen: den Übergang von der Grundschule zur weiterführenden Schule und von der Oberstufe zur Universität.

Übergang Grundschule-Weiterführende Schule

Am Ende der Grundschulzeit erhalten die Schülerinnen und Schüler eine so genannte Grundschulempfehlung. Dies ist der Versuch einer Prognose darüber, welche weiterführende Schule für das Kind geeignet ist. Die Qualität der Grundschulempfehlung ist miserabel, weniger als die Hälfte der Empfehlungen entsprechen dem späteren Abschluss. Auf Gesamtschulen machen zahlreiche Schülerinnen und Schüler mit Hauptschulempfehlung bzw. Realschulempfehlung das Abitur. Dieser Aspekt soll an anderer Stelle innerhalb dieser Buchreihe diskutiert werden.

Die Problematik dieser Empfehlung liegt nicht nur darin, dass sie viel zu früh kommt, sondern auch darin, dass die Empfehlung im Prinzip auf den Noten der Fächer basiert. Weitergehende Aussagen über die Kompetenzen der Schülerinnen und Schüler werden nicht gemacht. In einigen Bundesländern müssen die Lehrkräfte der Grundschulen so genannte Lernstandsberichte schreiben, die eigentlich in die weiterführende Schule weitergegeben werden sollen. In der Praxis hat diese an sich gute Idee keine Relevanz, weil die abnehmenden Schulen sich zu stark auf die Empfehlung fixieren.

Übergang Oberstufe-Universität

Die Anforderungen an das Abitur werden immer wieder diskutiert. Der Maturitätskatalog von Tutzing aus dem Jahre 1958 umfasst 9 Ziffern und zeigt, wie schnell sich Anforderungen verändern können (Lange, 1994, S. 73):

- Einwandfreies Deutsch
- Verständnis einiger Meisterwerke der deutschen Literatur und einiger grundlegend wichtiger Meisterwerke der Weltliteratur,
- Gute Einführung in einer Fremdsprache und erste Einführung in eine zweite Fremdsprache, wobei eine der Sprachen Latein oder Französisch sein soll,
- Kenntnis der Elementarmathematik,
- In der Physik Einführung in die Hauptphänomene,
- Liebhabermäßiges Betrachten der anschaulichen Natur und Zugang zur biologischen Betrachtungsweise,
- Kenntnis und Verständnis für die geschichtliche Situation der Gegenwart seit der Französischen Revolution,
- Verständnis für die philosophischen Einleitungsfragen, besonders für die anthropologischen,

- Orientierung über die Christenlehre, die kirchengeschichtlichen Hauptereignisse und Einführung in die ethischen Grundfragen.

Auf der 274. Plenarsitzung der KMK am 30.11. und 1.12.1995 in Mainz (erneuert 24.05.2002) wurden neue „Richtungsentscheidungen zur Weiterentwicklung der Prinzipien der gymnasialen Oberstufe und des Abiturs" getroffen. Darin wird Studierfähigkeit wie folgt definiert: sprachliche Ausdrucksfähigkeit, insbesondere die schriftliche Darlegung eines konzisen Gedankenganges, verständiges Lesen komplexer fremdsprachlicher Texte und sicherer Umgang mit mathematischen Symbolen und Modellen. Dafür sollen Deutsch, Mathematik und eine Fremdsprache durchgängig belegt werden.[5]

Die Information über die Studierfähigkeit wird in der Regel über das Abiturzeugnis an die Abnehmer gegeben. Das Abiturzeugnis enthält allerdings vorwiegend Noten. Wo die besonderen Kompetenzen zum Beispiel eines Studienbewerbers oder einer Studienbewerbern liegen, bleibt unbekannt. Im Sinne einer Kompetenzorientierung sollte daher auch das Abiturzeugnis eine Überarbeitung erfahren.

Die Frage ist nur, ob die Schülerinnen und Schüler heutzutage überhaupt noch ihre außerfachlichen Kompetenzen aufbauen und zeigen können. Die Verkürzung der Schulzeit fördert das so genannte Bulemielernen, dass aus Zeitgründen auf das rein Fachliche und Abfragbare reduziert ist.

Die Universitäten selbst sind mit dem Abiturzeugnis und dessen Aussagekraft inzwischen selbst nicht mehr zufrieden. Deshalb führen immer mehr Universitäten Kriterienlisten ein, die man als Kompetenz basiert bezeichnen kann. So geht beispielsweise die Abiturnote nicht mehr als alleinige Voraussetzung, sondern auch vom Kosmos in gesellschaftlichen Fragen (Schulsprecher, freiwilliges soziales Jahr, usw.), weitere außerschulische Leistungen (Auslandsjahr, Erhalt von Preisen, Förderung durch Studienstiftungen, usw.) und die schriftliche und mündliche Begründung dafür, warum man gerade an dieser Universität studieren möchte.

Die fehlende Aussagekraft des notenbasierten Abiturzeugnisses ist es vielleicht auch, die manche Professorinnen und Professoren dazu verleitet, Ur-

---

5 Es wäre schon ein Fortschritt, wenn man auf den Begriff der *Reife* verzichten würde. Gerade vor dem Hintergrund der Gleichstellung von beruflicher und allgemeiner Bildung erscheint er antiquiert.

teile über die Leistungsfähigkeit der Studienanfänger zu machen (z. B. Konegen-Grenier, 2002). Interessant ist, dass das Lamentieren über die angeblich geringer werdende Leistung bei der Professorenschaft genauso zu finden ist wie bei der Wirtschaft (siehe vorheriges Kapitel).

> „Die Klagen über mangelnde Studierfähigkeit sind älter als alle Schulreformen, die
> sie angeblich verhunzt haben, nämlich mindestens so alt wie das idealistische Uni-
> versitätskonzept selbst, das – seinen Vätern wohl bewusst – Selbstständigkeit der
> Studenten kontrafaktisch voraussetzte, um sie so zu erzeugen. Für die gegenwärti-
> gen Klagen ist charakteristisch, dass sie sich entweder vielfach widersprechen: nicht
> nur in „Skandal!" rufenden Zeitungsartikeln, sondern auch in Hochschullehrerbe-
> fragungen" (Huber, 1994).

In der einen Studie (Kazemzadeh, Minks & Nigmann, 1987) beurteilt die
Mehrheit der Hochschullehrer z. B. Denkvermögen und Fleiß der Studierenden negativ, ihre Kenntnisse elementarer Methoden positiv, in der anderen (Heldmann, 1987, S. 251) ist es umgekehrt. Oder sie addieren sich so,
dass nur noch die Frage bleibt, warum ein dergestalt Studierfähiger überhaupt noch studieren muss.

> „Mitverantwortlich dafür ist die Unbestimmtheit der zur Bestimmung von Studier-
> fähigkeit herangezogenen Begriffe: sowohl für die Dimensionen von Fähigkeiten
> bzw. Personen – Lernbereitschaft, Denkvermögen, Selbstständigkeit, Ausdauer, Ur-
> teilsfähigkeit usw. – wie auch der Grade, die in ihnen auf dieser Stufe erreicht sein
> müssten. Diese Schwierigkeiten haben wir zwar mit dem Bildungsbegriff auch, wir
> werden aber eben durch den Begriff „Studierfähigkeit" auch nicht davon befreit.
> Als besser operationalisierbar als solche Fähigkeiten bietet sich in der politischen
> Diskussion dann offenbar doch immer die materiale Bildung an – diese alsbald re-
> duziert auf Fachwissen, dieses wiederum identifiziert mit „gehabten" Schulfächern:
> Postulate dieser Art schlagen darum durch!
>
> Umso unbestimmter, desto ideologieanfälliger sind solche Forderungen. In der Tat
> sind die gegenwärtigen Klagen über mangelnde Studierfähigkeit egozentrisch,
> sprich: hochschulzentrisch, indem sie die Oberstufen nur in ihrer Funktion für die
> Hochschulvorbereitung betrachten, den übrigen gesellschaftlichen Wandel verges-
> sen und die Fähigkeit einfordern, mit dieser Hochschule, wie sie ist, zurechtzukom-
> men, deren eigene Mängel und Reformbedürftigkeit sie aber ausblenden. Mindes-
> tens ebenso viel Aufmerksamkeit wie unzureichende Studierfähigkeit hätte ja unzu-
> reichende Lehrfähigkeit verdient!
>
> Was sich zu „Studierfähigkeit" so publizitätsfreudig äußert, sind vor allem Klagen
> über den Verlust der (vielleicht auch nur vermeintlichen) früheren Homogenität der
> Studierenden (Kazemzadeh et al., 1987, S. 102ff.). Dass die Heterogenität in Vor-
> aussetzungen und Interessen gewachsen ist, ist in der Tat auch ein – im Übrigen ge-
> wollentes – Ergebnis der Oberstufenreform, die individuelle Schwerpunktsetzung er-
> möglicht, ohne damit die Hochschulzulassung auf nur einen bestimmten Bereich
> festzulegen. Es ist aber auch unabhängig davon – was die konservativen Ankläger

der Neuen Gymnasialen Oberstufe vergessen – die Folge gewachsener sozialer und
kultureller Heterogenität schon unter den Gymnasiasten, größerer Mannigfaltigkeit
der Bildungswege (einschließlich Berufsausbildungen und -tätigkeiten), die heutzutage sinnvollerweise in die Hochschule einmünden und fortbestehender beträchtli-
cher Unterschiede in Lebenssituation, materiellen und sozialen Bedingungen der
Studierenden. Keine noch so sanktionierte Definition von Studierfähigkeit wird
jene vermisste Homogenität zurückbringen" (Huber, 1994), S. 54-56).

Ein ehemaliger Prorektor der TU Kaiserslautern sagte sinngemäß auf die
Frage hin, was ein Abiturient eigentlich können müsse, dass dieser ein ein-
leitendes Lehrbuch irgendeines Fachgebietes sich innerhalb von vier Wochen aneignen kann. Dies ist ein durchaus diskutables Kriterium. Hierzu ist
allerdings anzumerken, dass es keine überregionalen vergleichbaren Untersuchungen über mehrere Studierendengenerationen dazu gibt. Zum anderen
gibt es in der Oberstufe durch die Leistungskurse Tendenzen, den Schülerinnen und Schülern mehr beizubringen als das, was sie als Erstsemester eigentlich brauchen. Ein Gymnasiallehrer der Chemie berichtete dem Autor
mit einem gewissen Stolz, dass seine Schülerinnen und Schüler in der Lage
sind, auf Anhieb das Vordiplom in Chemie zu bestehen. So treffen zwei un-
sinnige Haltungen aufeinander, die die jungen Studierenden ertragen müssen. Es fehlt in Deutschland immer noch eine klare Zieldefinition der Oberstufe und präzise Eingangsvoraussetzungen der Universitäten. Es bedarf einer klaren Zieldefinition für die abgebenden Schulformen. Dazu gehören
übergreifende, von unten nach oben arbeitende Curriculumkonferenzen wie
z. B. bei der Lehrplanentwicklung (auch an der Schnittstelle zur Universität
oder zum berufsbildenden System) und auch gemeinsame Arbeit für die
übergehenden Schülerinnen und Schüler.

Derzeit wird wieder ein festerer Kanon für das Abitur angezielt. Man be-
wegt sich erneut auf dem Kontinuum Fixum vs. Wahlfreiheit, um das Abitur
als Berechtigung ideell zu retten. Nur ist in vielen Fällen (Numerus clausus
bzw. Studium ohne Abitur) das Abitur keine hinreichende Hochschulzu-
gangsberechtigung mehr. Zu überlegen wäre vielmehr noch, ob mit dem Abitur gleichzeitig ein Facharbeiterbrief oder kaufmännische Lehre u.ä. erworben werden kann (eine mögliche Form wie in Österreich). Dies würde ver-
hindern, dass Abiturienten Lehrstellen vor ihrem Studium besetzen, die anderen Jugendlichen fehlen.

Die bereits erwähnte Alternative ist, die Universitäten die Aufnahmekriteri-
en bestimmen und die Aufnahmeprüfung durchführen zu lassen. Dies könnte
aber zu einer Heterogenität der Universitäten führen, die wie internationale
Beispiele zeigen, zur unfruchtbaren Ungleichheit führen könnte. Über die

Schnittstelle zwischen Schule und Universität muss also nachgedacht werden, wobei auch eine Reform der Universitäten auf Gegenliebe bei den Bürgerinnen und Bürgern stoßen würde.

Werden unsere Schüler schlechter?

Man muss sich vor dem Hintergrund der Vorstellungen der Wirtschaft und der weiterführenden Bildungseinrichtungen, sowie der immer wieder auftauchenden Presseverlautbarungen fragen, ob die Leistungen der Schüler tatsächlich geringer werden. Insbesondere wird sich dabei auf Rechenleistung und Rechtschreibung bezogen. Diese Behauptung ist nicht nachprüfbar, da das deutsche Schulsystem immer noch keine objektiven Leistungstests verwendet und die Abnehmerseite Wirtschaft ihre Daten, die die Behauptung angeblich stützen sollen, der Öffentlichkeit nicht in erforderlicher Qualität zur Verfügung stellt. Grundsätzlich gilt aber bei dieser Diskussion: Ohne objektive Daten ist die Diskussion weitgehend politisch motiviert und sachlich nicht nachvollziehbar.

Ingenkamp (1986; siehe auch Ebbinghaus, 1999) hat in einem Übersichtsartikel die Forschungsarbeiten zu den Leistungen unserer Berufs- und Studienanfänger zusammengestellt. Das Ergebnis ist ernüchternd: Die Qualität der „Forschungsarbeiten" sei so schlecht, dass keine gültigen Aussagen getroffen werden können. Die Entwicklung in der Methodologie in den empirischen Sozialwissenschaften scheine spurlos an den verschiedenen Autoren vorbeigegangen zu sein. So sei auch die Feststellung, dass die Abgänger aus unseren Bildungsinstitutionen schlechtere Leistungen bringen, mit Vorsicht zu genießen.

Die Stimmen aus der Wirtschaft, sofern sie denn zutreffen, weisen immer auf den Mangel der Schule hin. Die jeweils älteren Generationen haben aber z.T. andere Dinge gelernt. Die heutigen Abgänger beherrschen neue Inhalte, die vor ein bis zwei Generationen noch gar keine Rolle spielten. Ein Beispiel wäre der Bereich der ITG (Informationstechnischen Grundbildung). Man kann eben nicht – wie geschehen – der Schule neue Inhalte auferlegen, ohne bei anderen Abstriche zu machen. Es bedarf einer dauernden Diskussion darüber, welche Inhalte relevant sind. Und die nicht wenigen Inhalte und Kompetenzen, die die Wirtschaft fordert, sind durchaus modern, wie gezeigt werden konnte (siehe Kapitel 4.2.1). Zudem sollte der Status der Rechtschreibleistung geklärt werden: Ist Rechtschreibung wirklich wichtig (Norwegen z. B. hat keine verbindlichen Regelungen!) oder steht sie für genaues

Arbeiten oder ähnliche Kompetenzen? Der Zugang zu dem Problem kann auch ganz anders aussehen: Es ist sogar verwunderlich, dass unsere Kinder trotz zurecht beklagter Reizüberflutung und beobachtbaren Medieneinflusses noch so viel von den alten sogenannten Kulturtechniken beherrschen. Man kann durchaus die These diskutieren, dass der Umgang mit dem PC heute eine wesentliche Kulturtechnik ist, die über der Rechtschreibleistung steht.

Ingenkamp fragte in dem erwähnten Aufsatz, warum die älteren Generationen der nachfolgenden scheinbar so leichtfertig einen Leistungsabfall bescheinigen. Er deutet dies über seine „Verklärungsthese", die besagt, dass die Älteren ihre eigene Leistungsfähigkeit zur Zeit ihrer Jugend aus Gründen des Selbstschutzes überschätzen. Becker schrieb dazu einmal offen und ehrlich: „Ich muss übrigens sagen, dass die Versuchung, Leistungsminderungen festzustellen, sehr groß ist. Ich ertappe mich selbst dabei, [...]" (Becker, 1991, S. 9).

Übergang Universität - Berufsleben

Es gab in den letzten Jahren massive Veränderungen des universitären Systems. Es sind derzeit fast alle Studiengänge auf das neue Bachelor-Master-System umgestellt (interessanterweise ohne Jura und Medizin). Die Frage ist nun, ob die Universitäten kompetenzenorientierter arbeiten als früher. Der Bachelor soll nach Willen der Politik der erste berufsqualifizierende Abschluss sein. Hatte man früher noch bis zum Vordiplom Grundlagen gelegt, soll nun die Zielrichtung eine andere sein.

Auch bezüglich der Leistungsmessung ergaben sich gravierende Änderungen. Die Studienstruktur ist in Module gegliedert, die jeweils mit einer Prüfung abgeschlossen werden. Die Benotung beginnt bereits im ersten Semester, was dazu führt, dass man Studierende nicht zu einem Abschluss führen kann, sondern, dass diese ab dem ersten Semester hohe Leistung bringen müssen.

In den offenbar veralteten Studienstrukturen war es möglich, nur ein pass-fail (um in der Welt der Anglizismen zu bleiben) auszusprechen mit gründlicher Rückmeldung, was beim nächsten Mal in Referat oder Hausarbeit besser gemacht werden muss.

Hinzu kommt, dass man in Deutschland eine BA-Durchschnittsnote von mindestens 2,5 haben muss, um den Master studieren zu können. Hier wird das in der verkürzten Schulzeit (G 8) bereits erlernte Bulemielernen also konsequent fortgesetzt.

Das angestrebte Ziel, leichter zwischen Universitäten zu wechseln (insbesondere international) ist komplett verfehlt worden. Ganz im Gegenteil ist es durch die verwendeten Modulbeschreibungen und der erwünschten Profilbildung (und damit Verschiedenheit der Universitäten) besonders schwer geworden, sogar zwischen deutschen Universitäten zu wechseln. Die "BA für irgendwas" unterlaufen die durch die Fachgesellschaften festgelegten Mindestqualifikationen, auch und gerade im erziehungswissenschaftlichen Bereich.

Eine kleine Verbesserung gegenüber den alten Studiengangsstrukturen ist darin zu sehen, dass die Master-Zeugnisse auch ein Diploma Supplement enthalten, in dem zumindest die besuchten Seminare und Vorlesungen aufgelistet sind. Auch werden extracurriculare Leistungen wie z. B. Engagement in der Studierendenschaft zunehmen belohnt. Eine konsequente Kompetenzorientierung ist dennoch an der deutschen Universität nicht zu finden.

Inzwischen gibt es Forderungen der Technischen Universitäten wegen des klareren Kompetenzprofils, den "Dipl. Ing." wieder zurückzuerhalten. Zudem wird an manchen Stellen überlegt, im Lehramtsstudium das Staatsexamen wieder einzuführen.

5   Vom Inhalt zur Kompetenz

Einleitend wurde der Begriff Leistung definiert. Dabei wurde deutlich, dass dieser Begriff formal ausgestaltet ist und damit inhaltsleer bleibt. Schulisches Lernen ist aber an Inhalte gebunden. Leistungsmessung und Leistungsrückmeldung beziehen sich auf diese Inhalte.

Wenn in diesem Buch die These vertreten wird, zu einer stärkeren Kompetenzorientierung der Schule zu kommen, dann wird man sich fragen müssen, wie das Verhältnis zwischen Inhalt und Kompetenz spezifiziert wird. Wohl in keinem Bereich deutet sich der Wechsel von der Inhaltsorientierung zur Kompetenzorientierung so stark an wie der Wandel vom Lehrplan zu den Bildungsstandards.

5.1   Lehrpläne

Der *Lehrplan* hat seinen Ursprung im Absolutismus des 18. Jahrhunderts und wurde vor allem 1809/10 in den Preußischen Reformen (Humboldt) modern. Für die sachliche Angemessenheit wurde die Fachwissenschaft verantwortlich gemacht, für die pädagogische die Lehrkräfte. Die Folge war die Akademisierung des Lehramtsstudiums und die Einführung von Rahmenplänen. Die Mängel bei der Erstellung von Lehrplänen waren und sind:

- die Berufung in die Lehrplankommissionen erfolgt administrativ,
- das private und schulpraktische Wissen dominiert und wird nicht wissenschaftlich reflektiert,
- neue wissenschaftliche Theorien (insbesondere Fachdidaktik) werden kaum vertreten, und
- der Entscheidungsprozess ist weitgehend intransparent.

Lehrpläne sind eine Möglichkeit, auf schulinterne Prozesse Einfluss zu nehmen. Nach Luhmann und Schorr (1999) gehören sie zum „Programm" des Erziehungssystems. Die Autoren haben einen Mangel der deutschen Lehrpläne erneut bestätigt: Inhalte seien keine Ziele. Diese seien aber festzulegen, weil die Umwelt des Erziehungssystems keine Arrangements zur Verfügung stelle. So berufe man sich bei den Fächern und Inhalten auf die wissenschaftliche Disziplinstruktur. Die Auswahl der Stoffe sei ein besonderes Problem, weil die Beziehung zwischen Sach- und Sozialdimension nicht gleichwertig Berücksichtigung fände (S. 98). Der Lehrplan setze der Sozialdimension („pädagogisches Verhältnis") sogar Grenzen. Diese Kritik gilt umso mehr als die Lehrpläne (Kerncurricula oder wie auch immer) in manchen Bundesländern immer kürzer gefasst werden.

Kritiker unserer Schulen behaupten u.a., dass Leistung in der Schule deshalb keine Freude bringe, weil die gelehrten Inhalte wenigstens zum Teil falsch gewählt seien. Das deutsche Schulsystem sei zudem kaum in der Lage, auf die wechselnden Anforderungen der Zukunft zu reagieren, einmal abgesehen vom berufsbildenden Schulsystem, das relativ zügig auf Veränderungen des Arbeitsmarktes reagiert, und der Einführung des Faches EDV/ITG (Informationstechnische Grundbildung) an den allgemein bildenden Schulen, wobei dieser Vorgang als eher dilettantisch gewertet werden kann (erst die PC-Labors und dann das dazugehörige pädagogische Konzept!). Die Unzufriedenheit mag daran liegen, dass das Schulsystem an einer Fächerstruktur rigide festhält, die überprüft werden sollte.

Ein Beispiel ist die Arbeit des Mathematikdidaktikers Heymann (1996), der zeigen konnte, dass man zur Alltagsbewältigung maximal die Mathematik bis zur siebten Klasse benötige (Prozentrechnung, Zinsrechnung, Dreisatz). Er schlägt ab der 8. Klasse eine Differenzierung für diejenigen Schülerinnen und Schüler vor, die später einen mathematikintensiven Beruf ausüben sollen. Der Rest solle von Mathematik verschont werden.

Dies widerspricht allerdings klar der Intention der 274. Plenarsitzung der KMK aus dem Jahre 1995 und ihrer jüngsten Entscheidung, dass Mathematik bis zum Abitur nicht abgewählt werden darf. Ein immer größer werdender Anteil von Abiturienten geht allerdings in die berufliche Ausbildung und eben nicht auf die Universität. Darauf hat die KMK nur unzureichend reagiert. Auch die TIMS-Studie hat die Diskussion über die Inhalte erneut entfacht: Die Niederlande, die bei dieser Studie in der 8. Klasse gut abschneiden, führen den Unterricht nach einer didaktischen Konzeption, die sie *realistic mathematics* nennen.

Es stellt sich wie zuvor die Frage nach dem Sinn einzelner Fächer und ob die vermittelten Inhalte noch in der Arbeits- und Lebenswelt gebraucht werden. Vor dem Hintergrund der Internationalisierung der Arbeitswelt sollte auch die Rolle und Funktion z. B. der alten Sprachen erneut diskutiert werden. Man sollte zukünftig diesen Bereich so handhaben, dass alte Sprachen erst dann gelernt werden, wenn drei lebende Fremdsprachen beherrscht werden. Mit guter Didaktik ist dies nach drei Jahren möglich. Dabei werden Inhalte und Methoden verändert werden müssen: In deutschen Schulen wird beispielsweise weniger Englisch gelernt, sondern eine auf Schülerniveau reduzierte Anglistik. Dosenbach et al. (1993, S. 40) fassen sich kürzer: „Wir sollten endlich aufhören, möglichst viel über die Fremdsprache zu lernen, sondern beginnen die Sprachen selbst zu lernen!"

„Non scolae, sed vitae discimus" bleibt eine Farce, solange Fächer mit starkem Lebensbezug wie Rechtskunde, Gesundheitslehre usw. außen vor bleiben. Die Lage führt kurioserweise dazu, dass man aktuelle wichtige gesellschaftliche Fragen plötzlich zu Querschnittaufgaben für alle Fächer erklärt (siehe Kapitel 5.4). Damit werden aber Fragen unter der Perspektive bestimmter Fächer behandelt - der alte Fehler, nämlich die „Übernahmen aus zum Teil längst überholten Systematiken isolierter Einzelwissenschaften" (so bereits Klafki, 1974, S. 82). Die Ganzheitlichkeit des Gegenstandes geht dabei natürlich verloren, ein Problem, das in der Schulleistungsdiskussion sowieso durchschlagend ist: Zu Gunsten „simpler Handhabung (werden) beinahe sämtliche pädagogische Ganzheitlichkeitsansprüche ad absurdum geführt" (Büeler, 1996, S. 148). Wenn moderne Themen und zukunftsträchtige Themen die Schule hineinkommen sollen, dann müssen die Fächer geändert werden. Das sture Festhalten an der universitären Fächergliederung (die ja – nebenbei bemerkt – durch Kombinationsstudiengänge teilweise bereits in Auflösung begriffen zu sein scheint) ist kontraproduktiv.

5.2   Curricula und Lernziele

Wenn hier die These nach einer stärkeren Kompetenzorientierung vertreten wird, dann wird man sich die Frage stellen müssen, ob in der gesamten bisherigen schulpädagogischen Diskussion nicht auch schon einmal über die simple Vergabe von Noten hinaus über Kompetenzen diskutiert worden ist.

Folge der Kritik an den Lehrplänen sowie des Sputnik-Schocks war die umfassende Konzeption des *Curriculums* nach B. Robinsohn. Hier wurden Aussagen getroffen zu: Planung und Steuerung von Unterricht, Unterrichtsergebnissen, Lernsystemen, Unterrichtsmaterialien, Aussagen über Unterricht (deskriptiv, präskriptiv), individuellen Lernwegen, Lehrplanforschung, usw. Die Hauptkritik richtete sich hier auf die überzogene Regulierung.

Die im Zuge der längst vergessenen Curriculumdiskussion aufkommende Debatte über die Formulierung von Lernzielen hat zu der richtigen Erkenntnis geführt, dass eine perfekte Planung und Lernzielanalyse jeder Unterrichtsstunde nicht sinnvoll ist. Dadurch kommt es zeitweise zu einer völligen Fixierung, nach der jeder Lernschritt auf ganz eindeutig spezifizierte Lernziele zurückzuführen wäre. Dennoch sind die in dieser Diskussion formulierten Lernzieltaxonomien durchaus eine Hilfe bei der Umsetzung der Handlungskompetenzen im schulischen Unterricht. Zumindest wird die ganze Breite der Inhalte deutlich. Der Bezug auf die alte Lernzieldiskussion scheint notwendig zu sein. Einsiedler (1998) bezieht sich z. B. auf den Bildungsbegriff von H. Kößler. Bildung sei gekennzeichnet durch:

- Integration und Synthese von Wissen, Verstehen von Bedeutungen,
- Involviertsein in das Wissen, durch emotional-motivationale Aufgeschlossenheit,
- Bedeutsamwerden des Wissens für moralisches Argumentieren, durch Wertungen für die Lebens- und Handlungsorientierung.

Wer erkennt hier nicht die Lernzieltaxonomie von Bloom und Mitarbeitern, wobei nur die psychomotorische Komponente fehlt?[6] Dieser Bezug auf die Lernzieldiskussion kann noch ergänzt werden: In jeder der genannten Kompetenzen müssen verschiedene Verhaltensebenen beachtet werden, die derzeit noch nicht berücksichtigt werden. Es ist also ein Unterschied, ob man aus dem Bereich der Sozialkompetenz z. B. eine soziale Regel nur *kennt* oder diese auch *anwenden* kann. Auch hier ist zu beachten, dass die verschiedenen Taxonomien nicht unabhängig voneinander sind. Aus den von Bloom und Mitarbeitern entwickelten Bereichen sind sicher die kognitiven Verhaltenskomponenten (Tabelle 6) am bekanntesten.

Tabelle 6: Ausprägungen der kognitiven Verhaltenskomponente

Wissen	angeben, nennen, aufzählen, aufsagen, wiedergeben, anschreiben vortragen, formulieren, usw.
Verstehen	interpretieren, auslegen, extrapolieren, zuordnen, herausstellen, usw.
Anwendung	anwenden, übertragen, aufstellen, ordnen, anordnen, einordnen, unterscheiden, erklären usw.
Analyse	herausfinden, entdecken, ermitteln, unterscheiden, bestimmen, erproben, prüfen, usw.
Synthese	integrieren, kombinieren, erzeugen, herstellen, planen, entwerfen, ableiten, usw.
Evaluation	bewerten, beurteilen, einschätzen, folgern, usw.

---

6   Diese *Bildungs*definition ist ähnlich der Definition von *Kompetenz* von Weinert.

Hier wird schnell deutlich, dass in unserem Schulsystem der Schwerpunkt auf der Wissenskomponente liegt, die zudem noch stark aggregiert in eine Note gepackt wird. Dies ist zumindest in den typischen Situationen von Leistungsmessung der Fall und wird auch von den Ergebnissen der TIMS-Studie bestätigt. Diese Art der Leistungsmessung ist verständlich vor dem Hintergrund, dass auf das Wissen zielende Tests oder Klassenarbeiten sowie mündliche Überprüfungen einfacher zu formulieren bzw. zu konstruieren sind. Diese Einfachheit in der Konstruktion darf aber nicht handlungsleitend sein. Später wird auf diese Problematik noch einmal eingegangen. Ein weiterer wichtiger Bereich sind die affektiven Verhaltenskomponenten.

Besonders die Verben in der rechten Spalte zeigen, wie wichtig diese Verhaltenskomponenten sind. In den Lehrplänen sind nur (wenn überhaupt) kognitive Lernziele formuliert. Die Schulgesetze gehen allerdings weit darüber hinaus (siehe dazu Abschnitt 4.1). Deshalb wäre zwingend zu überlegen, inwieweit die affektiven (und auch die später dargestellten) Lernzieltaxonomien einen Ort der Darstellung finden können.

Tabelle 7: Ausprägungen der affektiven Verhaltenskomponente

Aufnahme	beachten, wahrnehmen, aufmerksam werden, bewusst werden, erfahren, hören, bedenken, usw.
Reaktion	einwilligen, befolgen, beteiligen, Freude haben, Anteil nehmen an, usw.
Wertung	akzeptieren, billigen, bevorzugen, annehmen, zustimmen, usw.
Organisation	abwägen, würdigen, einstufen, prüfen, Werte einordnen, usw.
Charakterisierung	überzeugt sein von ..., eine Werthierarchie bilden, Grundsätze haben, usw.

Die folgende psychomotorische Taxonomie ordnet man häufig dem Sportunterricht zu. Dies ist auch sinnvoll, reduziert die Bedeutung der Psychomotorik für andere Fächer jedoch erheblich.

Tabelle 8: Ausprägungen der psychomotorischen Verhaltenskomponente

Imitation	nachahmen
Manipulation	Befolgen einer Anweisung, Selektion, Festigung des Handlungsablaufes
Präzision	Reproduzieren, Steuern
Handlungsgliederung	Sequenzen bilden, harmonisch agieren
Naturalisierung	automatisieren, internalisieren

Es wäre sinnvoll zu überlegen, ob das Fach Sport zu einem übergreifenden Bereich „Bewegungserziehung" werden könnte, der auch in andere Fächer zumindest teilweise integriert werden müsste.

Wie unsinnig der Sportunterricht in Deutschland organisiert ist, sieht man z. B. daran, dass die klassischen japanischen gesundheitsorientierten Budô-künste, im Gegensatz zu stark verletzungsträchtigen Sportarten wie Fußball, Handball oder Boxen, immer noch Probleme haben als Schulsport anerkannt zu werden (Ausnahme Jûdô, weil olympische Sportart). Eine Anerkennung wäre aber vor dem Hintergrund der ethischen Dimension der japanischen Kampfkünste durchaus eine Überlegung wert, besonders vor dem Hinter-grund, dass die oft gelobten japanischen Schulen und Betriebe diese syste-matisch betreiben (siehe dazu von Saldern, 2009, 2010).

Die letzte insbesondere von der Wirtschaft geforderte Schlüsselqualifikation ist die kommunikative Verhaltenskomponente.

Tabelle 9: Ausprägungen der kommunikativen Verhaltenskomponente

Hinwendung	aufmerksam werden auf Gegenüber
Selektion	auswählen aus Handlungsalternativen
Interaktion	miteinander reden
Koaktion	miteinander handeln
Integration	voll in Gruppe eingehen

Die kommunikativen Verhaltensweisen werden zuvorderst dem Sprachenun-terricht zugeordnet. Dies ist aber auch eine Reduktion, die der Wirklichkeit nicht entspricht. Darin liegt tatsächlich eine Breitenaufgabe für alle Fächer und den unterrichtsfreien Raum.

Die gesellschaftliche und ökonomische Entwicklung zeigt, dass die Schule mit stark kognitiver Ausrichtung an den Bedürfnissen vorbeigeht. In der Wirtschaft und in der betrieblichen Ausbildung wird von den sog. „Schlüs-selqualifikationen" gesprochen, die eher zur kommunikativen Komponente gehören. Es wäre zu überlegen, inwieweit derartige Schlüsselqualifikatio-nen zu den expliziten Lernzielen von Schule werden können. Sämtliche in-haltliche Vorgaben für die Schule sind also zu überprüfen, ob und inwieweit die erwünschten Kompetenzen bzw. Lernziele formuliert sind. In einem zweiten Schritt ist zu prüfen, ob diese auch im Unterricht realisiert werden.

Diese Einteilung von Bloom und Mitarbeitern ist immer noch hoch aktuell, weil viele sog. Kompetenzmodelle im Grunde genau auf dieses alte Modell zurückgreifen (siehe Kapitel 8), wobei sich der Fortschritt der neuen Modelle selten erschließt (Beispiel für den Lateinunterricht bei Scholz & Weber, 2010, S. 42)

5.3   Bildungsstandards

Bildungsstandards sind „Anforderungen an das Lehren und Lernen in der Schule. Sie benennen Ziele für die pädagogische Arbeit, ausgedrückt als erwünschte Lernergebnisse der Schülerinnen und Schüler." (Klieme et al. 2003, S.13). Sie orientieren sich an allgemeinen gesellschaftlichen Bildungszielen und definieren Kompetenzen im Sinne von Leistungsdispositionen, die den Schülern bis zu einer bestimmten Jahrgangsstufe vermittelt werden sollten.

Die Entwicklung vom einfachen Lehrplan zu komplexeren Bildungsstandards lässt sich aus folgender Tabelle ersehen.

Tabelle 10: Stufen der inhaltsbezogenen Schulsteuerung (von Saldern & Paulsen, 2004)

Typ	Definition	Leitbegriff	Fortschritt gegenüber Vorstadium	Kritik
Lehrplan	L. enthält Aussagen über Wissen und Können	Wissen und Können	Reduzierung der Beliebigkeit; Vergleichbarkeit der Inhalte	Zustandekommen ungeklärt; kein wissenschaftlicher Bezug
Curriculum	Ziele, Inhalte, Methoden	Qualifikation	Wissenschaftlich gesichertes Vorgehen; Überprüfung Lehrerfolg	Zu enge Regulierung
Bildungs-standards	Ziele – Kompetenzmodelle - Lernergebnis	Kompetenz	Aufbau von Kompetenzmodellen; Präzisierung von Zielen; keine Vorgabe von Methoden; Anwendungsorientierung	Nur möglich, wenn Inputsteuerung stark vermindert wird

Lehrplan und Curriculum sind stark kontextorientiert (*Input*), trotz der Überprüfung des Lernerfolges beim Modell Curriculum. Die Bildungsstandards hingegen sind erstmalig verstärkt wirkungsorientiert (*Output*) und sollen – richtig verstanden – Schulen und Lehrkräften die Ziele vorgeben – bei

Erweiterung der möglichen Wege und Methoden zur Erreichung dieser Ziele. Letztlich könnte man sagen, dass die Bildungsstandards eine Konsequenz aus den Kritiken an Lehrplänen und Curriculum sind.

Die Unterschiede werden noch einmal besonders deutlich, wenn man Lehrplan und Curriculum über die Bestandteile der Definition von Bildungsstandards beschreibt (siehe nächste Tabelle).

Tabelle 11: Lehrplan und Curriculum gemessen an der Definition der Bildungsstandards (von Saldern & Paulsen, 2004)

Art der Steuerung	Festlegung der Inhalte	Festlegung der Ziele	(Kompetenz-) Niveaus	Erwünschte Lernergebnisse
Klassischer Lehrplan	Reihenfolge der Themen pro Fach und Schuljahr	Nein	Nein	Nein
Curriculum (Lehrplan mit Lehrzielen)	Implizit	Möglich durch Lernzieltaxonomie nach Bloom et al.; meist nur kognitiv	Möglich nach Bloom et al.	teilweise
Bildungs-standards	implizit	Ja	Ja (Kompetenz-niveaus)	Ja, erwünschtes Lernergebnis; Tests

Wenn dieser Wechsel vom klassischen Lehrplan hin zu Bildungsstandards politisch wirklich ernst gemeint ist, dann muss man sich fragen, warum im nahezu gesamten Bereich der Leistungsfeststellung und auch Leistungsrückmeldung die Kompetenzorientierung sich in den Erlassen bis heute nicht widerspiegelt. Die Konstruktion von Klassenarbeiten basiert mithin auf alten Konzeptionen, die von einer Individualisierung und Kompetenzorientierung noch weit entfernt sind. Nach wie vor wird verlangt, dass Klassenarbeiten für alle Schüler gleich sind. Nach wie vor wird erwartet, dass die soziale Bezugsnorm Maßstab für die Notengebung ist. In der schulpädagogischen Literatur liegen inzwischen zahlreiche Alternativen zu dieser überholten Form von Leistungsmessung vor, in der schulischen Realität sind sie allerdings bis auf ein paar gute Schulen nicht angekommen. Wie wäre auch die Abfolge fördern-fordern-fördern (so Staatsinstitut für Schulpädagogik und Bildungsforschung, 1999) anders umzusetzen?

Damit kompetenzbasierte Lehrpläne usw. aber überhaupt Steuerungsfunktion erhalten können, müssen sie von der Adressatengruppe wahrgenommen und eingesetzt werden. Dazu bedarf es der Beachtung einiger Faktoren, die über die rein inhaltliche Arbeit hinausgehen: Wenn Lehrpläne ein gern zur

Hand genommenes Arbeitsmittel werden sollen, müssen sie leicht handhabbar, also auch leicht lesbar sein. Voraussetzung hierfür ist eine übersichtliche Anordnung der Lehrplanaussagen, die möglichst durchgängig sein muss. Ebenso ist eine einheitliche, inhaltlich präzise definierte Begrifflichkeit konsequent durch alle Lehrpläne hindurch zu verwenden. Die Fachdidaktischen Kommissionen müssen – unter den Gesichtspunkten von Lesbarkeit und leichter Handhabbarkeit – nach Darstellungsformen suchen, die eine fächerübergreifende Organisation von hierfür geeigneten fachspezifischen Bildungselementen anregt bzw. erleichtert.

Es ist kaum zu verstehen, dass nicht schon längst alle Lehrpläne im Internet liegen, mit klug durchdachten Querverweisen auf didaktische Hilfen, Material und Weiterbildungsveranstaltungen, aber eben auch Vorschläge für die Leistungsfeststellung, insbesondere für die Methoden- und Sozialkompetenzen.

Auch wäre es möglich, den Lehrkräften eine Software zur Verfügung zu stellen, die die Unterrichtsvorbereitung, die Durchführung sowie alle Fragen der Leistungsmessung unterstützt. Das Programm sollte bei der Erstellung der Arbeitspläne und der Unterrichtsvorbereitung helfen. Weiterhin sollte es durch vielfältige didaktische und methodische Hilfen und ausführlichere Unterrichtsbeispiele, die man selbst ergänzen kann, bei der Unterrichtsvor- und -nachbereitung kompetenzorientiert unterstützen. Auch können alle begleitenden Materialien eingearbeitet und auf außerschulische Lernorte verwiesen werden. Derzeit allerdings liegen auch gute Ideen zerstreut irgendwo im Internet, föderalistisch verteilt auf 16 Bildungsserver.

5.4 Fächerübergreifende Inhaltsbereiche

Diese Orientierung vom Inhalt zur Kompetenz darf nicht dazu führen, von einer generellen Inhaltslosigkeit von Schule auszugehen. Inhalte fallen nicht weg, sondern es geht im Sinne des Kompetenzbegriffs darum, was man mit den Inhalten macht.

Dennoch stellt sich die Frage, ob Kompetenzen oder Lernfelder heutzutage noch durch die Struktur der Schulfächer abgebildet werden. Diese Frage wird schon sehr lange diskutiert unter dem Begriff fachübergreifende Inhaltsbereiche.

Dosenbach et al, (1993, S. 37f) tangieren aus der Sicht des Instituts der Deutschen Wirtschaft schon früh und vor der aktuellen Kompetenzdiskussion auch diesen Bereich mit Prägnanz: „Die Fakten: Überblickswissen und vernetztes Denken werden zu Lasten des reinen Faktenwissens immer wichtiger. [...] Offensichtlich sind inzwischen die Prioritäten falsch gesetzt." Spezialwissen würde schnell vergessen, es gäbe ein Durcheinander von Fächern und Themen und für die wesentlichen Aufgaben wäre keine Zeit: Lernsinn und Lernfreude, Eigenverantwortung, Selbstständigkeit, Teamfähigkeit und Persönlichkeitsentwicklung.

Die Lehrpläne der einzelnen Fächer müssen demnach so aufeinander bezogen werden, dass sich die Unterrichtsfächer gegenseitig ergänzen und eine Verdoppelung der Inhalte vermieden wird. Dabei sind aber auch die altersgemäße Stufung der Inhalte sowie die Fachdidaktik des jeweiligen Faches zu berücksichtigen. Neben dieser Abstimmung der Fächer ist fächerübergreifende Arbeit obligatorisch. Dies geschieht mindestens über Querverweise auf andere Fächer, besser wäre ein Anhang mit Vorschlägen für fächerübergreifende Projekte. Das übergreifende Arbeiten kann an der einzelnen Schule zum zeitweisen Zusammenlegen von Fächern führen, aber es kann auch zu der Frage führen, ob Fächer generell zusammengelegt werden sollen.

Dabei kann ein Lernbereich/Modul inhaltliche Aspekte eines Fachbereichs oder mehrerer Fachbereiche unter dem Gesichtspunkt integrativer Vermittlung zu einer Einheit zusammenfassen. Eine erfolgreiche Umsetzung eines solchen Modulkonzepts setzt handlungsorientierte und projektorientierte Unterrichtskonzepte voraus. Projekte sind bei der Lehrplangestaltung deutlich herauszuarbeiten. Dieser integrative Ansatz muss dazu führen, dass Unterricht von Lehrkräften im Team geplant und durchgeführt werden kann. Daraus ergibt sich allerdings, dass auch in der Leistungsfeststellung diese fächerübergreifenden Anteile berücksichtigt werden müssen.

Folgende Leitfragen sind bei der Lehrplanarbeit, aber auch bei der Erstellung von Arbeits- /Wochenplänen zu berücksichtigen:

- Welche Fächer können generell oder zeitweise zu Fächergruppen zusammengefasst werden?
- Welche überfachlichen Lernbereiche/ Lebenswelten u.ä. können unter Einarbeitung der unverzichtbaren Fachanteile gefunden werden?

- Welche Lehrgänge können unter fächerübergreifenden Aspekten behandelt werden?
- Wie/Wo können Fächeranteile über die Fachgrenzen hinaus vernetzt im Lehrplan dargestellt werden?
- Wie ist Leistungsfeststellung zukünftig für diese Bereiche zu gestalten?

Die folgenden fächerübergreifenden Inhaltsbereiche sind in zahlreichen Bundesländern in die Lehrpläne integriert worden. Dazu gehören z. B.

- Leben in einer Demokratie,
- Leben in einer vom Menschen bedrohten Umwelt,
- Leben in einer technologischen Wirtschafts- und Arbeitswelt,
- Leben im Frieden/in Konflikten,
- Leben in Europa,
- Leben in einer multikulturellen Gesellschaft,
- Leben in einer Medienwelt,
- Leben in der einen Welt,
- Leben in einer Welt mit Rollenklischees.

So sinnvoll die Einbeziehung dieser immer wieder zu aktualisierenden Themen auch ist: Über die Leistungsfeststellung ist dabei weniger nachgedacht worden. Dieses Thema ist deshalb wohl noch nicht aufgekommen, weil das fächerübergreifende Arbeiten de facto nur schlecht funktioniert. Dies vor allem deshalb, weil die Lehrerausbildung noch zu fachorientiert abläuft (sofern Fachdidaktik überhaupt eine Rolle spielt – siehe die Ausbildung zu Gymnasiallehrern) und die Lehrkräfte kaum lernen, über den eigenen Zaun zu blicken. Vielleicht wäre es sinnvoll, universitäre Fächer zu integrieren. Dies würde bei einer Stufenlehrerausbildung möglich sein, die vom Deutschen Industrie- und Handelskammertag bis 2015 gefordert wird.

Die reine Orientierung an den universitären Fächern scheint erst für die Sekundarstufe II sinnvoll zu sein. Für den Bereich der Unter- und Mittelstufe wäre z. B. zu prüfen, dass die Naturwissenschaften zu einem Fach zusammengefasst werden, wie es international schon üblich ist. Dies könnte man auch für den Sprachenbereich überlegen.

5.5   Konsequenzen für den Unterricht

In der deutschen Schule, insbesondere im fragend-entwickelnden Unterricht wird durch das Lehrerhandeln oft Leistung verlangt, wo eigentlich Lernen stattfinden soll. Der Begriff Leistung wurde bereits definiert. Der Lernprozess ist dagegen ein Risikoverhalten, bei dem Fehler erlaubt sind. Hier darf Bewertung keine Rolle spielen. Es gilt also, den Unterricht und die Fachdidaktik zu verändern. Lernsituationen und Leistungssituationen dürfen nicht vermengt werden. Diese Haltung wird durch die Ergebnisse der TIMS-Studie gedeckt und von Weinert (1998) gestützt.

MUED e.V. (Mathematik-Unterrichts-Einheiten-Datei) schrieb in seiner Stellungnahme zu TIMSS:

> „Die aus TIMSS extrahierten „japanischen Postulate" (Problemlöseunterricht, Verstehensorientierung, Kreativität, angepasstes Interaktionstempo) entsprechen in vieler Hinsicht den deutschen Rahmenrichtlinien sowie den Konzepten der Lehrerbildung und auch den Zielen der MUED. Daher wird in TIMSS von einem Vollzugsdefizit gesprochen." (Quelle: Internetseite der GGG-NRW e.V.)

Die Leistungsanforderungen der Schule werden nirgends so deutlich wie in dem Unterricht. Zeitmanagement, Lerntempo, didaktisches Material, Aufgabenstellungen, Notwendigkeit von Hilfe, Differenzierung, usw. sind unmittelbare Konsequenzen aus dem Umgang mit der Leistungsfrage.

Derzeit besteht ein Spannungsverhältnis zwischen den sog. „neuen" Unterrichtsformen und traditionellen Formen der Leistungsfeststellung, -bewertung und -rückmeldung, die viele Lehrerinnen und Lehrer davon abhält, alternative Unterrichtsformen im Schulalltag anzuwenden. Darin äußert sich eine wachsende Unsicherheit bezüglich herkömmlicher Methoden der Leistungsfeststellung und -beurteilung. Angesichts der Verbreitung moderner Unterrichtsformen wird ein Bedürfnis nach Leitlinien und neuen Möglichkeiten deutlich, wie sie schon in Integrierten Gesamtschulen gelebt wird.

Man darf aber nicht übersehen, dass die Entwicklung von unten nach oben verläuft, wobei keineswegs in jeder Grundschule bereits der selbstständigkeitsbezogene Unterricht Einzug gehalten hat. Bedauerlich wäre nur, wenn die weiterführenden Schulen die Fähigkeiten der Schülerinnen und Schüler zum selbsttätigen Arbeiten usw. wieder verkümmern lassen. Deshalb wird vor allem im Bereich der Lehrerprofessionalisierung viel zu tun sein.

Die angestrebte Stärkung der Schulung von Methoden- und Sozialkompetenzen hat zwangsläufig einen Effekt auf die Unterrichtsformen und -metho-
den. So lässt sich beispielsweise die Kompetenz zur Selbstbildung zwei-
felsohne nicht durch darbietende Unterrichtsverfahren in frontaler Sozial-
form erzielen, sondern es müssen vielmehr Unterrichtsverfahren zum Einsatz kommen, welche selbsttätiges, möglichst entdeckendes Lernen ermöglichen und zum Erwerb entsprechender Methoden führen, die zur selbstständigen Aneignung von Bildung verhelfen können.

In ähnlicher Weise verlangt die Vermittlung aller Kompetenzen, die auf die
Gestaltung der Beziehung und Zusammenarbeit zwischen Menschen ausgerichtet ist, die Bereitstellung von schulischen Lebens- und Lernsituationen,
in denen solche Kompetenzen im handelnden Umgang aufgebaut bzw. erfahren werden können.

Kompetenzen zur Selbstbildung, sozialen Interaktion, Kommunikation,
Team- und Kooperationsfähigkeit, Selbstbestimmungskompetenz und Partizipation sind Ziele, die vor allem auch in Unterrichtsformen gefördert und
gefordert werden, die bereits aus der reformpädagogischen Diskussion bekannt sind. Dabei sind Formen des sog. offenen Unterrichtens wie Tages-
plan- oder Wochenplanarbeit, Freiarbeit, Projektunterricht, Situationen ent-
deckenden Lernens, aber auch Referate, darstellendes Spiel usw. Arbeitsformen, die in Partner- oder Gruppenarbeit Partizipation und insbesondere eine
selbstständige Organisation des Lernprozesses ermöglichen.

Derartige Methoden erfüllen in der Regel essenziell die Voraussetzungen,
die für selbst gesteuertes Lernen unerlässlich sind: Differenzierung und
Rhythmisierung entsprechend der individuellen Ausgangslage und Leistungsfähigkeit der Schülerinnen und Schüler.

An dieser Stelle gilt es, dem ernst zu nehmenden Missverständnis entgegen-
zutreten, dass angeleitetes und selbst gesteuertes Lernen als zwei unverein-
bare Formen des Lernens begriffen werden, die sich gegenseitig ausschlie-
ßen. Vielmehr ist davon auszugehen, dass grundlegendes Lernen als ein Prozess begriffen werden muss, in dem sich angeleitetes Lernen und selbst gesteuertes Lernen wechselseitig ergänzen. Es muss jedoch darauf hingewiesen werden, dass bestimmte Lernziele nur durch bestimmte Unterrichtsverfahren erreicht werden können, was wiederum zu unterschiedlichen Formen
der Leistungsmessung führen kann (Bohl, 2009).

Weinert stützt Forderungen nach offenem Unterricht, Projektarbeit, Teamarbeit usw., wobei auch die direkte Instruktion ihre Rolle zugewiesen bekommt (siehe Tabelle 12).

Tabelle 12: Konzept der Lerntransfertypen nach Weinert (1998)

Konzept	Lernziel	Lernform	Unterrichtsform
Vertikaler Lerntransfer	Ermöglichung und Erleichterung des weiteren Lernens im gleichen Inhaltsgebiet	Erwerb intelligenten Wissens	direkte Instruktion (lehrergesteuerter, systematischer, verständnisintensiver Unterricht)
Horizontaler Lerntransfer	intelligentes und adaptives Anwenden des Gelernten in sehr unterschiedlichen Situationen	situiertes Lernen	situiertes Lehren (variables, lebensnahes Üben, Projektunterricht, Gruppenunterricht, Teamarbeit)
Lateraler Lerntransfer	Lernen lernen; Erwerb von Schlüsselqualifikationen	(angeleitetes) selbstständiges Lernen	Vermittlung und Einübung metakognitiver Kompetenzen; Anleitung zu und Ermöglichung von selbstständigem Lernen; Offener Unterricht
Handlungs-bedingter Lerntransfer	Allgemeinbildung, kognitive Förderung; Persönlichkeitsbildung; Wertorientierung und moralische Erziehung; Verhaltensformung	Gewohnheitsbildungen; persönliche Erfahrungen, Reflexionen, implizites Lernen	Schul- und Klassenkultur; Verhaltensregeln, Anspruchsniveau und Anregungsgehalt des Unterrichts, Lehrervorbild, Reflexionsklima

Diese Übersicht hat den Vorteil, dass wieder daran erinnert wird, dass es keine guten oder schlechten Unterrichtsmethoden gibt, sondern, dass die Unterrichtsmethode abhängig ist vom gewählten Ziel (hier Lerntransfer) (sowie natürlich von den individuellen Lernzugängen des einzelnen Schülers, was hier aber nicht weiter thematisiert werden kann (siehe dazu Reisinger, 2007). Unterschiedliche Methoden erreichen also unterschiedliche Effekte (siehe auch Hopperdietzel, 2005).

Durch diese Tabelle wird aber auch deutlich, dass Kompetenzorientierung letztendlich zu einer (zielabhängigen) Methodenvielfalt kommen muss.

Der Forderung nach Einführung und Erneuerung der schüleraktivierenden Unterrichtsform wird also unterstützt. Ein großes Hindernis ist allerdings, dass die bisherige Leistungsfeststellung ihr didaktisches Gegenstück eher im Frontalunterricht findet. Öffnung des Unterrichts bedeutet, dass neue Formen der Leistungsfeststellung gefunden werden müssen.

Allerdings weisen die Lehrpläne bereits jetzt Ziele auf, deren Erreichen mit traditionellen Leistungsmessungsmethoden nicht zu überprüfen bzw. zu beurteilen ist. Wenn die Lehrpläne nun verstärkt kompetenzorientiert ausgerichtet sind, dann sind Hinweise dazu zu geben, wie eine sinnvolle Leistungsüberprüfung der jeweiligen Kompetenzstufe auszusehen hat. Handlungsleitend bei der Erstellung von Lehrplänen ist die Umsetzung der in diesem Konzept intendierten Grundhaltung. Entscheidend sind weiterhin die Lesbarkeit und die Umsetzbarkeit der Ziele. Lehrpläne müssen die Situation der Lernenden reflektieren, die fächerübergreifende Einbindung verdeutlichen, die methodische und soziale Kompetenz verstärken und die Orientierung am Bildungsauftrag sicherstellen.

Hinweise auf die Unterschiedlichkeit der Schularten und der entsprechenden Lehrpläne erübrigen sich: Kompetenzen kann man nicht mehr nach Schulformen unterscheiden, sodass man zukünftig auch auf schulformbezogene Lehrpläne verzichten kann.

In der Delphi-Studie 1997/98 (von Rosenbladt, 1999) wurde den befragten Experten folgende Frage gestellt: „Was setzt erfolgversprechendes Lernen in der bzw. für die Wissensgesellschaft 2020 voraus?" Wenn der Erwerb der beschriebenen Kernkompetenzen von Lernkompetenz über soziale Kompetenz bis hin zur interkulturellen Kompetenz gewährleistet werden soll, müssen wesentliche Voraussetzungen und Bedingungen für das Lernen geschaffen sein, die in unterschiedlichen Akzentuierungen für alle Bildungsbereiche gelten. Zu den lernfördernden Faktoren zählen den, in den Workshops verdichteten, Einschätzungen der Experten zufolge vor allem folgende Aspekte:

- Lernen sollte an bedeutsamen Inhalten und relevanten Themen erfolgen. Mit dem Bezug zum Leben des Lernenden bzw. zu seinen Interessengebieten können ein hohes Interesse, starke Motivation und die Nachhaltigkeit des Gelernten gesichert werden.
- Lernen in Echtsituationen bzw. im unmittelbaren Praxiskontext wirkt sich ebenfalls fördernd aus. Es zeigt die Relevanz der Inhalte für den

Lernenden und schafft die Verknüpfung abstrakter Lerninhalte mit der Praxis.

- Selbstverantwortliches, selbstgesteuertes Lernen kann das Vertrauen in Selbstwirksamkeit stärken, sollte aber vor allem in der Anfangsphase bei Bedarf mit pädagogischer Beratung als „Auffangnetz" kombiniert werden.
- Fördernden Einfluss auf das Lernen haben Lernsituationen, in denen ein glaubwürdiges Feedback gegeben wird und die Übungen zur Selbst- / Fremdwahrnehmung enthalten.
- Lernen sollte die Chance zu Verantwortung und zu Gestaltungsfreiräumen bieten, um Entwicklungen hin zur Mündigkeit zu unterstützen. Lernsituationen sollten Partizipationsmöglichkeiten in Bezug auf die Gestaltung von Inhalten und Methoden für die Lernenden bieten.
- Kognitives Lernen und subjektives Erfahrungslernen sind oft nicht eindeutig trennbar und für den Erwerb vieler Kompetenzen komplementär wichtig. Für zahlreiche Lernbereiche ist das Konzept des „learning by acquaintance" förderlich, welches individuelle Erfahrungen von Relevanz fordert; für andere Bereiche bietet sich abstraktes Lernen und für wieder andere ein spielerisch-intuitiver Zugang an. Eine Überprüfung der jeweils geeigneten Ansätze bedeutet, zwischen einer fördernden oder hemmenden Lernsituation zu entscheiden.
- Auf den Erwerb einer Vielzahl fachlicher und überfachlicher Kompetenzen übt die enge Vernetzung mit anderen bzw. das Lernen im Team einen positiven Einfluss aus.
- Lernen sollte in einer Atmosphäre stattfinden, die dem Lernenden auch Fehler gestattet und es zulässt, daraus zu lernen.
- Umstritten sind die Erfolgschancen des Lernens durch Versuch und Irrtum, von Lernen in „Laborsituationen" und des „Lernens in autoritären Strukturen".

Diese Ergebnisse aus der Delphi-Befragung sprechen für sich. Offen gelassen wird allerdings die Frage, wie diese Forderungen in das System der Leistungsmessung und der Leistungsrückmeldung im deutschen Schulwesen implementiert werden sollen.

6 Funktion von Leistungsfeststellung

Die Funktionen von Leistungsfeststellung sind in vielen Büchern zur Leistungsmessung dargestellt. Allerdings wird dort sehr häufig die Funktion der Leistungsfeststellung mit der Funktion von Schule an sich durcheinandergebracht: Man setzt beide Funktionsgruppen gleich. Es sei verhängnisvoll ..., dass die Erteilung von Qualifikationen und Berechtigungen überwiegend der Schule übertragen wurde und dort alle anderen diagnostischen Aufgaben überlagert hat." (Ingenkamp, 2005).

Im Juni 1992 fand auf Initiative der portugiesischen Präsidentschaft der EU ein Treffen hoher Beamter der Bildungsministerien statt, das gänzlich dem Thema „Bekämpfung des Schulversagens" gewidmet war. In dem Abschlussbericht heißt es:

„In neueren Untersuchungen wurde die Schlüsselrolle der Beurteilungsverfahren und ihrer direkten und indirekten Auswirkungen auf den Verlauf der Schulkarriere nachgewiesen.

Gegen die übliche Praxis der Leistungsbeurteilung im Unterricht können zahlreiche Kritikpunkte vorgebracht werden. Sie ist in den meisten Fällen nicht nur summarisch und normativ, auch ihre Zuverlässigkeit und der Wert der den Schülern erteilten Noten werden von vielen Forschern infrage gestellt. In wissenschaftlichen Untersuchungen wurden die Noten, die Schüler von ihren Klassenlehrern erhielten, mit den Ergebnissen verglichen, die dieselben Schüler bei einem standardisierten Test erzielten. Noten und Testergebnisse weichen erheblich voneinander ab. Zwar beurteilt der Lehrer die Schüler seiner Klasse im Vergleich untereinander korrekt, das tatsächliche Leistungsniveau der Schüler im Vergleich mit anderen Klassen wird mit der Note aber nicht in zufrieden stellender Weise erfasst. Im Übrigen neigt der Lehrer dazu, die Leistungsunterschiede zwischen den Schülern seiner Klasse überzubewerten. „Gute" Schüler der einen Klasse können in einer anderen als schwach gelten und umgekehrt; Schüler, die objektiv überdurchschnittliche Leistungen erzielen, können aufgrund der bloßen Tatsache, dass sie in ihrer Klasse die Schwächsten sind, zu Versagern werden.

So erweist sich nicht selten die Leistungsbeurteilung an sich als wenig gerecht und als möglicher Auslöser für das Schulversagen. „Die Leistungsbeurteilung in der Schule geht traditionell damit einher, dass sich Hierarchien des Erfolgs herausbilden. Aufgrund einer Leistungsnorm, die als absolute Größe festgelegt oder durch den Lehrer und die besten Schüler verkörpert wird, wird unter den Schülern eine Rangordnung aufgestellt [...]. Den Noten ist gemeinsam, dass sie mehr über die Stellung eines Schülers in der Gruppe oder seinen Abstand von der Erfolgsnorm aussagen als über seine tatsächlichen Kenntnisse". Darüber hinaus ist das Benotungssystem dadurch verfälscht, dass die Noten gleichermaßen der Belohnung wie auch der Bestrafung dienen; in jedem Fall geben sie dem Schüler keine Auskunft

darüber, wie er weitere Fortschritte machen kann." (Europäische Gemeinschaften -
Kommission, 1994)

Diese im deutschen Sprachraum seit Ingenkamps Arbeiten hinlänglich bekannte Kritik ist nun also auch europaweit in die politischen Schaltstellen
vorgedrungen. Dies allein schon muss Anlass genug sein, das Thema Schulleistung in Deutschland intensiv zu diskutieren.

Leistungsfeststellung hat die Primärfunktion, objektive Aussagen über die
Leistung der Schülerinnen und Schüler zu machen. Das Problem liegt darin,
dass durch Leistungsmessung auch Effekte erzielt werden, die man eigentlich gar nicht will, weil sie z. B. kontraproduktiv sind (z. B. Leistungsangst), oder dass die Leistungsmessung Funktionen erhalten kann, die vom
Konzept her gar nicht intendiert sind. Eine Übersicht dazu bieten Fast &
Klein (1998, S. 27), wobei hier Leistungsfeststellung in unzulässiger Weise
auf Notengebung reduziert wird.[7]

6.1   Erziehungsmittel

Leistungsmessung hat nicht nur den Charakter von Messung. Sie ist gleichzeitig Belohnung und/oder Strafe. Die Tatsache, dass sich alle Aktivitäten
von Schülern aber auch Lehrern, ständig unter diesem Horizont abspielen,
herrscht allen Beteiligten eine bestimmte Perspektive auf: Nicht die Inhalte
sind wichtig, sondern dass man sie zum geforderten Zeitpunkt angemessen
reproduzieren kann, um die gewünschten Belohnungen (z. B. Noten) zu erhalten. Es ergibt sich ein Lernen für die Prüfung. Hier liegt die Gefahr für
eine prinzipielle Gleichgültigkeit gegenüber den Inhalten, und – noch
schlimmer – die Gefahr, dass Schüler kurzfristig erfolgreiche Lernstrategien
entwickeln, die den nachschulischen Anforderungen nicht mehr entsprechen. Die Folgen sind hinlänglich bekannt: „Junge Menschen verlieren
durch die Überbewertung von Noten und Zeugnissen ihre Lust und ihre
Freude am Lernen (Dosenbach et al., 1993, S. 75). „War der Prügelstock
im 18./19. Jahrhundert Herrschaftsinsignium des im Übrigen unterprivile-
gierten Schulmeisters, so ist der Makel durch das Notenbüchlein trefflich
ersetzt worden" (Rauschenberger, 1970, zit. n. Hansel, 1991). Die Abschaffung der Note würde manchen Lehrkräften vermutlich ein Disziplinierungs-
mittel wegnehmen.

---

7   Siehe auch Paradies, Wester und Greving (2005), S. 31

Es ist auch einseitig zu behaupten, Leistungsüberprüfungen hätten eine Motivationsfunktion (so z. B. Schilmöller, 1990). Leistenwollen setzt das Leistenkönnen voraus. Schlechte Noten fördern nicht die Motivation.

Aber selbst wenn sich Schüler durch Noten motivieren lassen, tritt das Problem des *cooling down (out)* auf (Sacher & Rademacher, 2009, S. 24f): Wenn Schüler ihre Leistungsgrenze erreichen und aufgrund ihrer hohen Motivation weiter nach vorne/oben streben, werden sie scheitern. Sie sacken dann sogar ab auf ein Niveau, das unterhalb ihrer eigentlichen Leistungsfähigkeit liegt. Deshalb ist es so wichtig, die Fähigkeit zur realistischen Selbsteinschätzung zu fördern. Häufiges Zensieren führt ebenfalls zur Abkühlung der Motivation. Ein Ausweg wäre, dass die Lehrkräfte von dem auch von ihnen gespürten Rollenkonflikt entlastet werden. Unterrichts- und Prüfungsfunktion müssten also bei Selektionsentscheidungen und bei Abschlussprüfungen getrennt werden. Die sachorientierte Bewertung durch Kompetenzraster vermeidet die genannten Nachteile. Eine Selektion am Ende der vierten Klasse kann es in der bisherigen Weise nicht mehr geben.

6.2 Informationserhalt

Schülerleistungen sind als Schritte und Resultate im Lernprozess zu sehen. Die Leistungsfeststellung gibt Aufschluss über den Leistungsstand der Schülerinnen und Schüler. Sie dient der Erfassung der Fortschritte der Schülerinnen und Schüler im Bezug auf ihre Sach-, Methoden-, Sozial- und Persönlichkeitskompetenz.

Eine pädagogisch orientierte Leistungsbewertung hat durch ihre Rückmeldefunktion an die Lehrkraft und deren angemessene Reaktion hierauf entscheidenden Einfluss auf den Lernweg eines Kindes. Denkbare Fragen der Lehrkraft in diesem Zusammenhang wären: „Ist mein Tempo angemessen?"; „Kann ich im Lernstoff fortfahren?"; „An welchen Stellen sind noch Vertiefungsphasen notwendig?"; „Sind Wiederholungen notwendig?"; „Wo muss ich Differenzierungsmaßnahmen einbauen?", usw.

Die Leistungsfeststellung dient somit auch dazu, der Lehrkraft Rückmeldung über das Ergebnis ihrer unterrichtlichen Bemühungen zu geben. Dennoch stellen sich folgende Fragen:

- Warum muss eine Bewertung von Schülerleistung, die die Funktion der Information der Lehrkraft im oben beschriebenen Sinne darstellt, über eine Zensur/Ziffer ausgedrückt werden?
- Wie wirkt die Fremdbewertung, die insbesondere den o.a. Informationswert haben soll, in die Welt des Kindes?
- Wie sollte die Verfahrensweise bei der Rückmeldung von Schülerleistungen im Sinne der Informationsgabe an den Lehrer gestaltet sein?
- Wie ist in diesem Zusammenhang die Befindlichkeit der Lehrkraft zu bewerten?

Deutlich wird wohl, dass die Rückmeldefunktion für die Lehrkraft, aus der Perspektive der Planung didaktischer Situationen, die wichtigste ist. Erfahrene und gute Lehrkräfte werden sich nie auf Noten z. B. des Vorjahres verlassen, sondern holen sich meist zusätzlich Informationen, um den Schülerinnen und Schülern gerecht zu werden. Wenn dem so ist, dann stellt sich die Frage nach dem Sinn von Noten in einem Zeugnis. Wäre es nicht angemessen, über Kompetenzraster eine klare inhaltliche Aussage über das Kind zu machen? Schließlich werden in einem Gespräch in einer Elternsprechstunde auch nicht nur Zahlen (Noten) ausgetauscht.

In den deutschen Schulen kommt Rückmeldung häufig zu spät. Dies wird besonders auffällig bei Klassenarbeiten. Diese werden meist am Ende eine Unterrichtseinheit geschrieben (Thematisches Bündel) und dann nach mehreren Tagen zurückgegeben, wenn die Lehrkraft schon längst mit dem nächsten Thema begonnen hat (siehe oberen Teil der Abbildung 12). Das Problem ist, dass die Bewertung keine gute pädagogische Diagnostik ist: Die Therapie fehlt. Ein Schüler, der eine negative Bewertung erhält, müsste nun eigentlich Zeit bekommen, alles richtig zu lernen, was er vorher falsch verstanden hat. Im deutschen Schulsystem geht man aber einfach im Stoff weiter, unabhängig davon, ob ein Schüler den Stoff begriffen hat. Das ist sinnfrei. Wenn man mit Kompetenzrastern arbeitet, wird die Leistungsmessung dadurch keinesfalls eingeschränkt, aber ein wesentliches Merkmal unterscheidet sich: Die Schülerinnen und Schüler, die ein Test nicht bestanden haben, gehen nicht in die nächste Unterrichtseinheit weiter, sondern verbleiben bei der alten Unterrichtseinheit so lange, bis sie alles verstanden haben. Dies setzt natürlich ein flexibles Schulsystem voraus.

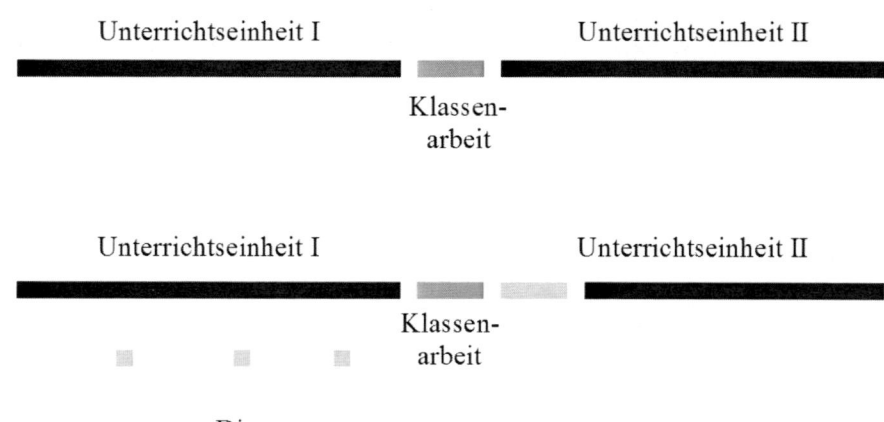

Abbildung 12: Die Rückmeldung kommt zu spät

6.3   Rückmeldung für alle

In ihrer Rückmeldefunktion für Schülerinnen und Schüler unterliegt die Note sehr unterschiedlichen, von außen schwer zu kontrollierenden Interpretationsmöglichkeiten. Diese werden gesteuert von den expliziten Fragehaltungen der Schüler sowie ihrem Selbstbild. Das Messergebnis und seine Bewertung liefern dem Schüler zum Beispiel folgende Informationen:

* Wie nahe bin ich an die Maßgabe, der von dieser Lehrkraft, vom Lehrplan vorgegebenen Anforderungen, herangekommen und wie wird das bewertet?
* Wie ist das im Vergleich zu früheren Versuchen (Maß und Bewertung)?
* Wie ist meine Stellung in der Rangskala der Gruppe?
* Ist diese Position verändert, hat sie sich stabilisiert?
* Wie weit habe ich meinem Selbstanspruch genügt / nicht genügt?

Der Schüler kann die Bewertung auch als Antwort auf solche Fragen interpretieren, die von seinem Selbstbild abhängen, wie zum Beispiel:

* Ich habe genug / nicht genug gelernt?
* Ich habe mich genügend / nicht genügend angestrengt?
* Ich bin überfordert / ich kann mehr leisten?

Funktional wirkt die Information des Messens und Bewertens auf die Motivation die Anstrengungsbereitschaft bzw. Lernbereitschaft, das Selbstwertgefühl u.a. Die Vielfalt der Rückmeldeaspekte und möglicher Interpretationen kann die Ziffernnote in ihrer Uneindeutigkeit nicht auf eine pädagogisch verantwortbare Weise leisten. Ihre Wirkung ist weder steuerbar, noch kontrollierbar. Aus pädagogischer Sicht macht sie keinen Sinn.

Kompetenzraster hingegen werden von den Schülerinnen und Schülern geführt durch Markierung der gerade zu lernenden Teilkompetenzen bzw. der Teilkompetenzen, die man durch Test bestanden hat. Rückmeldung über den Lernfortschritt läuft für alle Beteiligten daher ständig.

7 Leistungsbeurteilung in der Schule

Im Folgenden erfolgt eine Auseinandersetzung mit Möglichkeiten der Leistungsbeurteilung in der Schule. Technische Details werden dabei nicht diskutiert.[8]

7.1 Zum Begriff Leistungsfeststellung

Der Begriff Leistungsfeststellung ist in der Literatur zu sozialwissenschaftlichen Methoden unbekannt. Dennoch kann er als Überbegriff verwendet werden, wie später gezeigt werden wird. Die Begriffe Bewertung und Beurteilung gehen in der Literatur durcheinander. Hier wird so getrennt, dass Bewertung das Einordnen in einen Bewertungsmaßstab ist, Beurteilung hingegen ist die Einordnung in einen größeren Zusammenhang. Prognose ist schließlich eine Voraussage über die zukünftige Entwicklung (z. B. Grundschulempfehlung oder Abitur als problematische Versuche einer Prognose).

Der gesamte Komplex der Erfassung von Leistung (und anderen menschlichen Handlungen) kann in fünf Teilschritten gefasst werden, die in Tabelle 13 aufgelistet sind. Die dort genannten Begriffe und deren Rangfolge sind klar, in der Praxis aber oft vermischt. Die Beispiele sind vielfältig, weil unterschiedliche Verfahren zu unterschiedlichen Aussagen führen.

- Beispiel *Klassische Notengebung.* Lehrkräfte machen punktuell selbstkonstruierte Klausuren/Tests, die nur einen kleinen Ausschnitt des Leistungsverhaltens erfassen. Beobachtung und Beschreibung basieren meist auf einer Querschnittsaussage (Produkt). Die dann folgenden Bewertungen usw. haben daher keine so gute Datenbasis. Dennoch hat diese Vorgehensweise einen für Lehrkräfte wichtigen Vorteil: Sie ist in der schulischen Praxis durchführbar trotz aller Subjektivität.
- Beispiel *Standardisierter Test.* Bei einem Test sind die Möglichkeiten der Beschreibung und Bewertung bereits vorher fixiert. Die Beobachtung ist dann nur noch die Durchführung der Messung. Vorteil dieser Methode ist die hohe Zuverlässigkeit (Reliabilität), der Nachteil liegt allerdings darin, dass die spezifische Situation (Schwerpunkte im Unterricht; Aktuelles im Unterricht; Profil der Schule, usw.) bei

---

8 Siehe dazu zfd. Schrader, 1997 oder Sacher & Rademacher, 2009

einer spezifischen Lehrkraft gar nicht so präzise vorhergesagt werden kann (siehe Zentralabitur; Curriculare Validität). Der ehemalige Bundespräsident Herzog hat dies in seiner Rede vom 6.11.1997 auch erkannt: „Es ist falsch zu glauben, dass alle Bildungsinhalte durch bürokratische Vorgaben festgelegt und möglichst einheitlich geregelt werden müssten."

Tabelle 13: Die Erfassung von Leistung in der Schule

Phase	Erklärung	Beispiel
Beobachtung	Planvolle Wahrnehmung einer physischen Aktivität eines Menschen anhand konkreter Indizien	Schüler A löst eine Mathematikaufgabe mithilfe des Dreisatzes. Schüler A löst eine zweite Aufgabe mithilfe des Dreisatzes.
Beschreibung	Während eines bestimmten Zeitraumes sind folgende Verhaltensweisen zu erkennen:	Schüler A wendet auf einen bestimmten Aufgabentypus den Dreisatz zu 90% richtig an.
Bewertung	Diese Verhaltensweisen sind vor dem Hintergrund eines Maßstabes zu werten. (z. B.: Notenskala).	Die erreichte Punktzahl entspricht einer *guten* Leistung (z. B.: Note der Arbeit: 2).
Beurteilung	Zusammenfassung zum Leistungsverhalten in einem bestimmten festgelegten Bereich/Zeitraum.	Die Mathematikleistung über das ganze Jahr betrachtet ist *gut*. Endnote Mathematik: 2.
Prognose	Angabe über die zukünftige Leistungsfähigkeit des Schülers.	Die Mathematikleistung wird voraussichtlich auch weiterhin ...

Die Phasen von der Beobachtung zur Beurteilung unterliegen einem ständigen Zusammenfassen von Informationen: Von einer Vielzahl von Einzelverhaltensweisen (Indizien) wird auf die Gesamtleistungsfähigkeit geschlossen. Je weiter dieser Prozess von der Einzelbeobachtung entfernt ist, desto stärker kann er von dem Urteiler beeinflusst werden: Die Inferenz nimmt zu.

Wenn bereits die Beobachtung als erster Schritt schon selektiv ist (dies ist der Normalfall), dann ist die Wahrscheinlichkeit, dass ein Fehlurteil vorliegt, auch vorhanden. Im Alltag ist dies Normal, bei einer professionellen Leistungsfeststellung muss dieser Fehler aber minimiert werden (Weiss, 1997). Zudem fehlt diesem Vorgehen ein typisches Merkmal guter pädagogischer Diagnostik: Hinweise darüber, wie ein Schüler eventuelle Defizite in der Zukunft ausgleichen kann. Lehrkräfte brauchen mehr Zeit, um ihre

Schüler zu beobachten. Dies wäre möglich durch Team-Teaching, selbst-
ständigkeitsorientierte Unterrichtsverfahren usw.

7.2   Qualität der Leistungsbeurteilung

Als Beurteiler tragen Lehrkräfte eine große Verantwortung. „Weil sie den
Unterrichtserfolg mitbestimmt, muss ihre diagnostische Kompetenz hohen
Ansprüchen genügen" (Tent & Birkel, 2010, S. 950).

Die gesamte Leistungsfeststellung muss, wie jede andere Messung auch, den
drei klassischen Gütekriterien unterworfen werden. Oft wird dies infrage
gestellt. Aber es macht keinen Sinn, gerade im so wichtigen schulischen Bereich, Prinzipien der Messung, die sonst überall zu gelten haben, auszu-
klammern. Die Gütekriterien werden in jeder Beurteilung angestrebt. Sie
werden im Folgenden anhand von drei Beispielen (Waage, Alltag und Schule) beschrieben. Dieser Abschnitt soll kein Methodenbuch ersetzen, sondern
deutlich machen, dass die Leistungsfeststellung auch unter den Anforderungen der Gütekriterien diskutiert werden muss.

Beispiel 1: Die Personenwaage

1. Objektivität (Unabhängigkeit)

Man stelle sich eine Personenwaage vor. Man lege einen Stein darauf. Die
Waage zeigt ein bestimmtes Gewicht an. Wenn eine andere Person genau
das gleiche (mit dem gleichen Stein) tut, müssten die Werte übereinstimmen. Damit ist der Wert (das Gewicht des Steines) unabhängig von der Person, die den Stein auf die Waage legt. Würde der Stein bei der zweiten Person ein anderes Gewicht bekommen, weil diese Person z. B. mit dem Finger
den Druck während der Messung erhöht oder ein Stück Stein vorher ab-
sichtlich abbricht, dann wäre die Messung nicht mehr unabhängig von der
Person.

2. Reliabilität (Zuverlässigkeit)

Bedingung: Objektivität ist gegeben.

Man nehme den Stein und lege ihn wieder auf die Waage. Der Stein hat
noch dasselbe Gewicht und die Waage funktioniert noch genauso wie vorher. Man muss jetzt zur gleichen Aussage (zum gleichen Wert) kommen.

Wenn man dies mehrmals wiederholt, muss man immer wieder zum gleichen Wert kommen. Damit misst die Waage zuverlässig, weil sie immer wieder den gleichen Wert anzeigt.

Ein Problem kann dadurch auftreten, dass sich durch die Messvorgänge die Waage selbst verändern kann (die innere Mechanik wird z. B. verbogen oder abgenutzt) oder am Stein bricht unbeabsichtigt ein Stück weg (dadurch wird er leichter). Es verändert sich also das Messinstrument und/oder der Messgegenstand. In beiden Fällen kann man die Zuverlässigkeit der Waage nicht mehr feststellen. Die Lösung könnte darin bestehen, mehrere Waagen heranzuziehen.

3. Validität (Gültigkeit)

Bedingung: Objektivität und Reliabilität sind gegeben.

Die Waage kommt (auch nach mehrmaligem Auflegen des Steines; siehe Reliabilität) zum gleichen (vielleicht aber falschen!) Ergebnis. Nun kommt noch hinzu, dass dieses Ergebnis auch *richtig* sein muss: Die Waage zeigt 50kg an, wenn der Stein auch tatsächlich 50kg wiegt. Ein Problem ist, wie man nun feststellen kann, dass die Waage valide ist. Eine mögliche Lösung liegt darin, dass man die Waage an einem exakten Außenkriterium eicht bzw. normiert (die Zapfsäulen an den Tankstellen sind z. B. auch geeicht).

Im Falle einer gegebenen Objektivität und Reliabilität ist also noch nicht gesichert, dass der angezeigte Wert auch richtig ist: Objektivität, aber fehlende Reliabilität bedeutet: Das Auflegen des Steines ist bei allen Personen völlig identisch, dennoch zeigt die Waage nach jedem Messvorgang unterschiedliche Werte an. Reliabilität, aber fehlende Validität bedeutet: Die Waage zeigt bei mehrmaligem Auflegen des Steines konstant den gleichen, aber falschen Wert an.

Beispiel 2: Alltag

Urteile von Menschen über Menschen, Sachen und Dinge sind oft subjektiv „gefärbt". Dies wird einem anderen Menschen aber vielleicht nicht gerecht. Dieser Mensch müsste aber unter dem Aspekt der Gütekriterien von allen gleich beurteilt werden (Objektivität), wenn man der Wahrheit nahe kommen möchte. Diese Urteile dürften über die Zeit hinweg nicht schwanken, sofern der andere Mensch sein Verhalten nicht ändert (Zuverlässigkeit). Zudem müssten die Urteile auch richtig sein (Gültigkeit).

Diesen Kriterien genügt man im Alltag oft nicht: Man wird durch Vorurteile und Stereotype, durch Sympathie und Antipathie in seinem Urteil beeinflusst. In der Urteilsforschung wurde deshalb der Satz geprägt: Ein Urteil sagt mehr über den Urteiler als über den Beurteilten. In professionellen Bereichen ist dies nicht zulässig. Man denke für die Industrie z. B. an Assessment-Center etc., die sehr aufwändig gestaltet sind und mit mehreren Beurteilern durchgeführt werden, um zu einem validen Urteil zu kommen. Auch die Schule ist ein derartiger professioneller Bereich.

Beispiel 3: Schule

Die einzige Möglichkeit, dem Beurteilten (z. B. Schüler) gerecht zu werden, ist z. B. das Heranziehen von mehr Information über den Beurteilten. Dies kann durch den Einsatz von mehreren Beurteilern geschehen, was man z. B. auf Zeugniskonferenzen ja auch tut.

Tabelle 14: Die drei Gütekriterien in der Schule

Objektivität Unabhängigkeit ⇩	Die Leistungsfeststellung erfolgt unabhängig von der Lehrkraft bzw. von deren persönlichen Haltungen.
Reliabilität Zuverlässigkeit ⇩	Die Lehrkraft kommt in einer gleichen/ähnlichen Situation zum gleichen/ähnlichen Urteil. Dies bedeutet aber noch nicht automatisch, dass das Urteil auch richtig ist.
Validität Gültigkeit	Das Urteil der Lehrkraft ist richtig.

Objektivität bedeutet, dass Lehrkräfte beim gleichen Schüler bei gleicher Informationslage zum gleichen Urteil kommen. Die Lehrkraft müsste in gleichen/ähnlichen Situationen zu einem gleichen/ähnlichen Urteil kommen (Zuverlässigkeit). Wenn das Urteil auch die Leistung des Schülers korrekt wiedergibt, dann ist das Urteil richtig (gültig, valide).

Das Problem liegt insbesondere in der Objektivität des Lehrerurteils. Da diese nicht vorhanden ist, sind Reliabilität und Validität als davon abhängige Faktoren ebenfalls nicht vorhanden. Ingenkamp hat immer wieder auf die Fehlerbehaftetheit des Lehrerurteils in den verschiedenen Auflagen seines

Buches *Die Fragwürdigkeit der Zensurengebung* verwiesen und z. B. anhand der Beurteilung von Deutsch-, aber auch Mathematikarbeiten aufgezeigt.

Diese Probleme sind den Fachleuten in den Ministerien und in den Schulen auch bewusst. Hier liegt der Grund in der vergleichsweise hohen Zahl der zu schreibenden Klassenarbeiten und Hausaufgabenüberprüfungen. Damit gerät man aber in ein Dilemma: Mehr Arbeiten präzisieren zwar das Urteil über den Schüler oder die Schülerin, führen allerdings auch dazu, dass der Schulalltag von Prüfungssituationen beherrscht wird. Dies ist immer am Ende des Schuljahres zu beobachten. Die Lehrkräfte planen häufig das Schuljahr sehr ungenau, deshalb werden die Arbeiten gerne in kurzer Zeit am Ende des Schuljahres geschrieben, was wiederum zu einer unnötigen Belastung aufseiten der Schüler führt. Die meisten Schulen arbeiten noch völlig ohne Klausurenpläne, die am Anfang des Schuljahres den Schülern mit den Terminen von Klassenarbeiten usw. ausgehändigt werden.

Die (z.T. fehlende) Einlösung der Gütekriterien wäre in den Lehrerkollegien und in der Lehreraus- und -fortbildung zu problematisieren. Weiterhin ist zu überlegen, inwieweit man die Leistungsmessung den Lehrkräften abnimmt. Dabei gilt es allerdings zwei Dinge zu überdenken:

Zentrale Leistungsmessungen (wie z. B. das Zentralabitur) führen dazu, dass meist nur kognitive Bereiche geprüft werden. Dies würde den oben problematisierten schulischen Auftrag nicht in seiner Gesamtheit abbilden. Dieses Phänomen ist insbesondere beim Zentralabitur genauso zu beobachten wie in der Berufsbildenden Schule: Die erhaltenen Noten sind im letzten Falle auch häufig ohne Relevanz. Es zählt ausschließlich die IHK-Abschlussprüfung, die bis heute vorwiegend noch aus Multiple Choice Tests besteht. In der Studie TIMSS/III wurden die deutschen Bundesländer mit und ohne Zentralabitur verglichen. In den Ergebnissen heißt es:

„Beide Ländergruppen unterscheiden sich in Bezug auf die in den Grundkursen erreichten Mathematikleistungen nicht unbeträchtlich. Die Differenz beträgt fast eine drittel Standardabweichung. In den Leistungskursen sind die Unterschiede geringer; sie lassen sich nur in der Tendenz belegen. Für die Physikleistungen lassen sich zwischen beiden Ländergruppen keine Unterschiede nachweisen. Es sind keine konsistenten Zusammenhänge zwischen Organisationen der Abiturprüfung und Fachleistungen zu erkennen. Die Befunde legen die Vermutung nahe – die sich allerdings mit dem Datensatz von TIMSS/III nicht überprüfen lässt -, dass zentrale Prüfungen bei wenig selektiven Kursen standardsichernd wirken könnten."

Die bereits erwähnte MUED schrieb in ihrer Stellungnahme dazu:

„Zentrale Prüfungen und Tests drängen LehrerInnen und SchülerInnen dazu, sich an deren – auf Kognitives verkürzten – Anforderungen auszurichten. Dies führt zu Häppchen-Lernen par excellence und trägt in keiner Weise zur Lösung des Problems bei. Im Gegenteil: Durch die Festschreibung eines festen Kanons wird die Flexibilität eingeschränkt. Punktuelle Prüfungen verhalten sich kontraproduktiv zu den oben genannten Schlussfolgerungen aus der TIMSS. Es besteht die Gefahr, dass die Orientierung an gesellschaftlichen Schlüsselproblemen – dazu gehört z. B. die nachhaltige Entwicklung im nächsten Jahrhundert (gemeint ist das aktuelle Jahrhundert; MvS), die Agenda 21, die Vermittlung von Ökonomie und Ökologie, Denken in Netzen und Zukunftsfähigkeit – aufgrund der hier hochgezogenen Debatte aus dem Gesichtsfeld gerät. Ernsthaft interessierte Menschen, die unsere Schulbildung wirklich verbessern wollen, werden sich mit symbolischer Politik und Fixierung auf Ranking-Tabellen nicht abspeisen lassen."[9]

Tabelle 15: Leistung und Zentralexamen

	Zentralexamen (ja/nein)	N	Mittelwert	Standardab-weichung
Mathematik 3. Klasse	ja	3	451,33	37,31
	nein	11	464,64	28,89
Mathematik 4. Klasse	ja	3	526,00	44,19
	nein	12	531,08	28,41
Mathematik 7. Klasse	ja	7	455,86	55,43
	nein	15	484,40	24,07
Mathematik 8. Klasse	ja	7	488,57	63,13
	nein	16	519,31	25,66
Mathematik 12./13. Klasse	ja	8	491,13	64,98
	nein	13	505,46	32,69
Naturwissenschaft 3. Klasse	ja	3	474,00	24,52
	nein	11	474,73	32,27
Naturwissenschaft 4. Klasse	ja	3	539,33	15,31
	nein	12	530,83	30,90
Naturwissenschaft 7. Klasse	ja	7	446,29	67,84
	nein	15	486,60	35,39
Naturwissenschaft 8. Klasse	ja	7	490,14	78,64
	nein	16	525,31	30,70
Naturwissenschaft 12./13.	ja	8	488,25	65,9280
	nein	13	507,46	32,1730

9 www.timss.mpg.de/Nationale_Befunde/ Ergebnisse_zu_den_Fachleistungen. htm; 26.2.2011

Die internationale TIMSS-Arbeitsgruppe hat Länder daraufhin gruppiert, ob sie zentrale Examina oder nicht-zentrale Examina durchführen. Für diese beiden Gruppen wurden die Mittelwerte der Länder für alle verfügbaren Klassenstufen und für beide Fächer berechnet, wie in Tabelle 15 zu sehen (eigene Berechnungen).

> Die Mittelwerte liegen für Länder mit nicht-zentralem Examen durchweg höher (außer Naturwissenschaft 4. Klasse), sind allerdings bis auf Naturwissenschaften 8. Klasse (auf 5%-Niveau) nicht signifikant. Mit größeren Stichproben ließe sich diese Frage sicher besser beantworten. Der derzeitige Ruf nach dem Zentralabitur entbehrt nach den TIMSS-Daten daher jeder Grundlage. In der TIMS-Studie wurden die Länder auch unter der Frage kategorisiert, ob in den Ländern die Curricula und die Lehrmittel zentral, regional oder gar nicht vorgegeben werden (Deutschland ist z. B. wegen der Verantwortung der Bundesländer als *regional zentralisiert* eingestuft). Auch hier ergeben sich keine Unterschiede in den Leistungsmittelwerten beider Fächer und aller Klassenstufen.

Lehrkräfte müssen sich daher durchaus ein Urteil bilden, besonders im Bereich des Sozialverhaltens etc. Zentrale Prüfungen berühren diesen Aspekt nicht. Darauf darf nicht verzichtet werden, weil meist nur die Lehrkräfte (nach entsprechender Schulung!) die notwendigen Langzeitbeobachtungen durchführen können. Tent & Birkel (2010) fassen ihre Analyse über das Lehrerurteil wie folgt zusammen: „Auf ihre Klassen bezogen, verfügen Lehrer über genügend stabile und valide Maßstäbe; es hapert an der Lokalisierung auf dem objektiven Merksmalskontinuum. Überall wo es *darauf* ankommt, dürfen Lehrerurteile nicht allein den Ausschlag geben." Dies spricht für eine Kombination aus Lehrerurteil und Test. In der Lehreraus- und -weiterbildung müsste daher die Kenntnis der sozialwissenschaftlichen Mess- und Beobachtungsverfahren unverzichtbarer Bestandteil der Lehre werden. Für den Staat gilt allerdings, dass Noten nicht für Dinge verwendet werden, wozu sie nicht geeignet sind, so bequem dies auch sein mag. Zudem muss aus grundsätzlichen Überlegungen heraus ein weiteres Gütekriterium diskutiert werden: Authentizität (siehe vertiefend Reusser & Stebler, 1999).

7.3   Beurteilungsfehler

Die Europäische Kommission stellt fest:

> „Die Beurteilung der Schüler ist eine problematische Angelegenheit; die Vorurteile, von denen Lehrer bestimmt sein können, sind heute eindeutig identifiziert. Das gravierendste Problem ist seit 1947 unter der Bezeichnung „Posthumuseffekt" be-

kannt: Unabhängig davon, wie zu Beginn des Schuljahres die Fähigkeiten der Schüler einer Klasse verteilt sind, entspricht die Notengebung am Ende im Großen und Ganzen einer Gaußschen Verteilung." (Europäische Gemeinschaften - Kommission, 1994).

Kalthoff drückt diesen Sachverhalt wie folgt aus:

„Für Lehrpersonen ist es undenkbar, alle Schüler auf nur ein oder zwei Rangplätze anzusiedeln; es gibt in ihrer Vorstellung einfach gute und weniger gute Schüler" (Kalthoff, 1996, S. 114). Nicht Gleichheit sei das Ziel, sondern Differenz. „Für die Unterrichtspraxis heißt dies, dass Lehrpersonen nicht nur einzelne Schülerleistungen bewerten, sondern eine distinkte Verteilung der Schüler über eine Skala organisieren." (S. 121).

Nach dieser Regel neigen die Lehrer dazu, das Unterrichtsniveau und die Beurteilung der Schülerleistungen so zu gestalten, dass die Noten jedes Jahr ungefähr die gleiche Gaußsche Verteilung aufweisen. Folglich kann ein Schüler X mit mittlerer Begabung (festgestellt z. B. auf Grund eines Tests, an dem alle Schüler eines Jahrgangs teilnehmen) in Klassenarbeiten unterschiedliche Resultate erzielen, je nachdem, ob er Klasse A oder Klasse B angehört (siehe Abbildung 13). In Klasse A würde der Schüler X eine weniger gute Beurteilung bekommen, in Klasse B dagegen eine bessere – bei gleicher Leistung. Derjenige Schüler, der eine Klasse mit durchwegs schwachen Mitschülern besucht, hat wahrscheinlich Chancen, überbewertet zu werden, ja, er wird möglicherweise sogar zu den besten Schülern zählen. Der andere hingegen, der eine Klasse mit mehrheitlich guten Schülern besucht, läuft Gefahr, unterbewertet oder sogar vom Lehrer für nicht geeignet befunden zu werden, in die nächste Klasse vorzurücken.

Grundsätzlich muss man befürchten, dass die Lehrer ihre Beurteilung an Klassennormen ausrichten statt an Lernzielen. Tatsache ist, dass man sich auch im Schulwesen durch die Methoden der Psychometrie daran gewöhnt hat, die von Schülern in Wissens- oder Intelligenztests erzielten Leistungen im Hinblick auf ihre statistische Verteilung zu interpretieren: Die Leistung eines Individuums wird in Bezug auf andere beurteilt. Diese Methode ist üblich geworden. Heute geht die Mehrzahl der Lehrkräfte davon aus, dass die Bewertung von Schülerarbeiten zu einer Rangliste der Schüler und Schülerinnen führen soll.

Diese Bewertungsmethoden können nach Perrenoud als Ausdruck einer Kultur der Konkurrenz gelten. Ihm zufolge bildet die Schule eine Hierarchie des Erfolges heraus. In unserer Vorstellung aber „kann der Erfolg nur gesellschaftlichen Wert haben, wenn er nicht allen offen steht" (Perrenoud, 1984, S. 70). Mehr noch,

> „in jeder Schule hat sich ein 'meritokratisches' Modell herausgebildet [...], wonach denjenigen, die den meisten Erfolg errungen haben, die höchste Anerkennung ge-bührt, nachdem alle dieselben Bildungschancen hatten. Die Hierarchie des Erfolgs erscheint legitim und unantastbar und kann sich sogar in eine moralische Hierarchie verwandeln, vor allem dann, wenn der Erfolg in erster Linie vom Fleiß der Schüler, ihrer Bereitschaft zur Disziplin und ihrer Ausdauer abhängt" (S. 81).

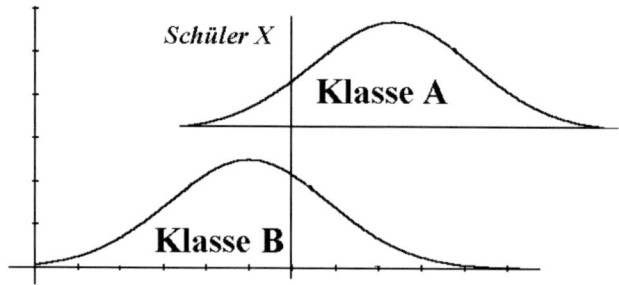

Abbildung 13: Leistungen des Schülers X und Klassenzugehörigkeit

Die Vorstellung, dazu verpflichtet zu sein, die guten und die schlechten Schüler zu unterscheiden und die Absicht, eine Rangliste der Schüler zu er-stellen, führt die Lehrer zwangsläufig dazu, das Unterscheidende in den Vordergrund zu rücken und für jede Aufgabe eine oft künstliche Werteskala aufzustellen, die eben im Idealfall zu einer Gaußschen Verteilung der Noten führt. Die Alternative liegt natürlich darin, den Klassenbezug (soziale Be-zugsnorm) völlig zu ignorieren und Anforderungen von außen vorzugeben, z. B. durch Kompetenzraster.

Zahlreiche Untersuchungen weisen nach, dass die Entscheidung der Lehrer, einen Schüler die Klasse wiederholen zu lassen, in erheblichem Umfang von Willkür bestimmt ist. Beschränkt auf den Mikrokosmos ihrer Klasse und von einer Ideologie des Erfolgs geleitet, neigen die Lehrer dazu, den Unterricht an den besten Schülern auszurichten und damit Anforderungen aufzustellen, die die Lehrpläne übersteigen.

Im Folgenden seien solche und andere typische Fehler skizziert, die im schulischen Bewertungsprozess eine Rolle spielen (nach Weise, 1990).

<u>Fall 1</u>: Eine Lehrkraft nutzt nicht die ganze Notenspanne, sondern vermeidet die besseren und schlechteren Noten. Die Leistungsbeschreibung selbst kann dabei korrekt gewesen sein.

Zentraltendenz
Extremwerte werden nicht genutzt

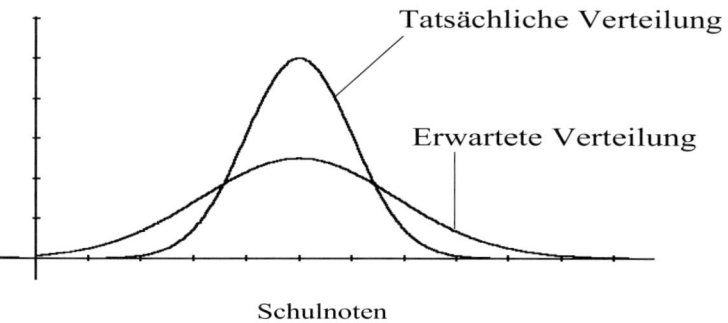

Abbildung 14: Zentraltendenz: Extremwerte werden nicht genutzt (nach Weise, 1990)

<u>Fall 2</u>: Eine Lehrkraft vergibt eine bessere Note, weil ihm/ihr der Schüler/ die Schülerin sympathisch ist. Dabei kann die Leistungsbeschreibung durchaus richtig gewesen sein.

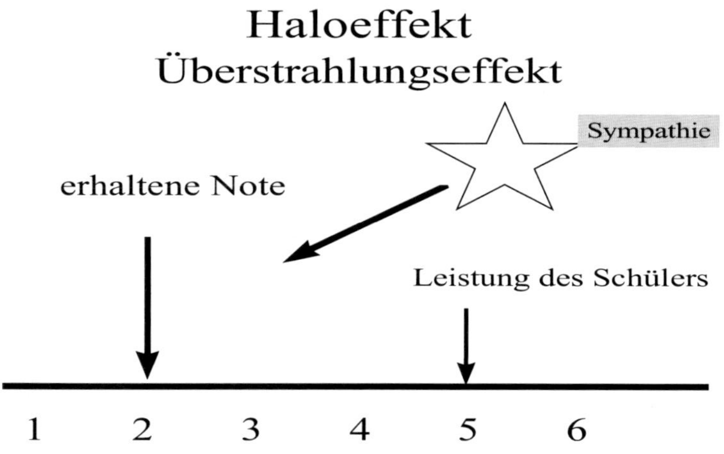

Haloeffekt
Überstrahlungseffekt

Abbildung 15: Haloeffekt: Sympathie führt zur besseren Note

<u>Fall 3</u>: Eine Lehrkraft vergibt im Vergleich zu anderen Lehrkräften bei glei-
cher Leistungsbeschreibung bessere Noten.

Milde-Strenge-Tendenz
Gesamte Skala wird verschoben

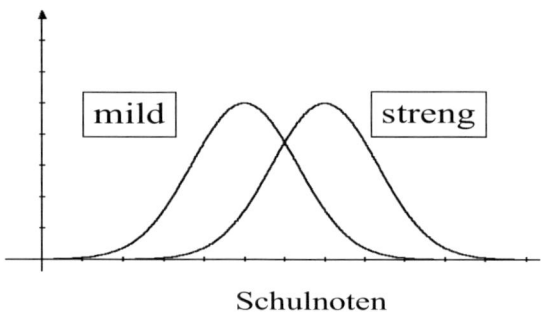

Schulnoten

Abbildung 16: Fehler Milde-Strenge-Tendenz: die gesamte Skala wird verschoben

<u>Fall 4</u>: Eine Lehrkraft mit den Fächern Latein und Mathematik vergibt we-
gen der guten Lateinleistungen ihres Schülers/ ihrer Schülerin eine bessere
Note in Mathematik, als es der Leistungsbeschreibung entspricht.

Logischer Fehler
Implizites Persönlichkeitsmodell

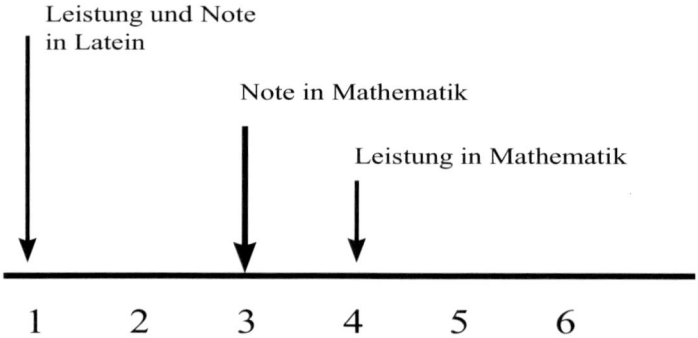

Abbildung 17: Logischer Fehler

<u>Fall 5</u>: Eine sprachbegabte Lehrkraft vergibt schlechtere Noten als eine sprachlich durchschnittlich begabte Lehrkraft, weil die eigene Sprachleistung als normal angesehen wird.

Kontrast-/Ähnlichkeitsfehler
schließen von sich auf andere

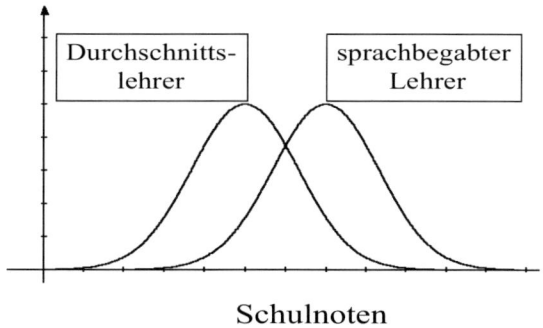

Abbildung 18: Kontrast-/Ähnlichkeitsfehler

<u>Fall 6</u>: Eine Lehrkraft für Mathematik und Biologie vergibt eine gute Note in der zweiten Stunde Mathematik, weil dieser Schüler/diese Schülerin in der ersten Stunde Biologie so geglänzt hat.

Nähe-Fehler
zeitliche Nähe

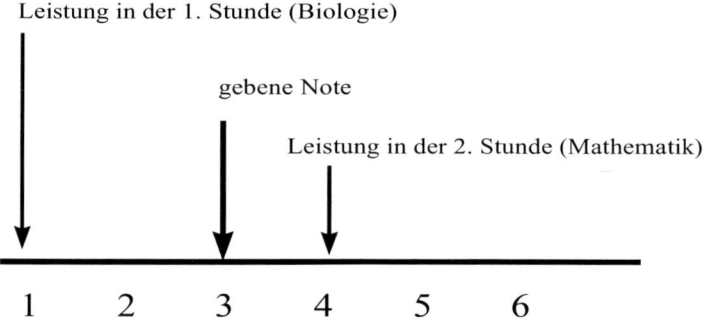

Abbildung 19: Nähe-Fehler

<u>Fall 7</u>: Eine Lehrkraft verändert seine/ihre Note zum Positiven, weil ansonsten der Schüler/die Schülerin sitzenbleiben würde. Sie tut dies, weil die Gesamtprognose positiv ausgefallen ist.

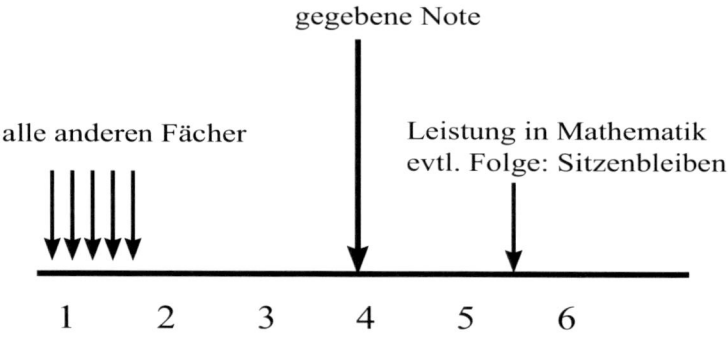

Abbildung 20: Wissen-um-die-Folgen-Fehler

An diesem Fehler wird die Kuriosität der Notengebung ganz offensichtlich: Die Note entspricht nicht mehr der Leistung, weil nämlich die Lehrkraft etwas pädagogisch Sinnvolles tut: Sie geht bei der Beurteilung von der Gesamtsituation des Schülers/der Schülerin aus (Beispiele bei Kalthoff, 1996). Dabei wird sehenden Auges gegen die korrekte Notengebung verstoßen.

<u>Fall 8</u>: Eine Lehrkraft vergibt weniger gute Noten, als es dem Leistungsstand ihrer Klasse entspricht, weil z. B. ihrer Ansicht nach nicht so viele Schüler auf das Gymnasium sollen. Hier wird die Lehrkraft zum Schicksalsbestimmer, die dadurch ihre eigenen Gesellschaftsbilder transportiert und damit ihre Unfähigkeit für diesen Beruf beweist. Umgekehrte Tendenz: Eine Lehrkraft vermeidet schlechte Noten, weil sie richtig erkannt hat, dass schlechte Noten keineswegs motivierend wirken (man vergleiche die Notendurchschnitte verschiedener Fächer miteinander!).

Selektionstendenz
Lehrkraft vermeidet gute Noten

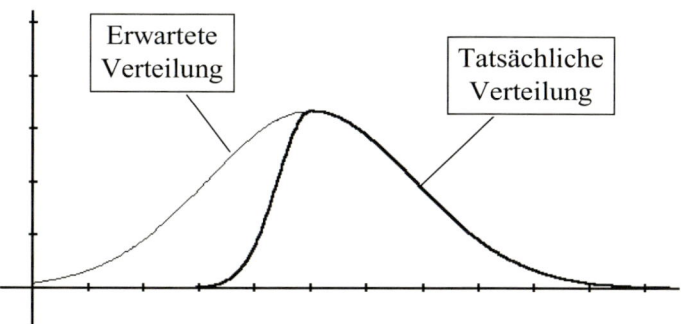

Abbildung 21: Fehler Selektionstendenz

Bei den meisten Fehlern kann es durchaus sein, dass die Leistungsfeststellung korrekt war, die -beurteilung aber fehlerhaft ist, also den bereits diskutierten Gütekriterien widersprechen. Die Ursachen hierfür sind vielfältig. Ein Ursachenbündel liegt allerdings in dem Rollenkonflikt, den die Lehrkräfte zu ertragen haben: Gleichzeitig Helfer und Beurteiler sein zu müssen. Dies führt zu teilweise verständlichem, da systembedingtem, Ausweichverhalten.

Die genannten Fehler wurden alle am Beispiel der Notengebung erläutert, gelten aber auch für notenfreie Verfahren. Dies bedeutet, dass man durch Abschaffung der Note nicht zwingend Beurteilungsfehler vermeidet und dies deshalb auch nicht vernachlässigen darf. Dies muss Aufforderung sein, derartige Fehler auf unterschiedlichen Ebenen der Leistungsfeststellung und -beurteilung anzugehen. Angezielt werden muss eine „kontrollierte Subjektivität" wie es Kleber (1992) nannte.

Es bleibt allerdings die Frage, ob derartige Reparaturversuche erfolgreich sein können. Es hat sich nämlich herausgestellt, dass Lehrkräfte die Leistungen ihrer Schüler fast durchgängig überbewerten.

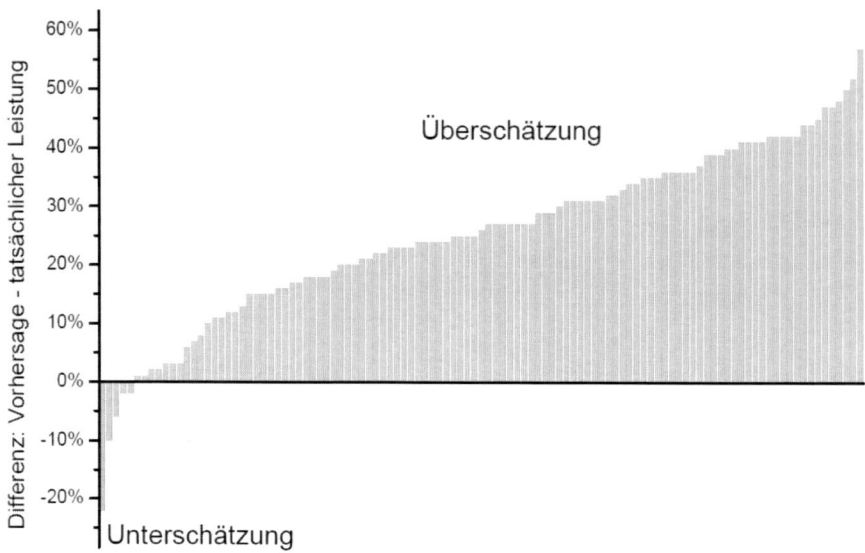

Abbildung 22: Tendenzen der Über- und Unterschätzung im Lehrerurteil (Helmke, Hosenfeld, Scherthan & Wagner, 2004)

Man muss sich also die Frage stellen, ob alle Optimierungsversuche, das Lehrerurteil zu verbessern, überhaupt zum Erfolg führen können. Es ist daher zu prüfen, ob die völlige Auslagerung der Beurteilung der Schülerinnen und Schülern aus dem Bereich der Lehrertätigkeit zumindest im Fachleistungsbereich erfolgen müsste. Objektive, von außen gegebene und transparente Kompetenzanforderungen könnten Grundlage von derartigen Schülerbeurteilungen (Mini-Tests) sein.

7.4   Rechtslage

Ein großes Problem im Bereich der Leistungsfeststellung ist, dass Zeugnisse eine pädagogische Entscheidung amtlich so manifestieren, dass man dagegen beim Verwaltungsgericht klagen kann. Dies führt dazu, dass Lehrkräfte ihre Urteilsfindung für jeden einzelnen Schüler nachweisbar vollzogen haben müssen. Die Gerichte entziehen sich (derzeit noch) glücklicherweise der Beurteilung der pädagogischen Dimension des Lehrerurteils, sie prüfen aber umso strenger das formale Zustandekommen der Beurteilung. Dies führt auf Schulseite zu einer Engführung in der Leistungsfeststellung: Epochalnoten, Noten für Gruppenarbeiten oder Noten für Leistungen in offenen Unterrichtsformen usw. werden tunlichst vermieden. Die verlangte Justiziabilität läuft also den Notwendigkeiten einer Öffnung des Unterrichts usw. entgegen.

Die ganze Situation ist aber sowohl von der pädagogischen als auch von der juristischen Seite zu verantworten. Juristen mangelt es an den von den Pädagogen entwickelten eindeutigen Bewertungsmaßstäben, die allerdings kaum zu erreichen sind, was den Juristen auch bekannt ist (Berkemann, 1989, S. 535). Pädagogen wiederum arbeiten im Glauben, rational nachvollziehbare Leistungsbewertungen abgeben zu müssen. Dabei besteht durchaus ein Rollenkonflikt für die Lehrkräfte: Einerseits sollen sie Pädagoge/Pädagogin sein und die Entwicklung der Schülerinnen und Schüler zum Gegenstand ihrer Arbeit machen, andererseits müssen sie in Ausübung staatlicher Gewalt Leistungsbeurteilungen abgeben.

Die Gerichte unterliegen einer widersprüchlichen Problematik: Pädagogische Maßstäbe erhalten eine Ersatzfunktion, weil es an gesetzlichen Maßstäben fehlt (das wäre nach Berkemann eine defizitäre Entscheidungslage) oder das Recht zieht sich absichtsvoll zurück und weist den pädagogischen Maßstäben eine ähnliche Rolle zu, wie es bei dem Verweis auf die „guten Sitten" etc. ja auch geschieht.

Wie handeln vor dem Hintergrund die Gerichte? Derzeit lassen sich nach Berkemann folgende inhaltliche Bewertungsfehler unterscheiden, auf die die Gerichte zurückgreifen:

- Bewertungsgrundlagen: Derzeit tendieren die Gerichte dazu, die individuelle Leistungsbeurteilung heranzuziehen, weshalb, wie bereits angedeutet, die Lehrkräfte andere Formen der Beurteilung eher vermeiden.
- Bewertungsmängel: Hier halten sich die Gerichte derzeit eher heraus, was auf den fehlenden pädagogischen Bewertungsmaßstab zurückzuführen ist.
- Falsche tatsächliche oder rechtliche Voraussetzungen: Trotz des pädagogischen Freiraumes müssen Lehrkräfte z. B. darauf achten, ob das einzelne Kind z. B. nicht behindert ist, etc.
- Sachfremde Erwägungen: Gesinnung etc.
- Gleichbehandlung: Die Konzentration auf die individuelle Entwicklung des Kindes (die eigentlich ja pädagogisch anzustreben ist) stößt hier an die rechtlichen Grenzen.
- Beachtung allgemein anerkannter Bewertungsmaßstäbe: Dies ist ein schwer fassbarer Punkt, denn allgemein anerkannte Bewertungsmaßstäbe

gibt es schon. Dies bedeutet aber nicht, dass sie pädagogisch sinnvoll sind.

Die Frage ist, warum schulische Leistungsbeurteilung so beibehalten wird, wie sie ist, obwohl sie faktisch nicht objektiv verläuft und die Gerichte sie nicht zur Grundlage von Entscheidungen machen können. Folgende Möglichkeiten wären denkbar:

- Ein Weg dorthin wäre es, das Sitzenbleiben, das ja sowieso pädagogisch weitgehend sinnlos ist, abzuschaffen.
- Weiterhin wäre klarzustellen, dass z. B. Noten für Gruppenarbeiten zulässig sind (wobei die Leistung des Einzelnen nicht nachweisbar und abgrenzbar gestaltet sein muss). Dies würde den Lehrkräften in den Schulen die notwendige Freiheit geben, offene Unterrichtsformen einzusetzen und ganzheitliches Lernen in den Schulalltag zu integrieren.
- Die Abschaffung der zu frühen Selektion würde zahlreiche einklagbare Situationen überhaupt nicht entstehen lassen.
- Leistungsbeurteilung könnte teilweise aus den Händen der Lehrkräfte genommen werden. Der vermehrte Einsatz objektiver Testverfahren wäre ein klarer Bewertungsmaßstab, gegen den eine Klage nicht viel Sinn machen würde. Voraussetzung wären entsprechend gute und valide Verfahren und eine erweiterte Ausbildung der Lehrkräfte zum Diagnostiker/Diagnostikerin.

Die bereits geforderten Kompetenzraster würden die rechtliche Unsicherheit abbauen helfen, weil hier klare Aussagen über einen Schüler gemacht werden, die nicht im Kopfe der Lehrkraft zu einer Note aggregiert werden.

7.5   Prozess der Leistungsfeststellung und -beurteilung

Leistungsfeststellung wird im vorliegenden Kontext als Prozess gesehen, der mehrere Phasen umfasst. Jede dieser Phasen muss einzeln begründet werden. Und jede dieser Phasen führt zu Problemen in der Praxis.

Tabelle 16: Aspekte der Leistungsfeststellung und -beurteilung

Phase	Leitfragen
Begründung für die Leistungsfeststellung	Warum soll in der Schule Leistung festgestellt werden?
Transparenz und Mitwirkung der Betroffenen	Wie werden Schülerinnen und Schüler an der Leistungsfeststellung beteiligt?
Festlegung der Inhalte	Was soll beobachtet, erfragt, gemessen werden?
Festlegung der Personen	Wer soll befragt werden (Einzel- vs. Gruppenleistung)?
Festlegung des Zeitpunktes und -raumes	Ist die Leistungsmessung prozess- oder produktorientiert? Wann findet sie statt? Wie oft in welchem Zeitraum? Wie verteilt über welchen Zeitraum?
Festlegung der Methoden und Messverfahren	Befragung (z. B.: Klassenarbeiten; Hausaufgabenüberprüfung), Beobachtung (z. B. von Verhalten in der Gruppe), Schultest
Durchführung der Leistungsfeststellung durch wen?	Wird eine Selbst- oder Fremdbewertung durch Individuen (Lehrkraft, externer Urteiler) oder Gruppen (Schülergruppen; Lehrerkonferenz etc.) vorgenommen?
Festlegung des Bezugssystems	Werden die Messwerte verglichen mit der Klasse/Gruppe, der individuellen Schülerleistung vorher, einem Außenkriterium?
Durchführung der Bewertung	Was bedeutet der Messwert vor dem Hintergrund des gewählten Bezugssystems?
Leistungsrückmeldung	Art der Rückmeldung (mündlich, schriftlich etc.)? Widerspruchsmöglichkeit durch Schülerinnen und Schüler vorhanden? Adressat (Schülerinnen und Schüler, Eltern)?

7.5.1 Begründungsnotwendigkeit

Die Leistungsfeststellung ergibt sich zwangsläufig aus der Selektions- und Allokationsfunktion der Schule und dem Recht der Beteiligten auf Rückmeldung. Diese beiden Funktionen stehen durchaus in einem Spannungsverhältnis zueinander, das vor allem von den Lehrkräften, Eltern, Schülerinnen und Schülern ertragen werden muss.

Die Begründung für die Durchführung einer Leistungsmessung mit anschließender Bewertung und Rückmeldung muss aber inhaltlich und pädagogisch erfolgen. Dies gilt für die verantwortliche Lehrkraft vor Ort als auch für die Bildungsadministration, sofern sie Zahl und Art von Leistungsbeurteilungen vorschreibt.

Diese Begründung muss vor allem verstärkt Schülerinnen und Schülern nahe gebracht werden, wobei über die Selektionsfunktion durchaus neu nachgedacht werden muss. Dabei stellt sich immer wieder die Frage nach dem Zeitpunkt, zu dem die Selektionsfunktion greift. Schülerinnen und Schüler sowie Eltern ist eine stichhaltige Begründung für die Art und Weise der Leistungsfeststellung zu geben.

Der Verbund der Selektionsfunktion mit der Allokationsfunktion ist dabei nicht zulässig. Die Selektion muss pädagogisch begründet werden: Durch sie werden Individualisierung und Differenzierung als wichtigste Hilfsmittel zur Förderung erst möglich.

Wenn sie diese wichtige Rolle aber hat, dann muss die Leistungsfeststellung zu vergleichbaren Ergebnissen führen, sonst kann man nicht behaupten, wirklich leistungsgleiche Kinder zu gruppieren, wenn dies denn gewünscht ist. Dies hat erhebliche Konsequenzen auf weiter unten zu diskutierende Aspekte der Leistungsfeststellung.

7.5.2 Offenheit

Die Grundlagen der Leistungsfeststellung (insbesondere messtheoretische Aspekte) sind selbst den Lehrkräften wegen der oft unzureichenden Ausbildung unbekannt. Auch die Schüler und Schülerinnen sind häufig nicht einmal über die Grundlagen der Leistungsfeststellung und -bewertung informiert.

Es gilt, zukünftig die Betroffenen und deren Eltern in das schulische Bewertungssystem einzuführen. Dies ist ein Gebot der Demokratie und fördert die Verteilung der Verantwortung. Kurze Einweisungen durch die Fachlehrer an Elternabenden sind zu ersetzen durch präzise Kompetenzraster. Die Begründung der Leistungsfeststellung und -bewertung hat pädagogisch zu erfolgen. Zudem sind bindende Vereinbarungen zwischen Lehrer- und Schülerschaft einzuführen.

Generell neu sind auch diese Innovationen nicht, Beispiele, sogar schon für den Grundschulbereich, finden sich bei Bayer & Fischer (1993). Einfach wäre es, für jedes Schulfach und für die fächerübergreifenden Anteile die Kompetenzraster mit dem Kompetenzstufen den Eltern sowie den Schülerinnen und Schülern zur Verfügung zu stellen, damit völlig klar ist, was in welchem Zeitfenster erreicht werden soll.

7.5.3 Inhalte

Die Inhalte der Leistungsfeststellung waren bisher – abgesehen von den seit Kurzem wieder diskutierten sog. Kopfnoten – meist rein inhaltlicher Natur. Was diesen Bereich angeht, müssen die für die Messung ausgewählten Inhalte eine repräsentative Stichprobe der im Unterricht vermittelten Inhalte sein (Curriculare Validität). Insbesondere bei Testverfahren ist dieser Nachweis zu erbringen. Vor dem Hintergrund, dass neben der Sachkompetenz auch andere Kompetenzbereiche Berücksichtigung finden müssen, versteht sich der folgende Ansatz ganz von alleine:

„Flexible und auf die unterschiedlichen Arbeitsformen bezogene Formen der Leistungsbewertung sollen erprobt werden. Abschlussprüfungen sollten so geregelt und gestaltet werden, dass vorab zu erbringende, selbstständige Leistungen der Schülerinnen und Schüler (Projektarbeiten, Facharbeiten in allen Lernbereichen, selbstständige Untersuchungen, Auswertungen, Recherchen, Erkundungen) in Prüfungsleistungen eingehen können [...]. Selbstständig erstellte, kooperativ angefertigte, von eigenen Interessen und Fragestellungen ausgehende Arbeitsergebnisse und -leistungen müssen mindestens ebenso stark berücksichtigt werden wie gemeinsam und gleichzeitig durchgeführte Lernkontrollen in der Form von Klausuren. Hierfür ist eine Weiterentwicklung der Kategorien der Leistungsbewertung notwendig" (Bildungskommission NRW, 1995, S. 149f).

In mehrfacher Hinsicht wird dieser Ansatz weiterentwickelt werden müssen:

- Das fächerübergreifende Lernen wird eine immer größere Rolle spielen. Hier werden Überlegungen dazu notwendig sein, wie in diesem Bereich Leistungsfeststellung durchführbar ist (vgl. Abschnitt 5.4).
- Da der Auftrag der Schule aber weit mehr umfasst als den Stoff (siehe Kapitel 4.2.1), werden zukünftig zu den Inhalten auch Bereiche der Methoden- und Sozialkompetenz eine zentrale Rolle bei der Leistungsfeststellung spielen. Hier wird noch viel Aufbauarbeit zu leisten sein, wobei auf Erfahrungen der Integrierten Gesamtschulen zurückgegriffen werden kann.
- Ein weiterer wesentlicher Punkt ist, die Leistungsmessung bei den sog. offenen Unterrichtsformen zu überdenken (Buschbeck, 1989). Derzeit neigen Lehrkräfte noch nicht mit notwendiger Konsequenz dazu, offene Unterrichtsformen anzuwenden (in weiterführenden Schulen zu wenig

bis gar nicht). Diese zögerliche Haltung resultiert aus der verständlichen Unsicherheit, was denn beim sog. offenen Unterricht überhaupt bewertet werden kann. Hinzu kommt die derzeitige Rechtsunsicherheit bei der Notengebung. Hier gilt es, pädagogisch und juristisch weitere Aufbauarbeit zu leisten. Umsetzbare Vorschläge und Beispiele dazu liegen bereits vor (Goetsch, 1990).

- Die Leistungsfeststellung wird derzeit so gehandhabt, dass die Reproduktion vor der Produktion die dominierende Rolle innehat. Dies verführt dazu, die eigene – eigentlich gewünschte – Kreativität aus Angst vor dem Fehler zurückzustellen. Vor der „Korrigiersucht" und der „Überschätzung des Falschen" wurde allerdings schon vor vielen Jahren gewarnt (Weimer, 1928).

Die angestrebten Methoden- und Sozialkompetenzen wären also wie die Fachkompetenz explizit zu machen. Sie müssten in Curricula, Lehrplänen, Schulbüchern usw. ausgewiesen sein. Basis derartiger Festlegungen müssten in diesem Falle Kompetenzraster sein, nach denen sich zum Beispiel die Autorinnen und Autoren von Schulbüchern (die ihrerseits in Deutschland keinerlei Qualitätskontrolle unterliegen), die Verfasser von Lehrplänen, Kerncurricula usw. richten müssen.

7.5.4 Zielgruppe

Ziel einer Beurteilung ist derzeit meist die Einzelperson. Dies führt zur Entsolidarisierung. Pädagogisch ist es sinnvoll, auch Gruppenarbeiten zu bewerten, und zwar nicht nur das Produkt, sondern auch den Weg zum gemeinsamen Ergebnis. Aber auch hier spielt die Justiziabilität der Notenfindung eine zentrale Rolle, die seitens der Lehrerschaft verständlicherweise dazu führt, Leistungsfeststellungen auf individuelle Handlungen zu begrenzen. Die Bewertung von Gruppenarbeit hingegen öffnet den Blick auf andere, zentrale Handlungsmuster, die im späteren Berufsleben eine große Rolle spielen (Lösung gemeinsamer Aufgaben unter dem Prinzip der Solidarität einer lernenden Gruppe; Kritik üben, ohne zu dominieren; höhere kognitive Ansprüche; usw.; vgl. Kapitel 4.2.1). Die Verfahren dazu gibt es bereits: Gruppenpuzzle und andere Formen des kooperativen Lernens.

Die Selbst- und Fremdbewertung von Gruppenarbeiten müsste gängiger Teil des Schulalltages werden. Die individuelle Bewertung dürfte nicht mehr alleiniger Maßstab bei Selektionsentscheidungen sein. In diesem Feld wird besonders deutlich, dass auch außerfachliche Kompetenzraster zum Maßstab kollektiven Handelns formuliert werden müssen.

7.5.5 Zeitpunkt und Zeitraum

Im Folgenden geht es nicht um die spezifische Prüfungssituation (siehe dazu Sacher, 1992, S. 159f), sondern um Zeitpunkte und Zeiträume innerhalb eines Schuljahres. Folgende Probleme treten dazu derzeit in der schulischen Praxis auf:

- Arbeiten werden meist gegen Ende des Schuljahres gebündelt. Die Gründe liegen einerseits in einem pädagogisch richtig formulierten Wunsch der Lehrkräfte, den Lernprozess nicht durch Leistungsüberprüfungen zu stören. Andererseits fehlt an vielen Schulen die notwendige Absprache. Eine Lösung könnte in einem besseren Zeitmanagement in den Schulen durch Absprache in Klassen, - Fach- und Stufenkonferenzen liegen. Würde man gänzlich von den Klassenarbeiten weg kommen und die Schüler motivieren, den Zeitpunkt der Leistungsmessung selbst zu bestimmen sowie die Möglichkeit eröffnen, Leistungsmessung klein strittiger zu absolvieren, dann würde dieses Problem entfallen.
- Eigentlich ist es unter dem Aspekt der Gütekriterien sinnvoll, viele Arbeiten zu schreiben (vgl. Kapitel 7.2). Zu viele gleichzeitig geschriebene Arbeiten stören allerdings den Lernprozess und legen die Betonung nicht auf das Lernen, sondern auf die Überprüfung. Es ergibt sich nur noch ein Lernen für die Prüfung. Dieses Problem lässt sich nur dadurch lösen, dass die individuelle Leistungsmessung, wie oben erwähnt, auch zu einem individuellen Zeitpunkt innerhalb eines gewissen Zeitfensters vorgenommen wird. Das Problem der zu häufigen Klassenarbeiten liegt ja nicht in deren Häufigkeit, sondern in der fehlenden Anpassung zu dem Lernfortschritt des einzelnen Schülers.
- Manche Leistungsüberprüfungen werden auch heute noch oftmals vorher nicht angekündigt. Dieses Verhalten der Lehrkräfte erzieht in wenigen Fällen dazu, dass die Schülerinnen und Schüler dauernd lernen. In den meisten Fällen allerdings werden Ängste erlernt. Die nicht angekündigte Überprüfung hängt wie ein Damoklesschwert über den Köpfen der Schülerinnen und Schüler. Dieses undemokratische Verhalten, das die Verantwortung nicht fördert, muss sofort ersetzt werden durch klare Absprachen und Terminvorgaben (Klausurenpläne am Anfang des Schuljahres). Fernziel muss es allerdings sein, dass die Schülerinnen und Schüler den Zeit-

punkt der fachlichen Überprüfung selber bestimmen.

- Arbeiten erfassen meist Produkte in punktueller Weise (Ausnahme: Epochalnote), Prozesse werden dabei überwiegend außer Acht gelassen. Dies führt im Bewusstsein der Schülerschaft zur Aneignung von Kurzzeitwissen statt zu einer Langzeitarbeitshaltung. Dies widerspricht jeglichem späteren Alltagshandeln im privaten und beruflichen Bereich. Klüger wäre es, dass man im Extremfalle nicht die nächste Kompetenzstufe erlernen darf, solange man mindestens 80% der geforderten Kompetenzen nachweisen kann. Damit würde insbesondere das Kriterium der sog. Homogenisierung guter Bildungsstandards erfüllt werden. Dies alles bedeutet aber, dass das Vorrücken im Stoff nicht durch die Lehrkraft bestimmt wird, sondern durch das Lernverhalten der Schülerinnen und Schüler.

- In ein- bis zweistündigen Fächern ist eine valide Leistungsfeststellung kaum möglich. Ein Ausweg wäre hier, derartige Fächer mit benachbarten Fächern zu bündeln. Ein erster Schritt könnte es sein, in der Sekundarstufe eins die Fächer Biologie, Physik und Chemie zum Fach Naturwissenschaften zusammenzufassen, was an einigen Stellen des Schulsystems ja schon durchgeführt worden ist. Zudem wird hierdurch der Zerstückelung des Wissens entgegengewirkt.

In diesen und vielen weiteren Fällen kann Abhilfe geschaffen werden, ohne dass der Zweck der Leistungsfeststellung darunter leiden muss.

Ein besonderes Problem in unserem Schulsystem ist die Aggregierung von Einzelnoten zu einer Gesamtnote. Nehmen wir mal folgendes Beispiel: Ein Mathematiklehrer muss mit seiner Klasse vier Arbeiten schreiben. In den ersten drei Arbeiten schwankt ein Schüler immer zwischen den Noten 4 und 5. In der letzten Arbeit hat der Schüler aber eine 1 erhalten. Der Stoff der ersten drei Arbeiten war aber für die vierte Arbeit Voraussetzung. Der Schüler erhält als Durchschnittsnote eine 4, obwohl er am Ende des Schuljahres alles richtig beherrscht. Zum Zeitpunkt der ersten drei Arbeiten hinkte er nur etwas hinterher. Durch dieses Verfahren werden unselige Schülerkarrieren produziert. Es wird nicht gefragt, ob ein Schüler z. B. zum Zeitpunkt einer Selektion die notwendigen Fähigkeiten zeigt, sondern, ob er zu willkürlich gesetzten Zeitpunkten in der Lage ist, eine Arbeit gut zu bestehen. Dies fördert wiederum das Lernen für die Arbeit und nicht für eine Anforderung, die von außen (oder innen) gesetzt ist. Also auch aus diesen Gründen heraus ist die Forderung nach einer individuellen Bestimmung des Zeitpunktes der Leistungsfeststellung untermauert.

Schon mehrfach wurde der Gedanke eines beurteilungsfreien Raumes angesprochen. Hiermit ist gemeint, dass es Zeiten und Räume geben muss, in denen keine Leistungsfeststellung stattfindet. Begründet wird dieser Ansatz
damit, dass die Schülerinnen und Schüler sich einmal frei bewegen können.
Besonders bei kooperativen Unterrichtsformen seien beurteilungsfreie Räume zu schaffen (so Sacher, 1992, S. 9; Paradies, Linser & Greving, 2009, S
35f). Lehrkräfte nehmen ihre Schüler aber auch in sog. beurteilungsfreien
Räumen wahr und lassen diese Information auch in die Leistungsfeststellung
einfließen. Aus Sicht der Lehrkraft gibt es also keine beurteilungsfreien
Räume. Wegen dieser subjektiven Einflüsse, die bereits weiter oben bespro-
chen wurden, wird erneut unterlegt, die Leistungserstellung aus der Hand
des Lehrers zu nehmen (siehe Abschnitt 7.3).

7.5.6 Methoden und Messverfahren

In diesem Bereich ist das größte Defizit in der Lehrerausbildung festzustellen. Dies reicht so weit, dass oft behauptet wird, Leistungsfeststellung hätte
nichts mit Messung zu tun. Diese völlige Unkenntnis hat allerdings auch
ihre Ursache darin, dass mit Messung unangenehme Ansprüche wie z. B. die
Gütekriterien (siehe Abschnitt 7.5.6) verbunden werden.

In der Schule ist derzeit die Beobachtung, vorwiegend aber die Befragung
(mündlich wie schriftlich) die Methode der Wahl. Diese Formen der pädagogischen Diagnostik sind hinreichend z. B. von Ingenkamp beschrieben
worden. Aus seinen wissenschaftlichen Erkenntnissen, insbesondere über
das manchmal fehlerhafte Lehrerurteil, ist noch viel zu wenig umgesetzt
worden.

Objektive Testverfahren auf der Basis von Kompetenzraster können in klar
abgegrenzten inhaltlichen Bereichen das Lehrerurteil ersetzen. Das Lehrerurteil braucht sogar Unterstützung durch objektive Testverfahren, wie sie in
den USA, England, den Benelux- wie den skandinavischen Ländern schon
teilweise seit Jahrzehnten eingesetzt werden. Dies bedeutet nicht, dass schulische Qualitätskontrolle nur noch über derartige Tests abläuft, sondern, dass
sie dort wo sinnvoll, durch Tests ergänzt wird. Ein erster Ansatz dahin wäre
die Ausbildung von Lehrkräften über den Bereich Beurteilung und Tests. Zu
warnen ist allerdings vor einer Überbewertung der rein kognitiv orientierten
Abschlusstests wie z. B. in England oder den USA. Auch finden die klassischen Schultests zu selten statt, dauern zu lange und überfordern daher viele

Schülerinnen und Schülern. Kleine Überprüfungen, deren Zeitpunkt (innerhalb eines Rahmens) von den Schülerinnen und Schülern selbst gewählt wird, sind sinnvoller.

7.5.7 Durchführung der Leistungsfeststellung

Sowohl Lehrkräfte wie auch die Schülerinnen und Schüler selbst können die Leistung feststellen.

a. Beurteilung durch Lehrkräfte

Im Regelfalle wird die Leistungsfeststellung von der Lehrkraft durchgeführt. Dies vereinfacht die alltägliche Arbeit nicht: Sie hat im deutschen Schulsystem einen Intrarollenkonflikt zu tragen: Sie muss gleichzeitig Lehrkraft, Freund, Helfer, aber auch Beurteiler/-in sein. Solange dies so ist, wird der Vertrauensbildungsprozess zwischen Lehrkraft und Schüler (siehe Schweer, 2006) schwierig sein. Die von außen vorgegebenen Minitests auf der Basis von Kompetenzrastern können daher den Alltag erheblich erleichtern.

b. Schülerselbstbeurteilung

Kinder und Jugendliche wissen sich ziemlich gut in ihrer Leistung zu beurteilen. Auf diese Fähigkeit ist bisher zu wenig zurückgegriffen worden. Dies ist insofern eine Nachlässigkeit, weil sich kaum anders die „Fähigkeit zur Selbstregulation des eigenen Leistungsverhaltens" (Reichel, 1993) entwickeln kann. Das gegenseitige Korrigieren einer Probeklausur ist hier nicht gemeint, sondern das konsequente Beurteilen der eigenen Leistung (öffentlich oder nichtöffentlich). Neben der Möglichkeit, dass einzelne Schülerinnen und Schüler ihre Leistung beurteilen, wäre es auch möglich, dass ganze Gruppen ihre Leistung als Gruppenleistung selbstständig bewerten. Ein erwünschter Nebeneffekt ist, dass die Kinder lernen, sich selbst realistischer zu beurteilen. Dies führt zu einem adäquaten Selbstkonzept. Die Schülerselbstbeurteilung könnte über die Schulung der Beobachtungsfähigkeit (z. B. des Unterrichts wie bereits bei Hilger, 1978, vorgestellt) aufgebaut werden.

Selbstbewertung scheint auch deshalb sehr wichtig zu sein, weil das Gefühl, etwas geleistet zu haben, unmittelbar damit zusammenhängt (Hoppe, 2001) und eigentlich auch notwendige Konsequenz aus der so wichtigen Selbstregulation von Lernprozessen ist (Labuhn, 2008). In der Getas-Omnibusstudie (Schlie & Stegbauer, 1988, S. 113) wurde folgende Frage gestellt: *Wann hat man das Gefühl, etwas geleistet zu haben?* Die Antworten verteilen sich wie folgt (siehe Tabelle 17; Mehrfachnennungen möglich).

Erst bei der vierten Aussage wird der Bezug auf andere hergestellt. Die individuelle Bezugsnorm ist also wichtiger als der soziale Bezug, die Problemlösekompetenz steht an erster Stelle. Interessant ist auch, dass die Wettbewerbsorientierung kaum eine Rolle spielt.

Sollte also unser Schulsystem auf Kompetenzraster umgestellt werden, verbunden mit von den Schülern selbst gewählten Minitests, dann ist die Vorbereitung auf die Fremdbeurteilung die Selbstbeurteilung offensichtlich erfolgreich. Abschließend sei nur erwähnt, dass die Schülerinnen und Schüler auch die Lehrkräfte bewerten könnten (Beispiel bereits in Wahl, Weinert & Huber, 1984). Dies würde den Lehrkräften helfen, sich zu verbessern, und zudem wäre der Akt der Leistungsbeurteilung nicht so einseitig.

Tabelle 17: Gefühl, etwas geleistet zu haben (N=1959) (Schlie & Stegbauer, 1988, S. 113)

Aussage	%	Antwort ist Hinweis auf
wenn ich ein schwieriges Problem gelöst habe.	56,8	Problemlösekompetenz
wenn ich etwas Sinnvolles gemacht habe.	52,4	Sinnhaftigkeit des Tuns
wenn ich wirklich alle meine Kräfte eingesetzt habe.	41,8	Leistungsbereitschaft unabhängig vom Erfolg
wenn andere damit zufrieden sind.	38,5	Bezug auf andere
wenn ich mich selbst noch verbessert habe.	30,9	individuelle Bezugsnorm
wenn ich etwas ohne Hilfe alleine geschafft habe.	28,4	selbstständiges Arbeiten
wenn ich besser war als andere.	17,7	Wettbewerbsorientierung
wenn ich etwas in der vorgegebenen Zeit geschafft habe.	17,3	Bezug auf andere
wenn ich mehr als das gerade Notwendige getan habe.	11,2	Eigenmotivation

7.5.8 Festlegung des Bezugssystems

Eine Leistung kann nur bewertet werden, wenn man einen Vergleichsmaßstab (Bezugssysteme; Bezugsnormen) zu Grunde legt. Die Festlegung des
Bezugssystems spielt eine außerordentliche Rolle, wie bei La Bruyère schon
deutlich wird: „Man kann es auf zweierlei Art zu etwas bringen: durch eigenes Können oder durch die Dummheit der anderen" (zit. n. Dietrichs, 1993,
S. 49).

Die Bezugssysteme bei einer Leistungsfeststellung sind heute:

- die allgemeinen, in den Curricula formulierten Anforderungen,
- die Klasse/Gruppe,
- die Klasse/Gruppe im Landes- oder Bundesvergleich,
- Art und Weise der Stoffvermittlung,
- der Erwartungshorizont der Lehrkraft (auch vor dem Hintergrund pädagogischer Freiraum vs. Konferenzbeschluss),
- der individuelle Lernfortschritt des Schülers/der Schülerin,
- die Erwartungen der Eltern.

Damit sind drei formale Bezugsrahmen genannt (Rheinberg & Fries, 2010):
die *normorientierte* (Vergleichsmaßstab: Leistungsstand der gesamten Klasse), die *individuumorientierte* (Vergleichsmaßstab: bisherige Leistungsent-
wicklung des Schülers) und die *kriteriumsorientierte* Leistungsbeurteilung
(Vergleichsmaßstab: Außenkriterium).

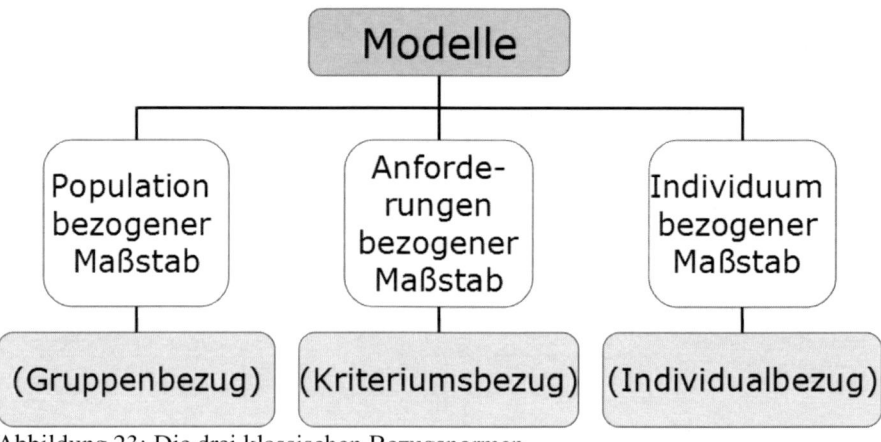

Abbildung 23: Die drei klassischen Bezugsnormen

- Zum Feststellen von Veränderungen in der individuellen Entwicklung ist die *individuelle Bezugsnorm* anzusetzen. Sie entspricht eher dem pädagogischen Ziel des Modifizierens.
- Feststellen von Zielerreichung. Die Leistung soll gemessen werden an zuvor festgelegten Erfolgskriterien (*Kriteriale Bezugsnorm*).

Der normorientierte Maßstab wird in unserem Schulsystem bevorzugt, also der Vergleich zu den anderen Schülern in der Klasse. Dies kann Sinn haben, führt aber dazu, dass die Noten oder andere Aussagen über die spezifische Klasse hinaus nicht vergleichbar sind, was durch etliche Studien wie z. B. der TIMS-Studie gezeigt werden konnte (Baumert & Stanat, 2010).

Auf der Internetseite des MPI heißt es:

> „In Ländern mit höherem Leistungsniveau im Mathematikunterricht wird strenger bewertet. Für die Mathematikleistungskurse betragen die Bewertungsunterschiede zwischen Ländern, die der oberen und unteren Leistungsgruppe angehören, im oberen Zensurenbereich eine Zensurenstufe, im unteren bis zu zwei Zensurenstufen."

Auch aus diesem Grunde ist z. B. der Numerus clausus (NC) unsinnig. Zudem führt der soziale Vergleich insbesondere bei leistungsschwachen Schülerinnen und Schülern zu negativen Effekten.

Der individuelle Lernfortschritt wird bei der Leistungsfeststellung noch am wenigsten beachtet. Er sollte zumindest dokumentiert werden und vor allem der Ermutigung dienen (Kohls, 1990; Mahnke, 1996). Dies ist deshalb so wichtig, weil in Klassen, in denen die Lehrkräfte die soziale Bezugsnorm verstärkt anwenden, das Begabungsselbstbild abnimmt, nicht hingegen in Klassen, in denen die Lehrkräfte verstärkt Rückmeldung auf individueller Basis geben (Oerter, 1998b).

Ein echter Vergleich ist also nur möglich, wenn man die kriterienorientierte Bezugsnorm heranzieht. Es wäre zum Beispiel bei der Einführung von Kompetenzrastern der Fall. Einheitliche Standards scheinen auch in der Bevölkerung gefragt zu sein (Perspektive Deutschland, 2006, S. 97).

Man kann auch zwei Bezugspunkte gleichzeitig berücksichtigen. So zum Beispiel die Kombination von individueller und sozialer Bezugsnorm. Damit wäre die Frage verbunden: Wer hat sich am meisten verbessert? Diese Information ist aber nicht wertvoll, sogar schädlich für die Schülerinnen und

Schülern, die im Vergleich zu ihrer Klasse den geringsten Leistungszuwachs nachweisen können.

Auch wäre eine Kombination von kriteriumsorientierter und sozialer Bezugsnorm möglich. Hier könnte man die Frage beantworten: Wer ist den Lernzielen am nächsten gekommen? Schnell wird deutlich, dass auch diese Kombination pädagogisch nicht zielführend ist.

Ziel ist also die Kombination aus kriterialer und individueller Bezugsnorm, wenn auch die individuelle Bezugsnorm bei der endgültigen Beurteilung nicht herangezogen wird (Sacher & Rademacher, 2009; s.a. Vögeli-Mantovani, 1999, S. 79), aber für die individuelle Betreuung durch einen Mentor eine außerordentlich wichtige Rolle spielt. Um es noch einmal zu wiederholen: Partner- und Selbstbewertung wirkt sich dabei positiv auf Lernbereitschaft und -effektivität aus (Black & Wiliam, 1998).

Bei der NRW Bildungskommission heißt es:

„Die Entwicklung einer Kultur des Lernens bei anspruchsvollen Leistungserwartungen ist eine wichtige und realistische Zukunftsaufgabe der Schule. Auch vergleichende Bewertungen werden gebraucht, nicht nur wegen der Zertifikate, sondern auch weil sie von den Lernenden selbst gewünscht werden. In einem überschaubaren Kontext und im Bewusstsein der Kontextbedingungen hat die individuelle Zuschreibung von Erfolg und Misserfolg Aussagewert. Um ihrer eigenen Bildungswirkung willen sollte die Schule jedoch einer naiven Hochschätzung allgemein quantifizierender Elemente und auf quantitative Leistungsbewertungen gestützten Prognosen mit Skepsis begegnen und die Annäherung an die Ziele des Lernens in den Vordergrund stellen.

Es ist durchaus nicht so, dass Leistungsbewertungen sich ausschließlich auf die Produkte des Lernens beziehen können. Sie müssen auch den Prozess und die individuelle Kompetenzveränderung einbeziehen. Zur Erfassung von Leistungszuwächsen und Kompetenzveränderungen sollte ein schulpraktisch verwendbares Instrumentarium erarbeitet bzw. vermittelt werden. Hierzu gehören die Schulung von Selbstbeobachtung, Selbstzuschreibungen und selbststeuernden Eingriffen und der Erwerb von Beobachtungs- und Beurteilungskompetenz aufseiten der Lehrenden und Lernenden. In die Ausbildung konsensfähiger Routinen in diesem Bereich muss ähnliche Mühe investiert werden wie in den Bereich der Curriculumentwicklung.

Anstrengungsbereitschaft, Ausdauer, Zugewinn an Strategien und Techniken, Lerninteresse, Motivation sind bedeutsame Leistungsmerkmale. Die übliche Leistungsbewertung muss deshalb ergänzt werden durch methodenbezogene Aussagen, durch Aussagen zum individuellen Fortschreiten, durch Aussagen zur erkennbaren Lernkompetenz, zur Bewährung in unterschiedlichen, vor allem sozialen Arbeitsformen und zur Persönlichkeitsentwicklung.

Der weiterentwickelte Lernbegriff muss insgesamt bei der Leistungsbewertung zu einer Erweiterung des Aufmerksamkeitsspektrums, zu einem größeren Repertoire von Kriterien und deren Anwendung auf Lernergebnisse unterschiedlicher Art führen." (Bildungskommission NRW, 1995, S. 97-99)

Die Feststellung einer Leistung bedeutet – wie bereits gezeigt -, dass ein gezeigtes Handeln im Vergleich zu einer *Musterhandlung* bestehen kann oder nicht. Die Frage ist nun, wer oder was diese Musterhandlung vorgibt, anhand derer sich vergleichen ließe. Es handelt sich immer um eine subjektive Setzung, auch bei Kompetenzrastern.

Bei der Notengebung – über die sich der NRW-Bericht unverständlicherweise nicht auslässt – kommt es oft zu einer Vermischung der Bezugsysteme, wobei die Normorientierung (der Klassenbezug) das größte Gewicht erhält. Lernberichte haben dagegen den Vorteil, dass man neben einer individuellen Rückmeldung explizit unterschiedliche Bewertungen angeben kann („im Vergleich zur Klasse [...], im Vergleich zu seiner/ihrer Altersgruppe ..."). Ein Lernbericht erhält also die Möglichkeit der genaueren Informationsrückmeldung, allerdings wird dadurch die soziale Bezugsnorm nicht unbedingt vermieden. Zudem ist ein Lernbericht auch dann nicht sinnvoll, wenn nicht die von außen gesetzten Leistungskriterien verdeutlicht werden.

7.5.9 Durchführung der Bewertung

Der Unterschied zur Durchführung der Leistungsfeststellung liegt darin, dass jetzt die Aussage über die Leistung durch ein meist numerisches System wie die Note (oder Punktzahlen in der Oberstufe) erfolgt. Das Vorgehen dazu ist in zahlreichen Büchern zur Leistungsmessung dargestellt und problematisiert worden. Im Grunde handelt es sich um eine Skalentransformation von Punkten zu Noten, die das Problem mit der Notengebung nicht löst. Bei Lernentwicklungsberichten erfolgt dies durch die Wahl bestimmter wertender Begriffe. Begriffe oder ganze Sätze in Lernentwicklungsberichten sind in ihrer Bedeutung oft weniger bekannt als die Noten- oder Punkteskala. Dabei ist auch (wie bei den Noten) das Bezugssystem für die Bewertung nicht so deutlich. Wichtig ist aber, dass bei jeglicher Bewertung das Bezugssystem und/oder die Bezugssysteme (s.o.) offen zu legen ist/sind.

Lernberichte werden häufig als beschönigend empfunden. Diese Vorgehensweise ist auch bekannt durch die Formulierungen von Zeugnissen in der

Wirtschaft. Wenn aber bekannt ist, dass eine positive Äußerung (z. B.: „...
bemüht sich") eigentlich negativ zu werten ist (also: „.. hat es nicht geschafft"), dann ist die positive Äußerung sinnlos und dient nur dem äußeren
Schein. Hier wird Verlogenheit zum Prinzip erhoben. Wenn in unseren
Schulen eine Rückmeldekultur entwickelt ist, bei der Fehler als Hilfe verstanden werden, dann müssen Formulierungen in Lernentwicklungsberichten ehrlich sein und sich dem allgemeinen Sprachgebrauch bedienen, wobei
der fördernde Aspekt dennoch und gerade im Vordergrund stehen muss.
Besser wäre es natürlich, sowohl auf die Nummerierung der Leistung als
auch auf die verklausulierte schriftliche Beschreibung zu verzichten und auf
Kompetenzraster zurückzugreifen, die offen und ehrlich sind. Kompetenzraster würden in diesem Falle nicht nur dazu dienen, summativ am Ende eines Schuljahres (solange man noch mit dem Jahrgangsklassensystem arbeitet) Leistung festzustellen, sondern vor allem den individuellen Lernprozess
zu unterstützen: Lerndiagnose (formative Bewertung) und kontinuierliches
Feedback führen zu Lernerfolgen - auch und gerade bei lernschwachen
Schüler/innen (Black & Wiliam, 1998).[10]

Damit verschiebt sich auch die Aufgabe der Leistungsmessung in der Schule: Sie muss in erster Linie der individualdiagnostischen Begleitung des einzelnen Schülers dienen, diesen zu seiner maximalen Leistung verhelfen.
Vermieden werden dadurch Beobachtungen, die besonders ungewollte Be-
gleiterscheinungen beschreiben: Der gesellschaftliche Aspekt der Kritik
macht auf die gesellschaftlichen Funktionen und Auswirkungen von Prüfungen aufmerksam. Prüfungen haben eine Unterdrückungs- und Abrichtungs-
funktion (Ingenkamp, 2005, S. 103). Indem der Lehrende seine Werte an
den Prüfling weitergibt, welcher diese gegebenenfalls akzeptiert, weiter-
trägt und verbreitet, haben mündliche Prüfungen einen Einfluss auf die
Werte der Gesellschaft, wobei es jedoch nur dem Prüfer obliegt zu entscheiden, welche Werte weitergegeben werden sollen (zu mündlichen Prüfungen
siehe Kirk, 2004).

Michel Foucault (1926-1984) argumentiert, dass wir

> „das Zeitalter immerwährender Überprüfung und selbstverständlicher Objektivie-
> rung" erreicht haben; dass wir „eine Gesellschaftsform der Normierung haben,
> worin die Folter durch Bewertung ersetzt wurde und worin diese Bewertung der
> Justiz die Handhabe gibt, soziale Kontrolle, d. h. die Kontrolle von Körper, Grup-
> pen und Wissen, auszuüben." (White & Epston, 2006, S. 43)

---

10 siehe dazu auch verschiedene Papiere der The National Council of Teachers of
   Mathematics; NCTM, 1995; http://www.nctm.org; 27.02.2011

7.5.10 Leistungsrückmeldung

Die Leistungsrückmeldung umfasst die Information über die gegebene Bewertung an die Schüler, Eltern usw. Gemeinhin sind dies noch z. B.: die Noten unter einem Diktat, die Zeugnisse oder ähnliche mündliche und schriftliche Informationen. Die Art der derzeit praktizierten Leistungsrückmeldung ist ebenfalls durchaus verbesserungsbedürftig.

Bei der Leistungsrückmeldung wäre es sinnvoll, zwischen der außerschulisch-gesellschaftlichen Funktion und der pädagogisch-schulinternen Funktion zu unterscheiden. Solange die Schule Selektionsfunktion hat und die Lehrkräfte staatliche Funktionen innehaben, wird es eine offizielle, nach außen gerichtete Art der Leistungsrückmeldung geben. Andere Wege wären im allgemeinbildenden Schulsystem denkbar. In der Berufsschule wird u.a. auch schon die Endbewertung von der IHK vorgenommen, so dass die Schule von der Zuweisungsfunktion entlastet ist, was allerdings die abnehmerorientierte Haltung bei der IHK verstärkt. Im Schulalltag tritt die pädagogische Dimension wegen der juristischen Funktion bedauerlicherweise oft in den Hintergrund.

Pädagogisch schwierig wird die Leistungsrückmeldung dann, wenn Leistungen konstant schlecht sind. Hier liegen allerdings Erfahrungen aus dem Bereich Lese-Rechtschreibschwäche und Rechenschwäche vor. Es bedarf individueller Beratungsgespräche, den Einsatz von individuellen Methoden und eines besonderen Blickes auf die Fähigkeit zur Eigenbeurteilung. Dies ist deshalb notwendig, weil Rückmeldung das Fremd- und Selbstbild der Schüler konfiguriert: „Was Schüler glauben, binden sie an die Beurteilung ihrer Antworten; die objektive Welt ist so, wie sie beurteilt worden sind" (Kalthoff, 1996, S. 122).

Generell ist festzuhalten, dass die Kultur der Rückmeldung erhebliche Effekte auf die Selbstbeurteilung und damit auch auf die spätere Leistung hat (Plaimauer, Leeb & Zwicker, 2007, S. 41f)

Die Leistungsrückmeldung ist in den Verordnungen meist offen gelassen, bis auf die Tatsache, dass neben der Note (usw.) auch der Notenspiegel zurückgemeldet werden muss (was manche Bundesländer aber inzwischen abgeschafft haben). Dies muss für die Schüler vermieden werden und sollte nur den Eltern und Lehrkräften vorbehalten bleiben, solange es noch Noten gibt. Auf öffentliche Fehleranalyse ist zu verzichten, wobei die Fehleranalyse selbst eine ganz wichtige Funktion für eine spätere Verbesserung innehat. Um die *Angst vor dem Fehler* (Frederick Vester) nicht weiter zu verstärken, sind leistungsbezogene Beschreibungen fehlerzentrierter Kritik vorzuziehen. Unsere Schülerinnen und Schüler werden sonst nie lernen, dass Fehler etwas Positives sind, nämlich Hilfe beim Erkennen der eigenen Fähigkeiten: „Die Schule muss den Fehler entdecken – als Freund jedes Lernenden. Bisher wurde er von der pädagogischen Inquisition verfolgt." (ARGE - Arbeitsgemeinschaft der Elternräte der Gesamtschulen in Hamburg, 1994, S. 19).

Besonders tragisch ist, wenn Lehrkräfte Prüfungsarbeiten in der Reihenfolge der Noten offen für die gesamte Klasse zurückgeben. Diese Praxis wird von den schlechten Schülerinnen und Schülern oft als diskriminierend empfunden und ist abzuschaffen.

Zu den Rückmeldemöglichkeiten im Einzelnen (s.a. Schwark, Weiß & Regelein, 1986):

a. Noten

Vor dem Hintergrund der bereits genannten und seit Jahrzehnten formulierten Kritik gegen die Noten ist es verwunderlich, warum es diese im deutschen Schulsystem noch gibt: „Auch die Diskriminierung durch 'ungenügend', 'mangelhaft' usw. scheint psychologisch und pädagogisch nicht sehr weise zu sein; ein 'erfolgreich bestanden' und ein 'bisher nicht den Erfordernissen entsprechend', würde völlig zur Sicherung der Minimalstandards ausreichen" (Lenk, 1976).

Es gehörte nach Herz (1997) zu den größten Entgleisungen der bereits erwähnten Rede des ehemaligen Bundespräsidenten Herzog am 6.1.1997, als dieser sagte: „Es gibt keine Bildung ohne Anstrengung. Wer die Noten aus den Schulen verbannt, schafft Kuschelecken, aber keine Bildungseinrichtungen, die auf das nächste Jahrtausend vorbereiten". Herz antwortet lapidar, dass wer gegen Noten sei, nicht gegen Anstrengung sei. Dies ist ein Beispiel dafür, dass die Note offenbar mit Anstrengung und Leistung schon gleichgesetzt wird. In einer Allensbach-Befragung (Piel, 1995) waren allerdings nur ein Drittel der leitenden Angestellten und Selbstständigen der Meinung, dass gute Schul- und Prüfungsnoten für den Erfolg im Beruf wichtig seien. Einfache Angestellte und Beamte befürworten die Aussage mit 48%. Man muss sich also fragen, warum die Note im Bewusstsein der Bevölkerung eine so große Rolle spielt.

Dies vor allem, weil die Notengebung eine der „größten Nöte" der Schulen (Lersch, 1993) ist und oft für die Leistungsbeurteilung schlechthin gehalten wird (wie bei Schilmöller, 1998). Noten sind in unserem Schulsystem heiß umstritten (Beispiel: Struck, 1991), Schüler lehnen sie eher ab (Müller, 1996, S. 57) oder sind wie Lehrkräfte und Eltern eher dafür (Vollstädt, 2004, S. 113), sofern sie gute Schüler sind (Plaimauer et al., 2007, S. 129).

Die Noten hätten – so die Gegner – keinen inhaltlichen Aussagewert (womit sie Recht haben), die Befürworter dagegen sind der Auffassung, dass Schüler und Eltern Noten wollen (was aber nicht für Eltern gilt, die bereits Erfahrung mit verbalen Formen der Rückmeldung gemacht haben). Noten werden in den verschiedenen Schularten verschieden verwendet: Gleiche Leistungen werden zudem unterschiedlich bewertet (TIMS-Studien; Lissmann, 1997). Selbst Elternratgeber (wie Rebitzki, 2003) weisen auf diese Mängel hin, ohne allerdings die Abschaffung der Note zu fordern. Historisch betrachtet werden gleiche Leistungen durchaus unterschiedlich benotet, je nachdem, ob die Bildungsnachfrage hoch oder gering ist (Titze, 1981).

Es ist erstaunlich, dass man weitläufig immer noch glaubt, Noten würden für die Leistung von Schülerinnen und Schülern stehen. In der SCHOLAS-TIK-Studie wurden 1150 Schülerinnen und Schüler in Deutsch und Mathematik mit anerkannten Verfahren getestet. Dabei ergaben sich die folgenden Korrelationen zwischen Test und den von den Lehrkräften vergebenen Noten (Helmke, 1997):

Tabelle 18: Korrelationen zwischen Test und den von den Lehrkräften vergebenen Noten (Helmke, 1997)

	2. Klasse	3. Klasse	4. Klasse
	Mathematiknote		
Mathematiktest	0,63	0,76	0,72
	Deutschnote		
Deutschtest	0,60	0,68	0,70

Dies bedeutet, dass die höchste beobachtete Korrelation 0,76 ist, was wiederum bedeutet, dass knapp über 50% der Notenvarianz durch die Leistung t wird. Andersherum: 50% der Note werden nicht durch die Leistung ₃chülers oder der Schülerin erklärt, sondern durch andere Faktoren.

Auch Versuche, die Leistungserfassung durch anders geartete Erfassungsbögen zu formalisieren (so z. B. bei Klein, 2009) kann letztlich die Nachteile der Noten nicht ausgleichen.

In der Grundschulzeitschrift (1993, S. 50) findet sich folgende Gegenüberstellung:

Argumente für Ziffernbenotung

1. Noten sind praktisch. Sie erlauben eine rasche Leistungsbewertung sehr vieler Schülerarbeiten. Und jeder versteht sie.
2. Die Eltern erhalten laufend Rückmeldungen über den Lernerfolg. Noten erleichtern insoweit auch die Kontrolle der Lehrer.
3. Schlechte Noten warnen beizeiten vor bedenklichen Entwicklungen („Frühwarnsystem").
4. Die weiterführenden Schulen erteilen auch Ziffernzensuren. In der Grundschule können die Kinder behutsamer an die Notengebung herangeführt werden.

Argumente gegen Ziffernbenotung

1. Zensuren verändern die Motivation der Schüler: Sie verdrängen die ursprüngliche Freude der Kinder am eigenen Kompetenzzuwachs und erzeugen statt dessen den fragwürdigen Wunsch, besser zu sein als die anderen. An die Stelle der Sachmotivation tritt die Konkurrenzorientierung.
2. Zensuren täuschen Vergleichbarkeit vor und werden auch ständig zu Vergleichen herangezogen. Doch sie sind gar nicht vergleichbar, denn sie gehen aus jeweils ganz unterschiedlichen Lern- und Prüfungssituationen hervor. Der Vergleich ist unsachlich.
3. Die Konzentration auf die Lernergebnisse bei der Zensurengebung unterschlägt die Bedingungen, unter denen die Leistung erbracht wurde. Dadurch werden insbesondere Kinder aus schwierigen Lebensverhältnissen systematisch benachteiligt.
4. Die gehäufte öffentliche Rückmeldung von Misserfolgen und der erniedrigende Vergleich mit den erfolgreicheren Klassenkameraden zerstören dauerhaft die Leistungsbereitschaft der langsam lernenden Schü-

ler. Zensuren sind leistungsfeindlich.

5. Zensuren helfen nicht, denn sie beinhalten keine Analyse der Fehlerursachen und geben keine Hinweise für bessere Lernstrategien.
6. Zensuren legen einen für alle Schüler gleichen Unterricht nahe. Sie erschweren die Differenzierung im Unterricht. Sie sind insofern nicht mehr zeitgemäß.
7. Zensuren erlauben keine sichere Prognose bei der Wahl der weiterführenden Schule (Fehlerquote bei Schullaufbahnprognosen auf Notenbasis über 30 %).

Noten haben eigentlich nur einen Vorteil: Sie werden von jedem verstanden. Sie schaffen allerdings nur den Anschein der Informiertheit und Exaktheit über den Leistungsstand eines Schülers. Verbesserungsmaßnahmen im Bereich der Notengebung sind nicht sinnvoll: Trotz der Kenntnis der Anforderungen (z. B. Gütekriterien, Beurteilungsfehler) kann die Notengebung selbst nicht verbessert werden, auch wenn mit viel mathematischen Spielereien der Eindruck erweckt wird (siehe Fast & Klein, 1998).

Es wurde befürchtet, dass die Abschaffung der Noten zu einem Kollaps der Schulen führen würde (so Struck, 1992). Dies ist natürlich Unsinn. Die europäischen Länder ohne Notengebung und auch die alternativen Schulen wie die Integrierten Gesamtschulen zeigen, wie es funktionieren kann.

Noten können also getrost sofort abgeschafft werden, vorläufig einmal abgesehen von den Abschlussklassen.

b. Zeugnis

Da schuftet man ein Jahr lang
und nur für ein paar Zahlen. (ein Schüler)

In keiner anderen Form der Leistungsrückmeldung wird die staatstragende Handlung der Lehrkräfte so deutlich wie im Zeugnis. Es ist äußeres Zeichen des für Deutschland typischen Berechtigungswesens.

Kirschner (1993) interviewte Kindern und fragte, warum sie Zeugnisse haben wollen: Die beiden häufigsten Antworten waren: „[...], weil ich für gute Noten etwas bekomme" und „[...], weil ich dann gelobt werde". Hier liegen nur extrinsische Motivationen vor. Im Grundschulbereich in Deutschland sind Notenzeugnisse besonders in den ersten Klassenstufen weitgehend abgeschafft.

Erfahrungen liegen zudem aus dem europäischen Ausland vor: Die sieben-jährige Folkeskole in Dänemark kommt z. B. bis zur Abschlussprüfung ohne Noten aus. Die Eltern erhalten regelmäßig einen Bericht. Auch Belgien kommt im Bereich der Sekundarstufe I ohne Noten aus.

Erst die Abschlussleistungen sollten mathematisch formuliert sein, sofern die Durchschnittsnote an der Schnittstelle Bildungs- und Beschäftigungssys-tem noch eine Rolle spielen soll. Dies wäre ein Zugeständnis, wobei man al-lerdings berücksichtigen muss, dass die Noten aus Schule und Universität für die Wirtschaft eine geringe Aussagekraft haben, sonst würde man nicht umfangreiche Selektionsmechanismen wie z. B. Assessment Center (AC) usw. aufbauen oder auf den Ruf der Universitäten in manchen Studienfä-chern vertrauen. Studien zu den Verbalzeugnissen gibt es nicht, weil es an den Schnittstellen in unserem Bildungssystem noch keine Verbalzeugnisse gibt. Die Prognosefunktion für Studien- und Berufserfolg wird also mit un-terschiedlicher Qualität erfüllt (Schuler, 2010).

Der Autor spricht sich gegen die bisherige Praxis der Notenvergabe aus, weil eine Note keine Prognose ausdrückt, sondern nur die Lernleistung in der Vergangenheit abbildet. Ein weiteres Problem sieht er darin, dass die unterschiedlichen Bildungsabschlüsse nicht einheitlich normiert sind. Er zielt eine Notenskala an, die den gesamten Leistungsbereich aller Schüle-rinnen und Schüler abbildet. Dieser Vorschlag geht in die richtige Richtung, er übersieht aber den Nachteil, dass die Note wenig über die einzelne Schü-lerin bzw. den einzelnen Schüler aussagt. Hier wäre ein Kompetenzraster hilfreich, dass unabhängig von dem Bildungsgang einer Schülerin oder ei-nes Schülers sämtliche Kompetenzen über die gesamte Schulzeit und für je-des Fach aufgegliedert, um damit zu klaren Aussagen zu kommen.

Denkbar wäre auch, das Berechtigungswesen derart umzubauen, dass die aufnehmende Institution Eingangsprüfungen macht (was einige Universitä-ten ja schon tun). Dies wäre dann allerdings eine punktuelle Messung mit der ganzen Reihe damit verbundener Nachteile, da die Langzeitperspektive fehlt. Eine Beibehaltung des Numerus clausus (NC) ist auf keinen Fall mehr zu rechtfertigen.

c. Lernentwicklungsberichte

Ziffernfreie Beurteilung ... ist ein Bestand-
teil der Leistungserziehung und nicht etwa
der 'Kuschelpädagogik'. (Einsiedler, 1998)

Die gemeinhin diskutierte Alternative zu den Noten sind die Lernentwicklungsberichte (Böttcher, Brosch & Schneider-Petri, 1999). Derartige Berichte sind im Sinne der Zielsetzung eindeutig den Noten vorzuziehen, zu-
mal schon aus den Grund- und Gesamtschulen und aus den innovativen
Haupt- und Realschulen sowie Gymnasien umfangreiche Erfahrungen vorliegen (zusammenfassend: Lübke, 1996). Es ist erstaunlich, dass diese nicht
schon längst in die anderen weiterführenden Schulen implementiert worden
sind. In der Grundschulzeitschrift (1993, S. 51) ist folgende Gegenüberstellung von Argumenten zu finden:

„Argumente für Lernentwicklungsberichte

- Lernentwicklungsberichte erleichtern die Differenzierung im Unter-
  richt. Sie tragen der Ungleichzeitigkeit und Individualität des Bil-
  dungsprozesses besser Rechnung. (Davon profitieren auch die starken
  Schüler!)
- Lernentwicklungsberichte ermöglichen eine differenzierte Beschrei-
  bung der Stärken und Schwächen jedes einzelnen Kindes in jedem
  Lernbereich. Davon profitieren alle Schüler.
- Lernentwicklungsberichte können gezielte Hinweise für künftige
  Lernstrategien enthalten und so dazu beitragen, vorhandene Defizite
  wirkungsvoll zu überwinden.
- Lernentwicklungsberichte vermeiden den schädlichen Vergleich zwi-
  schen den Kindern.
- Lernentwicklungsberichte helfen dem schlechten Schüler, das Gesicht
  zu wahren, Mut zu behalten und sich trotz seiner Lernschwierigkeiten
  weiter zu bemühen.
- Lernentwicklungsberichte zwingen die LehrerInnen mehr als Ziffern-
  zeugnisse, über jedes einzelne Kind sehr gründlich nachzudenken.

Argumente gegen Lernentwicklungsberichte

- Die Rückmeldung über die Lernerfolge der Kinder kommt zu selten, wenn nicht zusätzlich zu den jährlichen Berichten während des Schuljahres intensive Elternkontakte stattfinden.
- Lernentwicklungsberichte sind manchmal schwer zu verstehen. Die Texte sind bisweilen verschwommen. Es steht bei einigen LehrerInnen immer dasselbe drin, vor allem dort, wo im Unterricht wenig oder gar nicht differenziert gearbeitet wird.
- Lernentwicklungsberichte sind nicht immer ehrlich. Sie beschönigen bisweilen die schwachen Leistungen der schlechten Schüler. (Dies ist jedoch eher ein Mangel in der Ausführung als ein Mangel dieser Form der Lernerfolgsrückmeldung)."

Man darf aber nicht meinen, dass durch die Lernentwicklungsberichte die Kompetenz zur Beurteilung von Schülerinnen und Schüler seitens der Lehrkräfte zwangsläufig besser würde. Deshalb bedarf es einer Schulung, die allerdings – paradoxerweise – einfacher ist als das Erlernen der Notengebung, weil man hinschreiben kann, was man gesehen hat. Die ungenaue Umsetzung in eine Ziffer ist nicht mehr nötig. Eine reine Verbalisierung der Noten ist damit natürlich nicht gemeint, obwohl Lehrkräfte den Lernentwicklungsbericht aus Unkenntnis oft so formulieren. Lernentwicklungsberichte könnten den Prozess des Wertens offen legen. Bei der Note, die ja eine Wertung darstellt, wird der normative Rahmen der Wertungsfindung nicht deutlich. Dies könnte man bei einer verbalen Form sicherstellen. Empirische Studien zeigen allerdings, dass die Lehrkräfte dieses Rückmeldeinstrument oft noch nicht richtig handhaben: Die individuelle Bezugsnorm wird noch selten herangezogen und Hinweise auf eine zukünftige Förderung werden ebenfalls kaum gegeben.

Der Hauptvorteil des Lernentwicklungsberichtes liegt in der Möglichkeit, für ein Fach (bisher durch eine Ziffer repräsentiert) mehrere relevante Aspekte anzusprechen. Ansprechperson sollte der Schüler oder die Schülerin sein, so wird es auch von über der Hälfte der Eltern gewünscht (Tarnai, 2010). Fehltage kommen in die Lernakte. Kopfnoten und Epochalnoten entfallen ebenfalls. In dem Lernentwicklungsbericht werden auch besondere Leistungen inner- und außerhalb der Schule vermerkt (freiwillige Arbeitsgruppen, besondere soziale und staatsbürgerliche Leistungen). Man könnte also Zeugnisse auf allen Klassenstufen durch Lernentwicklungsberichte ersetzen, selbst wenn immer noch eingehende Evaluationen fehlen, wie Portmann (1997) feststellt.

Das Problem besteht allerdings darin, dass bei der Beurteilung der Fachleistung die gewählten Sätze häufig direkt aus einer verborgenen Note abgeleitet werden. In der Schulpraxis wird dies häufig stark unterstützt durch Software, die es den Lehrkräften erleichtern, Verbalzeugnisses zu schreiben.

Der Auszug aus dem Bereich Mathematik der Grundschule in Abbildung 31 zeigt deutlich, wie notenorientiert Verbalzeugnisse sein können: sicher - meist sicher - weitgehend sicher. So etwas kann man sich ersparen.

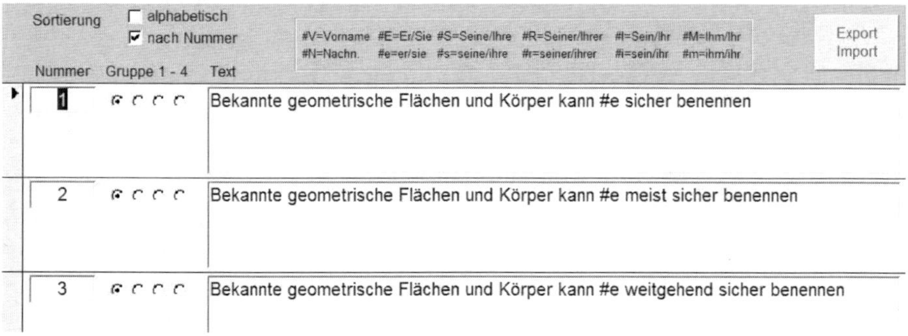

Abbildung 24: Auszug aus einer Zeugnissoftware

Eltern und Schüler lesen derartige Zeugnisse deshalb anders als intendiert: Sie übersetzen im Kopf den gelesenen Satz in eine Ziffernnote. Einzig der Bereich der Bemerkungen ist in der Lage, freie Beurteilungen seitens der Lehrkraft aufzunehmen. Dabei wird ein weiteres Problem deutlich: Auch diese Form der Verbalzeugnisse ziehen sich auf vergangene Lernleistungen, geben keine Prognose ab und verzichten auf darauf Hinweise zum weiteren Vorgehen zu geben.

d. Alternativen zu Note, Ziffernzeugnis und Verbalzeugnis

Die Leistungsbeurteilung in der Schule – so wie sie bisher gehandhabt wird – ist also nicht unumstritten. Luhmann & Schorr (1999, S. 328ff) erkennen die Unsicherheit bei der Beurteilung. Sie schlagen drei Maßnahmen vor, um diese Unsicherheit abzubauen: den Einsatz von Tests, die tendenziöse Wertung der Fehlerrisiken (für die es keine rationale Begründung gebe) und die Kombination harter mit weicher Selektionspolitik (streng zensieren, aber großzügig versetzen).

Auch wenn diese Vorschläge etwas veraltet scheinen: Die Beurteilung von Schülern wird also auch in bildungssoziologischer Hinsicht diskutiert. Die interne Kritik, die auch hier dargestellt wurde, richtet sich auf die Fehlerquellen bei der Erhebung, Bewertung und Beurteilung, die durch fehlende Sachkenntnis der Methoden der empirischen Sozialforschung auftreten. Die externe Kritik bildungssoziologischer Provenienz hebt nach Bourdieu vor allem hervor, dass die „Bewertungsmaschine" die soziale Rangordnung der Schüler in eine schulische transformiert (Kalthoff, 1996, S. 107). Die Chancen seien eben nicht gleich, weil durch symbolische Gewalt und durch die ungleiche Verteilung schulischer Titel soziale Klassen reproduziert würden. Zu dieser Verletzung des Gleichheitspostulats liegen im Gegensatz zu der internen Kritik wenig empirische Untersuchungen vor. Beiden Zugängen wirft Kalthoff vor, dass sie den eigentlichen Bewertungsprozess „dekontextualisieren": Man nehme implizit an, dass die Beurteilung personenunabhängig sei und dass sie den Gütekriterien entsprechen könne. Dies sei aber nicht der Fall. Kalthoff kann an einer kleinen Stichprobe zeigen, wie Bewertungsprozesse bei Lehrkräften während der Korrektur einer Klausur und während des mündlichen Abiturs ablaufen. Das Hauptergebnis lautet: Die Lehrerbewertung konstituiert die Schülerleistung. Sie *kann* nicht objektiv sein.

Die Alternative heißt heute daher nicht mehr Ziffernzensur oder verbale Beurteilung (Grunder & Bohl, 2004; Wagener 2003). Es liegen nämlich zahlreiche Alternativen vor (Arnold & Jürgens, 2001; Peez, 2008; Paradies, Wester & Greving, 2005, Scheiflinger, 1999; Vollstädt, 2005; Winter, von der Groeben & Lenzen, 2002; Winter, 2010), wobei die meisten Ansätze den Lernentwicklungsbericht oder ähnliche Verfahren z. T. unter Rückbezug auf die Reformpädagogik (Bohl, 2005) präferieren oder schriftliche Ergänzungen der Noten anstreben, weil es ohne Noten angeblich nicht ginge (so Beutel, 2003).[11]

Insgesamt betrachtet scheint der ganze Bereich der schulischen Leistungsfeststellung überarbeitungsbedürftig, auch, wenn es Versuche gibt, deren Qualität zu sichern (so z. B. bei Neuweg, 2009).

---

11 Analysen über spezielle Verfahren sind zudem eher selten (Ausnahme zum Bereich Schülerexperimente: Di Fuccia (2007); Ausnahme zum Bereich Projekte: Gessler & Uhlig-Schoenian (2007)

8   Kompetenzraster

Die unterschiedlichen Möglichkeiten mit Fragen der Schulleistungen umzu-
gehen mündeten vor wenigen Jahren in ein Konzept, das für viele neu zu
sein scheint: das Kompetenzraster.[12] Wie bereits in der Einleitung erwähnt,
handelt es sich hier im Prinzip um eine Matrix, bei der unterschiedliche
Kompetenzen mit ihren unterschiedlichen Reflexionsebenen formalisiert
dargestellt werden, um als Grundlage für zahlreiche pädagogische Entscheidungen und Prozesse zu dienen. Die folgende Tabelle ist bereits in der Einleitung wiedergegeben. Hier werden die unterschiedlichen Kompetenzen
definiert (Zeilen) und ihnen entsprechende Anforderungsniveaus zugewiesen (Spalten). Wesentlich ist dabei der subjektorientierte Zugang („Ich kann
...")

„Ich kann ..."	Tiefe der Kompetenz					
	A1	A2	B1	B2	C1	C2
Kompetenz 1						
Kompetenz 2						
Kompetenz 3						

Abbildung 25: Kompetenzraster

Kompetenzraster dienen dazu, fachliche Themen, aber auch außerfachliche
Kompetenzen, und die dazugehörigen Anforderungen klar zu systematisie-
ren. Darüber hinaus allerdings dienen Kompetenzraster auch zur Selbststeuerung der Schülerinnen und Schüler. Individuelles Lernen wird klar
strukturiert und das Raster gibt Schülern (und Lehrkräften) ständig Über-
blick über den eigenen Lernstand. Im Gegensatz zum Beispiel zur unschar-
fen Note und zum unverständlichen Lernentwicklungsbericht werden hier
auch das Anforderungsprofil und die Leistungsbewertung für Eltern transparent. Dieser neue Ansatz ist durch die Publikationen des Instituts Beatenberg (z. B. Martin, 2007) popularisiert worden und hat vielfach Eingang in
die schulische Realität gefunden.

Das Kompetenzraster dient aber nicht nur der Leistungsrückmeldung, sondern ist auch Basis zahlreicher pädagogischer Entscheidungen in Schule

---

12 auch: Rubrics, Qualitätsraster, Raster oder Kompetenzmatrix

und Unterricht. Kayser hat die Charakteristika kompetenzorientierten Unterrichts bzw. Ausbildung wie folgt zusammengefasst:

- „Output-/Outcomeorientierung – Lernen soll adressatenorientiert und anschlussfähig sein. Das meint nicht (einfach) schülerorientiertes Lehren, d. h. an den Interessen der Schüler ausgerichtet, sondern ein Lernen, das die Schüler befähigt, in vielfältigen Handlungssituationen in der Schule (outputorientiert) und außerhalb bzw. nach der Schule (outcomeorientiert) Probleme zu lösen.
- Diagnose und individuelle Förderung/Forderung (Differenzierung) – Lernen soll in der Regel gemeinsam stattfinden, doch dabei sollen die Stärken und Schwächen der einzelnen Schüler berücksichtigt werden. Zu ihrer Feststellung wird insbesondere eine pädagogische Diagnostik benötigt.
- Neue Aufgabenkultur – Aufgaben und Beispiele sind die konkreten Mittel diesen Paradigmenwechsel umzusetzen und das Erreichen der Standards zu verifizieren.
- Lehr- und Unterrichtskompetenz – professionelle und personale Kompetenzen von Lehrerinnen und Lehrern rücken verstärkt in den Blickpunkt: Für die berufliche Arbeit sind umfassende fachwissenschaftliche wie auch pädagogische, (fach)didaktische und psychologisch-diagnostische sowie kommunikative und soziale Kompetenzen erforderlich." (Kayser, 2008, S. 14)

Es lohnt sich offenbar, sich diesem Ansatz näher zu widmen.

8.1 Umsetzung

Die entscheidende Frage ist, wie man zu einem Kompetenzraster kommt und welche Wirkungen dieses auf die weitere Organisation von Schule und Unterricht hat. Um es vorwegzunehmen: Es gibt eine enorme Vielfalt der Umsetzung in der Arbeit mit Kompetenzrastern. Entscheidend ist: Das Kollegium muss sich auf den Weg machen, in Dialog treten und letztlich das Raster lebendig werden lassen.[13]

---

13 An dieser Stelle einen herzlichen Dank an Dr. Wolff, Paul-Modersohn-Schule in Bremerhaven, für die Anmerkungen zu diesem Kapitel.

Wie beim herkömmlichen Unterricht müssen sich Kompetenzraster an den Vorgaben orientieren. Zu diesen externen Vorgaben gehören selbstverständlich die Lehrpläne, Bildungsstandards und Kerncurricula. Interne Vorgaben, die das Profil der Schule schärfen sollen, kommen hinzu, wie zum Beispiel das Schulprogramm.

Der konkrete Aufbau eines Kompetenzrasters gliedert sich in drei Schritte. Im ersten geht es darum, die Kompetenzen auf der Basis der zu bearbeiteten Stoffgebiete und Lernbereiche wissenschaftlich zu beschreiben. Dabei kann es durchaus zu einer vielfältigen Beschreibung und Kompetenzen und Teilkompetenzen kommen. In einem zweiten Schritt werden dann die Ausprägungsgrade bzw. die Niveaustufen festgelegt. Relevant für Schüler und Unterricht sind dann die konkret nachzuweisenden Fertigkeiten und Fähigkeiten, die abhängig von Kompetenz und Niveaustufe in einem dritten Schritt präzise dargelegt werden müssen.

Diese präzise definierten Fähigkeiten und Fertigkeiten sind dann Grundlage für Checklisten, im Weiteren für die klar umrissenen Lernaufgaben, Planungs- und Beratungsanlässe. Letztlich basieren auf den Checklisten auch die Testaufgaben, die klären sollen, ob ein Schüler Kompetenzen erlernt hat oder nicht.

Die ganze Planung und Umsetzung der Arbeit mit Kompetenzrastern ist also stark formalisiert. Darin liegt allerdings auch die große Stärke: Vorgehensweisen und pädagogische Entscheidungen werden transparent für alle Beteiligten.[14]

Die damit verbundene Individualisierung setzt neben der Planung die Organisation umfangreichen Informationsfluss voraus. Alle Maßnahmen werden für die Lehrkräfte deshalb z. B. auf einem *Erhebungsbogen zur Lernausgangslage, zu Förderzielen* ... konzentriert zusammengefasst, damit der Informationsaustausch hin zu den Fachlehrkräften sichergestellt ist. Die Fachlehrkräfte wiederum melden für den individuellen Lernplan zurück über ein Formular *Informationen der Fachlehrerinnen und Fachlehrer*.[15] Die Zahl der Formulare im *Förderkreislauf* ist beeindruckend und ruft nach einem webbasierten System, wo alle Informationen zusammenfließen.

---

14 Beispiele bei Hoffmann (2007)
15 Beispiele aus der IGS Kastellstraße, Wiesbaden, und der Ernst-Reuter-Schule II, Frankfurt/ Main

Diese formalisierte Arbeit ist an sich schon anspruchsvoll und führt zu einer stärkeren Individualisierung, was keinesfalls eine geringe Bindung zwischen Lehrkraft und Schüler zur Folge hat. Ganz im Gegenteil wird die Beziehungsarbeit intensiver.

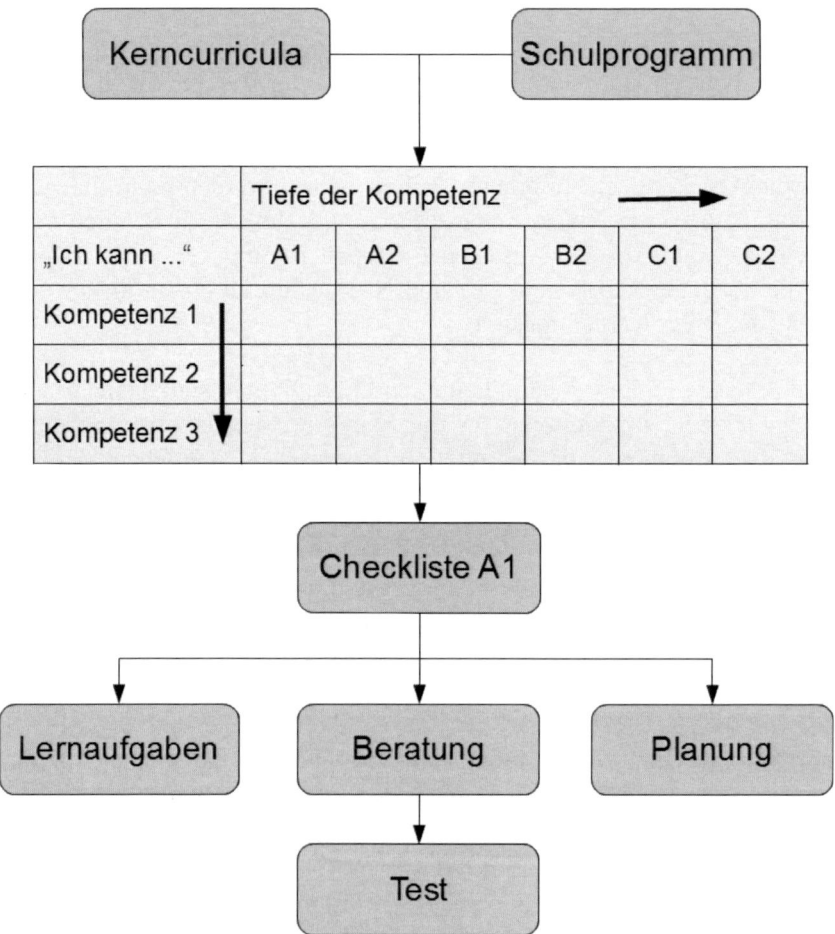

Abbildung 26: Arbeiten mit Kompetenzrastern (Grobstruktur)

Die ganzen Informationen münden in einen individuellen Lernplan, in die Planung des Unterrichts sowie in die Organisation von Klassenarbeiten o.ä., bei denen die Aufgaben deutlich in Kompetenzstufen unterschieden sind. Auf Klassenarbeiten und Noten kann manchmal noch nicht verzichtet werden, weil die Erlasse diese verlangen.

8.2 Diagnostik

Eine ganz wichtige Frage bei der Arbeit mit Kompetenzrastern ist die zeitlich vorangehende Feststellung von Kompetenzen, die ein Schüler bereits innehat. Grundlage sind dabei Regeln und Vorgehensweisen der pädagogischen Diagnostik. Diese ist eine Förderdiagnostik, die Tatbestände feststellt, um zukünftige (!) Maßnahmen zu begründen und einleiten zu können.

Das Beispiel der Paul-Modersohn-Schule in Bremerhaven zeigt, wie Schulen des Sekundarbereich I sogar die in der Grundschule erworbenen Kompetenzen berücksichtigen müssen. Diese Schule prüft Schülerinnen und Schüler, die anfangs der Klasse fünf nicht so recht klarkommen, ob die für die Grundschule vorgeschriebenen Kompetenzen überhaupt erreicht worden sind. Falls nicht, erhalten die Schülerinnen und Schüler gesonderte Kurse.

Tabelle 19: Checkliste Grundschulwissen (Auszug Mathematik; Paul-Modersohn-Schule Bremerhaven)

Leitidee	G1: Ich...
Zahl	a) kann bis 10 zählen b) kann Zahlen bis 10 lesen c) kann Zahlen bis 10 nachspuren d) kann Zahlen bis 10 schreiben e) kann die Zahlenreihe bis 10 legen f) kenne die Begriffe mehr und weniger und kann sie anwenden g) erkenne, dass eine Menge gleich bleibt, auch wenn die Anordnung verändert wird h) ...

Dieses Vorgehen ist absolut notwendig gerade vor dem Hintergrund der Inklusionsdebatte. Wenn man wie gezeigt die Kompetenzraster konsequent loslöst vom Denken in Jahrgangsklassen, sind individuelle Verläufe der Normalfall.

Die Schulpraxis ist allerdings häufig durch die Erlasslage auf den kognitiven Bereich fixiert. Dieser Weg ist hinsichtlich anderer wichtiger Merkmale nicht hinreichend und muss daher durch weitere Verfahren ergänzt werden (wie zum Beispiel in Abbildung 27). Das Kompetenzraster ersetzt also keinesfalls andere Verfahren der pädagogischen Diagnostik. Im Gegenteil fordert es dazu auf, derartigen Verfahren zu verwenden.

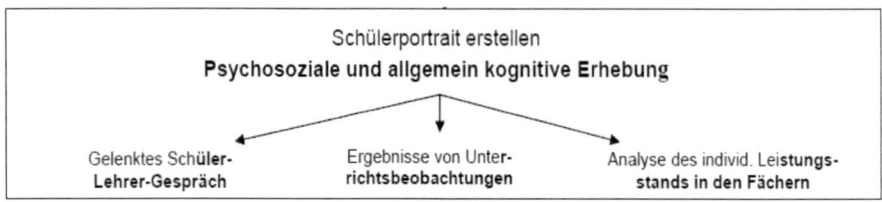

Abbildung 27: Pädagogische Diagnostik (Hessisches Kultusministerium, 2007, S. 7)

8.3   Leistungsmessung und Schülerreaktion

Die Schülerinnen und Schüler erhalten durch die Schule häufig ein verengtes Leistungsverständnis, was die Bildungskommission NRW wie folgt beschrieb:

> „Auch zwischen Lernen und Leisten wird oft nicht genügend unterschieden, das Lernergebnis wird dann leicht für das Lernen selbst gehalten. Schülerinnen und Schüler machen zum Teil sehr früh die enttäuschende Erfahrung, dass ihre Umgebung, vor allem die eigene Familie, sich weniger für das Lernen selbst, für seine Schwierigkeiten und seine Inhalte interessiert, als für seine Ergebnisse in Form quantifizierend bewerteter Leistungen. Die alltägliche Erfahrung von Schule könnte bei Kindern und Jugendlichen den Schluss nahe legen, Lernen sei nur dazu da, damit seine Ergebnisse als Leistung registriert, verglichen und bewertet werden können." (Bildungskommission NRW, 1995, S. 87).

Dieses Ergebnis wurde inzwischen mehrfach empirisch unterlegt. Das Schülerverhalten in Prüfungen ist daher durch drei Verhaltensweisen zu charakterisieren: Sie versuchen zu erraten, was die Prüfer hören wollen; sie vergleichen sich mit anderen, und sie lernen für die Lehrenden statt für das Verständnis des Stoffes (Broadfoot, 2009).

Prüfungen (summative Bewertungen) haben also schwerwiegende Rückwirkungen auf das Lernen, u.a. „learning and teaching to the test", geringere intrinsische Lernmotivation, minimalistische Lernstrategien, Prüfungsangst, kleineres Selbstwertgefühl vor allem bei lernschwachen Schülern (Harlen & Deakin Crick, 2003; Stadler-Altmann, 2008).

Selbsttätiges Lernen wird daher gefordert und gefördert, wenn die Schülerinnen und Schüler ihre Stärken und Schwächen selbst ermitteln, sich eigenständig Ziele für ihr Lernen setzen, in ihrem eigenen Lerntempo arbeiten, ihre Lernerfahrungen dokumentieren und ihre Lernergebnisse selbst bewerten und präsentieren. Nur so kann "Steuerungswissen" (Bastian, 2007) aufgebaut werden. Dies sind die Gründe, warum bei der Arbeit mit einem Kompetenzraster den Schülerinnen und Schülern eine erhöhte Verantwortung für ihr eigenes Lernen zugewiesen wird. Dabei sind allerdings auch Kompetenzen zu schulen, die außerfachlicher Natur sind.[16]

8.4   Verfahren zur Lernplanung

Die angestrebte Selbstwirksamkeit (Müller, 2003a) und Reflexivität[17] wird nur erreicht durch gelungene Selbsteinschätzung.

> „Ein solcher Rückbezug der erworbenen Kompetenzen auf die subjektiven Motive des Handelns (--> reflexiver Lerntransfer) ist naturgemäß nur schwer extern zu steuern, handelt es sich hierbei doch um höchst persönliche Einstellungen und Haltungen, die kaum durch Belehrung oder Erarbeitung, sondern eher aufgrund von Überzeugungen vom Sinn und Wert entsprechender Verhaltensweisen entwickelt werden, die auf Erfahrungen basieren." (Lersch, 2007).

Aus den unterschiedlichen Methoden, die man gerne als offene Unterrichtsverfahren bezeichnet, sind bereits jetzt zahlreiche Verfahren bekannt, die die Selbstreflexion anregen. Durch das Institut Beatenberg ist das so genannte *Layout* hinzugekommen, das sich vom bekannten Wochenplan dahingehend unterscheidet, dass die Schülerinnen und Schüler noch selbstständiger die gesamte Woche planen, Schwerpunkte setzen und darüber reflektieren, was sie erreicht haben (Müller, 2003b).[18] Die Fähigkeit, sich selbst zu steuern, ist also nicht nur Voraussetzung, sondern auch Folge gelungener Lernprozesse. Diese Erkenntnis führt zur Notwendigkeit, den Schülerinnen und Schülern nicht nur ihre fachlichen Kompetenzen zu spiegeln, sondern auch ihre Fähigkeit, Steuerungsprozesse alleinverantwortlich durchzuführen.

Inzwischen liegen einige Verfahren vor, wie zum Beispiel das *Europäische Kompetenzstufen – Raster Zur Selbstbeurteilung*[19] oder der *Selbstbeobachtungsbogen für das Arbeits- und Sozialverhalten* (Hessisches Kultusministerium, 2007, S. 13). Bei einigen Verfahren muss man sich allerdings fragen, ob sie noch gut einsetzbar sind, wie zum Beispiel ein *Selbst- und Fremdbewertungsbogen* mit 32 Abstufungen.[20]

---

16 Zahlreiche Beispiele für Kompetenzraster im nicht-fachlichen Bereich sind zu finden bei Rösch (2009).
17 Zur Bedeutungsvielfalt siehe Fink (2010), S. 50
18 z. B. in der Max-Brauer-Schule in Hamburg; dort als Wochenplan
19 http://www.europass-info.de/DE/media/raster-zur-selbstbeurteilung.pdf
20 http://www.science-live-lemgo.de/kompetenzrasterpraesentationdrei.pdf

Die Selbstbeurteilung führt zur Planung des eigenen Lernverhaltens. Diese wird meist schriftlich fixiert und auf einen Zeitraum bezogen. Das Vorgehen basiert auf dem sog. *Pensenbuch*:

> „Die Idee des Pensenbuches ist mit der Arbeit Maria Montessoris verbunden. Das Pensenbuch enthält Lernziele, die dem Lehrplan entnommen sind. Ihre Formulierungen sind so gewählt, dass Schüler sie leicht verstehen können. Lernziele sind in Einzelschritte zerlegt. Das Erreichen eines Lernzieles wird im Pensenbuch vermerkt."[21]

Mit Pensenbüchern o.ä. verbindet man immer einen Planungszeitraum, hier genannt kurzfristig, mittelfristig und langfristig.

Ein Beispiel für die *kurzfristige* Planung stellt Stamer-Brand (2009) vor, die Lernkarteikarte.

Tabelle 20: Lernkarteikarte nach Stamer-Brandt (2009)

Lernkarteikarte (Muster)			
Name: Klasse:		Datum: Lernfeld:	
Was ich heute neu gelernt habe:	Woran ich erkenne, dass ich erfolgreich gelernt habe:	Fragen, die ich noch zum Thema habe:	An dieser Frage werde ich in der nächsten Stunde weiterarbeiten:
Meilensteine, die es seit der letzten Lernberatung gegeben hat:	Schwierigkeiten und wie damit umgegangen bin:	Ich habe Beratungsbedarf:	Kommentar der Lernberatung:

Ein Beispiel für *mittelfristige* Planung: Das Wirtschaftsgymnasium St. Pauli verlangt von den Schülerinnen und Schülern beispielsweise die Wochenziele zu planen wie in Tabelle 21 gezeigt.

---

21 entnommen aus einem Vortrag: Kowalczyk, W. (o.J.) Kompetenzraster als Möglichkeit individueller Förderung - wie Kompetenzraster zum erfolgreicheren Lernen beitragen können.

Tabelle 21: Festlegung der Wochenziele am Wirtschaftsgymnasium St. Pauli

Das sind meine Wochenziele im Bereich ...		
Was?	Wie?	Warum so?
Auf welche Aufgaben will ich mich diese Woche ganz speziell konzentrieren? Was soll erreicht werden?	Maßnahmen, die ich treffe? Punkt für Punkt, möglichst genau und präzise.	Welche Gedanken und Gefühle veranlassen mich, diese Maßnahmen zu treffen?
Wie habe ich meine Wochenziele erreicht? Kurzbeurteilung, Konsequenzen für das weitere Lernen:		

Die Paul-Modersohn-Schule in Bremerhaven nimmt u.a. auch die *langfristige* Perspektive auf, wobei vorher eine Mindestanzahl an Lernnachweisen verabredet wird.

Tabelle 22: Lernplanung (Paul-Modersohn-Schule Bremerhaven)

1. Halbjahr 2011 /12			
August 2011		14.11. – 18.11.	
29.08. – 02.09.		21.11. – 25.11.	
September 2011		28.11. – 02.12.	
05.09. – 09.09.		Dezember	
12.09. – 16.09.		05.12. – 09.12.	
19.09. – 23.09.		12.12. – 16.12.	
26.09. – 30.09.		19.12. – 22.12.	!
Oktober 2011		Januar 2012	
04.10. – 07.10.	!	05.01. – 06.01.	!
10.10. – 14.10.		09.01. – 13.01.	
November 2011		16.01. – 20.01.	
31.10. – 04.11.		23.01. – 27.01.	
07.11. – 11.11.			

Im Weiteren werden die Schüler darauf hingewiesen:

„In der folgenden Aufstellung der Schulwochen planst du, wann du deine Tests spätestens (!) schreiben willst. Beachte: Nicht jede der hier angegebenen Wochen hat 5 Tage. Wochen mit weniger Schultagen sind mit einem Ausrufezeichen gekennzeichnet."

8.5   Individualisierung und Altersmischung

Diese wichtigen Ziele wie Selbstkonzept, Selbstwirksamkeit und ein hohes
Ausmaß an Selbststeuerung können nur in der Form des Lernens erreicht
werden, die den Schülerinnen und Schülern zahlreiche Steuerungsmecha-
nismen auferlegen. Die Erkenntnis, dass in Schule nicht unterrichtet, sondern gelernt werden soll, ist zumindest für die deutsche Pädagogik nicht
neu. Dennoch wird man sich fragen müssen, wie der Kompetenzrasteransatz
in didaktisches Handeln umgesetzt wird.

Schaut man sich die Schulen an, die von sich behaupten, mit dem Kompetenzrasteransatz zu arbeiten, dann wird man feststellen, dass die didaktischen Umsetzungen sehr unterschiedlich sind, vor allem hinsichtlich der zu-
gemuteten Selbststeuerung der Schülerinnen und Schüler. Es reicht von
Schulen, die den gesamten Lernprozess in Form von Selbststeuerung konzi-
pieren (allerdings mit Lehrkräften als Begleitpersonen bzw. *Coaches*) bis
hin zu Schulen, die über die Hälfte der Lernzeit noch mit klassischem Unterricht gestalten.[22] Aber auch bei der letzten Gruppe der Schulen muss man
fairerweise konstatieren, dass der Selbstlernanteil sehr viel höher ist als in
den "normalen" Schulen.

Die im Einzelnen verwendeten Unterrichtsmethoden oder Formen von Lernbegleitung sind nicht neu. Letztendlich sind sie alle aus dem enormen Fun-
dus der Reformpädagogik ebenso entgenommen wie den neueren Verfahren,
die man gemeinhin als kooperative Lernformen bezeichnet. Eine Zusam-
menstellung der Methoden findet sich in Bayer & Böhringer (2009) und
(Marek, 2009) oder bei herausragenden Schulen.[23]

Eine weitere Frage bleibt bei diesen unterrichtsmethodischen Überlegungen
offen: Mit welchen Lerngruppen soll eigentlich gearbeitet werden? Eltern,
Politiker, Lehrkräfte denken immer an Jahrgangsklassen. Aber bedeutet
Selbststeuerung nicht auch das Recht auf ein eigenes Lerntempo, das unabhängig von den Mitschülern gewählt wird? Diese Diskussion ist ebenso alt
wie bisher wirkungslos (siehe dazu bereits Ingenkamp, 1969).

In Jahrgangsklassen kann es passieren, dass ein Schüler im Gegensatz zu
seinen Mitschülern die geforderte mittlere Norm nicht erfüllt: Er kann leis-

---

22 z. B. St. Pauli Wirtschaftsgymnasium Unterricht (55%), Projekt (20%), Selbstler-
   nen (25%)

23 z. B. http://www.maxbrauerschule.de/mbs/downloads

tungsstärker, aber auch leistungsschwächer sein. In der Jahrgangsklasse kann man nur begrenzt didaktisch darauf reagieren. Es kommt zu Selektionsmechanismen wie Überspringen oder Sitzen bleiben. Sinnvoller wäre es, den Vergleich mit Gleichaltrigen aufzugeben. Alles deutet darauf hin, das Lerntempo zu individualisieren, Jahrgangsklassen also zumindest teilweise aufzulösen und mit altersgemischten Systemen zu lernen. Der Kompetenzrasteransatz ist gut dafür geeignet, Lernprozesse auf der Zeitachse hinreichend zu visualisieren.

8.6 Bewertung

Auch die Bewertungsmechanismen leiten sich direkt vom Kompetenzraster ab. Die Zellen der Matrix führen also nicht nur zu Lernhilfen und Checklisten, sondern auch zu kleinen Tests, die überprüfen sollen, ob die Schülerin bzw. der Schüler diese Kompetenzstufe erreicht hat, um zur nächsten Kompetenzstufe überzugehen. Folgende Kompetenzen sind bspw. in der Paul-Modersohn-Schule für die Stufe A2 Mathematik festgelegt (Auszug): „Ich ...

1. kann Teiler von Zahlen finden und kenne die Teilbarkeitsregeln für 2, 3, 4, 5, 9, 10 und 25.
2. kann einfache Brüche als Bild erkennen und darstellen sowie Brüche auf der Zahlengeraden einordnen ..."

Der entsprechende Test sieht dann z. B. so aus wie in Abbildung 28 (gegenüberliegende Seite).

Entscheidend ist aber, dass neben dieser summativen Bewertung die formative (begleitende) Bewertung integraler Bestandteil des Kompetenzrasteransatzes ist (siehe dazu Smit, 2008). Lenkung, nicht Selektion ist deren Aufgabe.

Auch bei den Evaluationsmethoden unterscheidet man summative und formative Vorgehensweisen. Diese Unterscheidung muss viel stärker bei der Leistungsmessung in Schule Berücksichtigung finden. Ziel der formativen Leistungsmessung (formative assessment) ist somit, laufend Informationen über die Schülerin bzw. über den Schüler zu erhalten, den Unterricht entsprechend anzupassen. „Eine in den Unterrichtsprozess eingebettete Beurteilung ermöglicht die Diagnose von prozessnahen Kompetenzen, was in grossflächigen Leistungstests eher schwierig zu gestalten ist." (Smit, 2008, S. 383). Es ist also eine prozessbegleitende Leistungsmessung mit dem Ziel der individuellen Förderung:

| A2 | TEST (Variante b)
ZAHL
a) Teiler von Zahlen finden und
Teilbarkeitsregeln kennen |  |

1) Bilde die Teilermengen! (Z.B. T_6 = {1, 2, 3, 6})

a. T_{18} = { _____ }   c. T_{40} = { _____ }

b. T_{55} = { _____ }   d. T_{17} = { _____ }

2) Bei den Teilermengen fehlen Zahlen. Ergänze!

a. $T_{\_}$ = { 1, 2, ___, 10, ___, 50 }   b. T_{56} = { ___, 2, 4, 7, ___, 14, 28, ___ }

Abbildung 28: Mathematiktest für Kompetenzstufe A2 (Auszug; Paul-Modersohn-Schule Bremerhaven)

„Die Prinzipien der formativen Beurteilung können auf Schul- und Politikebene zur Identifizierung von verbesserungsbedürftigen Bereichen oder zur Förderung einer konstruktiven Evaluierungskultur im gesamten Bildungssystem eingesetzt werden. Diesbezügliche Untersuchungen haben gezeigt, dass die formative Beurteilung eine der wirkungsvollsten Strategien zur Erzielung hoher Schülerleistungen ist. Sie ist auch wichtig, um ausgewogenere Lernerträge zu erzielen und die Kompetenzen der Schüler im Bereich „Lernen lernen" weiterzuentwickeln." (OECD, 2005; dt. Zusammenfassung).

Ein letztes Problem bleibt: Auch wenn Schulen irgendwann komplett auf Noten verzichten sollten, dann wird es nach der bisherigen Rechtslage notwendig sein, zumindest am Ende des Abschlussjahres Noten zu vergeben. Trotz der Nachteile der Noten scheint es für den Staat nicht denkbar, informative Kompetenzraster als Abgangszeugnis zuzulassen. So kommen die Kultusverwaltungen der Bundesländer automatisch zur Frage, wie man denn die Ergebnisse der Kompetenzraster und den dazugehörigen Tests umrechnen kann in Notenstufen. Ein Beispiel für einen Umrechnungsmodus zwischen den drei möglichen Schulabschlüssen ist in der Abbildung 29 enthalten.

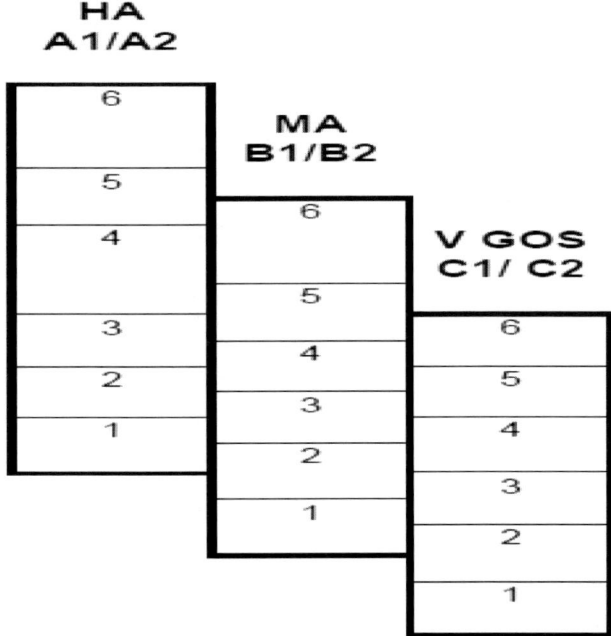

Abbildung 29: Umrechnungshilfe; HA= Hauptschulabschluss, MA=Mittlerer
Schulabschluss; V GO=Versetzung in die Gymnasiale Oberstufe (Hessisches
Kultusministerium, 2007, S. 86)

Das vielfältige Kompetenzprofil wird hier also auf die drei Schulabschlüsse
reduziert.[24]

8.7   Lernberatung

Schon der Begriff Pädagogik macht deutlich, dass eine Schülerin oder ein
Schüler einen meist erwachsenen Menschen braucht, der ihm hilft, erfolgreich zu lernen. Diese Hilfe kann vom klassischen Frontalunterricht (bzw.
direkte Instruktion) bis hin zum sehr lockeren Coaching reichen. Der Kompetenzrasteransatz zielt wie beschrieben auf eine hohe Selbststeuerungsfä-
higkeit der Schülerinnen und Schüler. Dennoch wird der Einzelne nicht al-

---

24 Max-Brauer-Schule Hamburg: Abschlüsse und Erreichung der Kompetenzstufen:
   Hauptschule: bis B1-Niveau; Realschule: bis B2/C1 – Niveau; Übergang GOST:
   bis C2-Niveau

leine gelassen, um den kognitiven und vielleicht auch emotionalen Vorsprung einer älteren Person für sich selbst nutzen zu können.

Wer annimmt, dies sei im Kompetenzrasteransatz neu, der irrt gewaltig. Vor allem die konstruktivistischen Lerntheorien haben sich deutlich über das Verhältnis zwischen Lerner und Lehrkraft geäußert. Je nachdem wie weit ein Lernender ist, gestaltet sich die Beziehung zur Lehrkraft enger oder weiter. Gemeinhin werden folgende Verfahren unterschieden.

- Modelling: Demonstration des richtigen Vorgehens, aber auch der Fehleranalyse
- Articulation: Lernender oder Lehrkraft verbalisiert Denkprozesse.
- Coaching: Verbesserungen, Korrekturen, und Vorschläge seitens der Lehrkraft; angeleitetes Üben
- Scaffolding: Wirkt wie ein unterstützendes „Gerüst"; Struktur und Anleitung geben und Hilfe bei untergeordneten Zielen, bis das komplexere Lernziel erreicht wird.
- Fading out: Instruktion tritt in den Hintergrund, sobald der Lernende die Aufgabe selbst durchführen kann.
- Reflection: Wiederholung und Nachdenken über das Problemlösen
- Exploration: Einsetzen der Problemlösestrategien in praktischen Aufgaben

Die weitere Begleitung über den Unterricht hinaus findet meist in Elternabenden oder Elternsprechtagen statt. Wichtig ist dabei zu bemerken, dass Lernberatung Zeit braucht. Die Elternsprechtage mit 10-Minuten-Gesprächen ohne Beteiligung der Betroffenen sind daher nicht zielführend.

8.8 Lernvereinbarung

Für Schülerinnen und Schüler, die in einzelnen Bereichen im Vergleich zu anderen langsamer vorankommen oder gar stehen bleiben, ist es häufig von Vorteil, die Beziehung zwischen Lehrkraft und Schüler phasenweise enger zu ziehen. Dies widerspricht nicht dem Gedanken der Selbststeuerung, ganz im Gegenteil muss hier der Pädagoge wieder in seine führende Rolle schlüpfen, um seinen Anvertrauten zu zeigen, wie man zu einer besseren Selbststeuerung kommen kann.

Ein Verfahren ist dabei, nach einem intensiven, reflektierenden Beratungs-gespräch über das vergangene Lernverhalten zu einem Plan zu kommen, der einen höheren Anteil an Fremdsteuerung hat (siehe dazu bereits Abschnitt 8.4). Derartige Lernvereinbarungen sind häufig schriftlich fixierte *Verträge* zwischen Lehrkraft und Schüler (Paradies et al., 2009) oder werden ander-weitig schriftlich erfasst wie beim *Protokollbogen für das Schüler-Lehrer-Gespräch* (Hessisches Kultusministerium, 2007, S. 17; siehe dazu auch das folgende Beispiel).

Tabelle 23: Protokoll des Lernberatungsgespräches an der Paul-Modersohn-Schule Bremerhaven (Auszug)

Lernvertrag Mathematik (grünes Register)			
Name:		Klasse:	
Für das nächste Halbjahr wurde für die Kompetenzrasterarbeit im Fach Mathematik folgende Mindestzahl an Lernnachweisen verabredet:			
Mindestzahl der Lernnachweise			
Im Kompetenzraster kommst du nur vorwärts, wenn du nachweisen kannst, dass du den Stoff zu 80% oder mehr (mindestens eine 2-) richtig gelernt hast. Erreichst du beim ersten Versuch keine 80%, erhältst du eine zweite Gelegenheit, wenn du er-neut gelernt hast. Solltest du auch diese Gelegenheit nicht nutzen, musst du ein Lernberatungsgespräch mit deiner Lehrerin / deinem Lehrer durchführen. Darüber werden deine Eltern informiert.			

8.9 Rückmeldung

Wie bereits gezeigt wurde, ist ein Zweck der Leistungserfassung die Rück-meldung an die Schülerin oder den Schüler. Allerdings konnte auch gezeigt werden, dass die bisherigen Verfahren, die am häufigsten zu beobachten sind (Noten und Lernentwicklungsberichte) diesbezüglich defizitär sind. Die Frage ist, inwieweit systematische Rückmeldung in aktuellen Kompe-tenzrasteransätzen beobachtet werden kann. Das Prinzip ist einfach: Nach bestandenem Minitest bekommt die Zelle in der Matrix ein Kreuz.

„Ich kann ..."	Tiefe der Kompetenz					
	A1	A2	B1	B2	C1	C2
Kompetenz 1	X					
Kompetenz 2	X	X				
Kompetenz 3	X					

Abbildung 30: Kompetenzraster mit Markierungen für absolvierte Teilkompetenzen

Der Kompetenzrasteransatz ist stark fixiert auf die Selbstregulation der Schüler. Alle Verfahren, die dazu dienen, dass der Schüler Selbstbewertung lernt, sind selbstredend gleichzeitig Verfahren der Rückmeldung. Somit kann man zahlreiche weitere Informationen zum Lernverhalten und -fortschritt in den Zellen markieren (z. B. durch Klebepunkte usw.).

Neben dieser Selbstbewertung, die fehlerbehaftet sein kann, muss es weiterhin Möglichkeiten einer Fremdbewertung geben. Diese wurden bereits im Bereich der Lernberatung bzw. Lernvereinbarung als dialogische Form zwischen Lehrkraft und Schüler vorgestellt. Auch die Lehrkräfte können das gleiche Raster mit Markierungen versehen (Lob; Steuerungshinweise für Lerngeschwindigkeit und Arbeitsverhalten usw.)

Hier können allerdings die gleichen Fehler auftreten, die bei den klassischen Rückmeldeverfahren bereits kritisiert worden sind, insbesondere die Beurteilungsfehler (siehe Abschnitt 7.3). Dies wird an dem nebenstehenden Beispiel gut deutlich.

Unter messtheoretischen Gesichtspunkten ist dieser Rückmeldebogen dieser sonst so fortschrittlichen Schule problematisch. Die Bewertung durch die Skala bezieht sich nicht auf die Häufigkeit des Verhaltens, sondern auf die Sicherheit bzw. Unsicherheit. Dadurch werden

Deutschunterricht

Im Bereich „Sprechen und Zuhören, Erzählen und Gespräche führen" hast du

(Skala: unsicher / überwiegend unsicher / überwiegend sicher / sicher)

eine eigene Meinung vertreten und begründet. ☐ ☐ ☐ ☐

viele treffende Wörter benutzt. ☐ ☐ ☐ ☐

von Erlebnissen und Erfahrungen zusammenhängend und verständlich erzählt. ☐ ☐ ☐ ☐

interessiert zugehört und gezielt nachgefragt. ☐ ☐ ☐ ☐

Unterrichtsergebnisse und Sachinformationen verständlich wieder gegeben. ☐ ☐ ☐ ☐

eigene Ergebnisse und Texte der Lerngruppe vorgetragen. ☐ ☐ ☐ ☐

Freier Text zur Erläuterung ....

Abbildung 31: Beispiel für einen Rückmeldebogen (Schule Rellinger Straße, Hamburg)

nicht nur zwei Ebenen vermengt, es stellt sich auch die Frage, anhand welcher Kriterien man Sicherheit oder Unsicherheit beobachten soll. Zudem werden in manchen Items zwei Verhaltensweisen gleichzeitig abgefragt (zum Beispiel *zugehört* und *nachgefragt*).

Ein weiteres Rückmeldeverfahren taucht im Kompetenzrasteransatz derzeit eher selten auf: die Rückmeldung durch die Schülerinnen und Schüler. So wäre es durchaus möglich, dass ein Schüler nach einer Selbstbewertung diese mit einem Mitschüler diskutiert. Dadurch werden unterschiedliche Sichtweisen deutlich, die Lehrkraft oder die Eltern bleiben dabei aber außen vor.

8.10 Fazit

Um es noch einmal deutlich hervorzuheben: Der Kompetenzrasteransatz ist nur auf den ersten Blick eine Systematisierung und Hierarchisierung von (Fach-)Kompetenzen. Mit diesem Ansatz sind zahlreiche andere pädagogische und organisatorische Entscheidungen verknüpft. Die im pädagogischen Bereich wichtigste ist sicher die zielgerichtete Ausbildung der Schüler zu einem selbstständigen und selbst verantworteten Lernen. Die organisatorische ist in einer starken Individualisierung und damit verbundenen Aufgabe der Jahrgangsklasse zu sehen.

Damit werden viele Nachteile von Notengebung und falsch eingesetzten Lernentwicklungsberichten vermieden. Zudem wird trotz der Formalisierung das Verhältnis zwischen Lehrkräften und Schülern enger.

Eines muss aber auch deutlich sein: Die Arbeit mit Kompetenzrastern ersetzt nicht Verfahren des gemeinsamen Lernens (Theater, Projekte, gemeinsames Musizieren, usw.) und auch nicht lehrerzentrierte Erklärungsphasen im Unterricht. Aber auch diese Handlungsweisen im pädagogischen Alltag profitieren durch Querbezüge von der Arbeit mit Kompetenzrastern.

9 Weiterentwicklung des Kompetenzrasters

Unter zwei Gesichtspunkten ist der Ansatz des Kompetenzrasters dafür prä-
destiniert, zukünftig stark verbreitet zu werden: Zum einen werden die
Nachteile von Noten und von Lernentwicklungsberichten abgelöst durch
eine präzise Beschreibung darüber, in welchen Kompetenzbereichen die
Schülerin oder der Schüler sich wie weit entwickelt hat. Zum anderen wird
mit diesem Ansatz das Thema der Selbststeuerung der Schülerschaft in den
Mittelpunkt gerückt. Es gibt allerdings auch einige konzeptionelle und pra-
xisbezogene Kritikpunkte, mit denen sich die Schulen und auch die Admi-
nistration beschäftigen müssen.

9.1 Begriff Kompetenz

Die Anschlussfähigkeit des Kompetenzrasteransatzes wird dadurch erheblich erschwert, dass unterschiedliche Autorinnen und Autoren ihre Kompetenzraster mit unterschiedlichen Kompetenzbegriffen unterlegen:

> „Allerdings müssen auch die Befürworter der Kompetenzorientierung einräumen,
> dass die begriffliche Abgrenzung des Kompetenz-Begriffs schwierig ist. Dies ist ei-
> nerseits darin begründet, dass dieser Begriff (wie auch der Standard-Begriff) in vie-
> len Zusammenhängen außerhalb des Bildungswesens und im Bildungsbereich
> selbst inzwischen inflationäre, häufig wenig differenzierte und teilweise falsche Ver-
> wendung findet." (Kayser, 2008, S. 13)

Dabei wird „hypostasiert, dass Kompetenz

- eine individuelle Fähigkeit ist,
- ein Potenzial an Handlungsmöglichkeiten bereitstellt,
- generativ ist (Kompetenz kann neue Handlungen regelbasiert erzeugen),
- kognitiv verankert und
- normativ begrenzt ist; man unterscheidet zwischen mehr oder weniger
  kompetentem Handeln." (Fischer, 2010)

Auch die folgende Definition unterscheidet sich z. B. von der Definition
Weinerts, die bereits oben vorgestellt wurde (siehe Abschnitt 3.2):

> „Kernelement des Kompetenzrasters ist die Kompetenz. Diese soll definiert wer-
> den als Disposition von Menschen zur Bewältigung bestimmter Anforderungen

bzw. als menschliche Fähigkeit zur gesellschaftlichen Kommunikation." (Staatliches Studienseminar für das Lehramt an berufsbildenden Schulen, 2006, S. 4)

Weinert betont hingegen neben den Fragen der Disposition besonders die sozialen, motivationalen und volitionalen Elemente des Begriffes Kompetenz, die in den eher fachlich orientierten Kompetenzrastern nicht auftauchen.[25] Eine Ausnahme bilden die Modellvorstellungen zum Lernen, wie in der folgenden Tabelle gezeigt.

Tabelle 24: Kognitionsdominante Modellvorstellungen zum beruflichen Lernen (Becker, 2010, S. 56)

	Innere Dimension	Transfermerkmal	Äußere Dimension
	Fähigkeiten	konzeptionell	Können
	Kenntnisse	deklarativ	(explizites) Wissen
Kompetenz	Fertigkeiten	prozedural	Handeln
	Einstellungen, Werte, Motive	regulativ	Wollen

Auch fallen redundante Definitionen auf. In der folgenden werden Kompetenzen als Fähigkeiten definiert, wobei unklar ist, was hier unter Fähigkeiten verstanden werden soll:

„Kompetenzen sind Fähigkeiten einer Person zum selbstorganisierten, kreativen Handeln in für sie bisher neuen Situationen (Selbstorganisationsdispositionen). .[...] Kompetenz deckt einen spezifischen Fähigkeitsbereich ab, eben den, selbstorganisiert in offenen Problemsituationen handeln zu können" (Erpenbeck, 2010, S. 15f).

Überhaupt scheinen die Schwierigkeiten bei der Modellierung (siehe dazu Gschwendtner, Geißel & Nickolaus, 2010) mit Problemen grundsätzlicher Art zusammenzuhängen. Interessant ist die Diskussion innerhalb des beruflichen Lernens. Dort wird die Problematik um den Kompetenzbegriff viel schärfer diskutiert:

„Man nimmt also an: Kompetenz erklärt ein Repertoire von könnerhaftem Handeln. Aber das Erschließen von Kompetenzen bringt nun folgende Probleme mit sich: Entweder man verdoppelt das beobachtbare Verhalten in eine dahinter liegende Eigenschaft, genau dieses Verhalten hervorbringen zu können. Das führt zu einer Unzahl von anzunehmenden Kompetenzen. Im Extremfall muss man hinter der

---

25 vertiefend dazu: Jude (2009)

Leistung, 3 x 7 multiplizieren zu können, eine Kompetenz zum Multiplizieren von 3 x 7 annehmen. Das ist natürlich Unsinn. Oder aber man postuliert eine allgemeinere Disposition, z. B. mathematische Kompetenz. Dann aber müsste man erklären können, worin die mathematische Kompetenz besteht und inwiefern sie die erfolgreiche Multiplikation von 3 x 7 hervorbringt. Es reicht nicht, die Frage nach der mathematischen Kompetenz allein mit dem Hinweis auf die gezeigte Leistung zu beantworten, indem man sagt: Die Person ist mathematisch kompetent sie kann 3 x 7 multiplizieren. Das ist eine tautologische Erklärung, bei der wechselseitig die Leistung aus der Kompetenz und die Kompetenz mit dem Hinweis auf die Leistung erklärt wird." (Fischer, 2010, S. 142).

Tatsächlich scheinen sich zwei unterschiedliche Diskussionsstränge aufzutun:

„Einen ersten Hinweis auf diese Problemlage erhält man durch den in der Klieme-Expertise [...] verwendeten Kompetenzbegriff. Hier ist der Fokus auf die kognitive Leistungsfähigkeit gerichtet, indem Schulfächer zum Ausgangspunkt genommen werden. Hier führt der Lerninhalt über die Leistung des Schülers zur Handlungssituation. Damit stellt sich das Problem, wie kognitive Leistungsfähigkeit in praktisches Handeln umgesetzt werden kann. Demgegenüber verweist der Kompetenzbegriff in der Berufs- und Wirtschaftspädagogik auf die Orientierungs- und Handlungsfähigkeit, indem Handlungsfelder und berufliche Problemsituationen zum Ausgangspunkt genommen werden. Hier führt die Handlungssituation über die Leistung des Auszubildenden zum Lerninhalt. Damit stellt sich das Problem der Identifikation von kognitiven Leistungen und relevanter Wissensbasis" (Zitat aus der Projektbeschreibung; Näheres unter: Hensge, Lorig & Schreiber, 2008)

Wie kommt man also vom Wissen zum Können?

9.2   Wissen und Können

Fischer unterschied bereits früher die folgenden möglichen Konstellationen zwischen Wissen und Können (Fischer, 2006):

- Kausale Relation: Wissen ist Ursache von Können.
- Konsekutive Relation: Können folgt dem Wissen zeitlich nach.
- Dialektische Relation: Wissen und Können können sich gegenseitig bereichern (aber auch blockieren), ohne ineinander aufzugehen oder sich gar gegenseitig zu determinieren.

Die einfache Gleichung, dass Wissen zu Können führt, wird also infrage gestellt.

„Es ist entscheidend, welche Beziehung man zwischen Wissen und Können annimmt. Mithin wäre zu hinterfragen, ob man anstelle einer konsekutiven oder gar kausalen Relation nicht vielmehr von einer dialektischen Beziehung zwischen Wissen und Können ausgehen muss, bei der Wissen und Können sich gegenseitig bereichern können, ohne ineinander aufzugehen oder sich gar gegenseitig zu determinieren." (Fischer, 2010, S. 143).

Fischer rekurriert auf eine Diskussion um erkenntnistheoretische Fragen:

„Wenn zur intelligenten Ausführung einer Tätigkeit eine vorhergehende theoretische Tätigkeit notwendig ist, und zwar eine, die intelligent ausgeführt werden muss, dann mündet das in einen unendlichen Regress!" (Ryle, 1997).[26]

Als Beispiel nennt Ryle in Anlehnung an Polanyi die folgende Alltagshandlung: „Bringen Sie die Kurvung Ihrer Fahrradspur im Verhältnis zur Wurzel Ihres Ungleichgewichtes geteilt durch das Quadrat Ihrer Geschwindigkeit!" (Ryle, 1997; Original bei Polanyi, 2009, S. 50).

Wissen sei implizit: „Als solches liegt der Vorlauf des kognitiven Wissens im Bereich des Stillschweigenden - im impliziten - bevor es eine explizite Form annimmt. Genau aufgrund dieser verborgenen Einflüsse, so Polanyi, wissen wir immer mehr, als wir zu sagen wissen." (Fischer & Mandell, 2009, S. 547). Polanyi selbst dazu: „Ich werde das menschliche Erkennen ausgehend von der Tatsache betrachten, dass wir mehr wissen, als wir zu sagen wissen" (Polanyi, 1990, S. 14).[27]

Die erkenntnistheoretische Einordnung sieht Fischer wie folgt:

„Einerseits antizipiert er mit seiner Theorie des impliziten Wissens auf eindrucksvolle Weise viel an postmoderner, radikaler Kritik an den Thesen der Aufklärung über wissenschaftliche Objektivität und dem so genannten unvoreingenommenem Streben nach Wissen seitens der Wissenschaft" (Fischer & Mandell, 2009, S. 535).

---

26 Eine ältere Übersetzung: „Wenn zur intelligenten Ausführung einer Tätigkeit eine vorhergehende theoretische Tätigkeit nötig ist, und zwar eine, die intelligent ausgeführt werden muß, dann wäre es logisch unmöglich, dass irgend jemand in diesen Zirkel eindringen könnte."

27 Zum Begriff in der Literatur verwendeten Begriff tacit: "In deutschen Übersetzungen wird an dieser Stelle "implizit" verwendet, was jedoch den Sinn auch nicht vollständig wiedergibt, der eine Kombination von "unausgesprochen", "nicht offen formuliert", aber auch "verborgen" und "unverstanden" enthält. (Fischer und Mandell, 2009, S 534)

Was bedeutet dies nun für die Kompetenzdiskussion? Noch einmal Fischer dazu:

> „Die Hervorbringung von Können ist ein Prozess, in dem das vorhandene Wissen mit der aktuellen Anforderungssituation verknüpft wird. Dieser Prozess erfordert Aufmerksamkeit und Einfühlungsvermögen für das, was im Fokalbewusstsein steht. [...] Eine Modellvorstellung, die hierfür Anhaltspunkte liefert, hat Neuweg in Anlehnung an Polanyi herausgearbeitet. Neuweg unterscheidet zwischen einem „Hintergrundbewusstsein" (Wissen um Sachverhalte, auf die der Handelnde nicht unmittelbar achtet, die aber maßgebliche zwingende Einflussgrößen auf sein Handeln darstellen) und einem „Fokalbewusstsein" (dem, worauf der Handelnde seine Aufmerksamkeit richtet). Das heißt, im Handeln werden die Elemente des Hintergrundbewusstseins auf den Fokus der Aufmerksamkeit gelenkt." (Fischer, 2010, S. 144).

Vor dem Hintergrund dieser Diskussion entstand an ganz andere Sichtweise, die sich von der kognitiven Perspektive entfernte. Die folgende etwas längere Tabelle soll die damit verbundenen Gegensätze verdeutlichen.

Tabelle 25: Könnerschaft und implizites Wissen (Neuweg, 2004, S. 22f)

Cognitive view	Tacit knowing view
"Know-that" als Basis der Kognition	"Know-how" als Basis der Kognition
informationstechnisch implementierbar und verarbeitbar (Berechnungshypothese); computational theory of mind und Informationsverarbeitungsansatz	nicht in Computerprogramme umsetzbar, evtl. durch neuronale Netze simulierbar; hermeneutisches Verstehen und Einfühlen
intelligentes Handeln als Anwenden expliziten oder explizierbaren Wissens,	explizites Wissen als Ergebnis der Reflexion auf intelligentes Handeln,
Praxis folgt ihrer Theorie	Praxis geht ihrer Theorie voraus
Unterscheidung von "intelligentem" Handeln und "bloßem" Verhalten	auch Verhalten intelligent sui generis
"deklaratives" und "prozedurales" Wissen: Definitionen, Fakten, Gesetze	"skills" und "connoisseurship"
Aussagen, Theorien, Technologien, Regeln Gedächtnis als Aufbewahrungsort für Repräsentationen, die teils bewusst, teils unbewusst manipuliert werden	Gedächtnis als Konstrukt zur Beschreibung von Verhalten über die Zeit
statischer Wissensbegriff: "knowledge"	dynamischer Wissensbegriff: "knowing"

Cognitive view	Tacit knowing view
als mentale Substanz oder Struktur; Lernen und Entdecken schwer zu modellieren, häufig in einem nicht weiter erklärbaren "Entdeckungszusammenhang" verortet	als Akte des Wahrnehmens, Urteilens und Handelns; Zuschreibung und Explikation von "knowledge" immer nur eine Momentaufnahme; Lernen und Entdecken als zentrale Phänomene
Grundlage des Könnens zumindest durch die dritte Person klar artikulierbar	nicht, nicht vollständig oder nicht angemessen artikulierbar
"geistig", intellektuell	im Wortsinne oder metaphorisch körpergebunden
Subjekt in Distanz zum Inhalt seines Wissens	persönliches, "einverleibtes" Wissen
analytisch, elementenhaft, atomistisch, Erfassen partieller Identitäten	synthetisch, holistisch, ästhetische Bewertung, Erfassen von Ähnlichkeiten
definierte Termini, Merkmalslisten, Begriffssysteme	bildhafte Strukturen, Prototypen, Gestalten
abgrenzbar und isoliert assimilierbar	netzwerkartig mit allen anderen Wissensbeständen des Subjekts verbunden
Wahrheitsapproximation als treibendes Motiv der Wissenssuche	Kohärenz und/oder gelingende Praxis als treibendes Element der Wissenssuche
begründungspflichtig im Rekurs auf Logik, Widerspruchsfreiheit, Übereinstimmung von Tatsachen und Aussagen	begründungspflichtig durch den Verweis auf praktische Wirksamkeit; Feedback durch die Situation
Leitbild des aufgeklärten Verstandes	Leitbild des gesunden Menschenverstandes und der praktischen Weisheit
abstrakt, standardisiert, unflexibel	kontextgebunden, situativ, hochadaptiv
rational-distanziertes und planendes Handeln, Entscheidungsbäume, Dekomposition und Kombination	intuitiv-teilnehmendes Handeln und Gewährenlassen, "tacit knowing", "knowing in-action"; Pendelbewegungen zwischen synthesebewahrender Analyse und holistischer Integration
Bewusstsein um mentale Prozeduren, innengerichtet	Bewusstsein um den Handlungsgegenstand, außengerichtet, "Flow"
kritische Haltung gegenüber den eigenen mentalen Prozeduren und ihren Ergebnissen	vertrauende Haltung gegenüber den eigenen mentalen Prozeduren und ihren Ergebnissen

Cognitive view	Tacit knowing view
wesentliche Leistungsvoraussetzungen zeigen sich im berichteten Wissen, Wissensdiagnose durch Befragung	wesentliche Leistungsvoraussetzungen zeigen sich im Urteil und in der Handlung; Wissensdiagnose durch intuitive Induktion und Einfühlung
Wissensweitergabe durch Unterricht	Wissensweitergabe durch Sozialisation in einer Expertenkultur
Lernorte Universität und Schule	Lernen im Funktionsfeld/in funktionsfeldähnlichen Lernumgebungen
Lernen durch Beschreibung	Lernen durch Bekanntschaft
entpersönlichte Lernmedien	Meister-Schüler-Beziehung
Lehren durch Mitteilung von Tatsachen, Merkmalen, Regeln und Theorien; eventuell nachfolgende Anwendungsphase zum Zwecke der Prozeduralisierung"	Lernen durch Beispiele, paradigmatische Fälle, praktisches Urteilen und Learning-by-doing; eventuell begleitend oder nachfolgend Phasen der reflexiven Abstraktion
vergleichsweise rascher, oft unmittelbarer Erwerb durch Mitteilung; klar abgrenzbare Erwerbsphase	Erwerb in langandauernden Erfahrungsprozessen; Erwerbsphase prinzipiell nie abgeschlossen

Trotz dieser Distanzierung vom kognitiven Ansatz zieht Neuweg ein Modell des Fertigkeitserwerbs heran, das stark an den Kompetenzrasteransatz erinnert (siehe Tabelle 26). Es scheint fast so, als ob der kognitive Ansatz für bestimmte Stufen seine Berechtigung hat, für höhere hingegen nicht mehr greift.

Dies erinnert an einen ganz anderen Forschungszweig: die Weisheitsforschung. Ausgehend von der folgenden Definition

„Wir sind ausgegangen von der allgemeinen Definition von Weisheit als gutem Urteil und Ratschlägen zu wichtigen und ungewissen Lebensproblemen." (Staudinger, Smith & Baltes, 1994, S. 9).

fragte man sich auch hier, ob Weisheit Wissen voraussetze: „Das tut sie ohne Zweifel." (Aebli, 1989, S 606). Diese Antwort scheint nicht hinreichend, weil der ähnliche Begriff Klugheit darin bestünde „viele Aspekte und Faktoren gleichsam instinktiv im Auge zu behalten" (Schmid, 1997, S. 28).

Eine Lösung kann man in der Abgrenzung beider Begriffe sehen.

Tabelle 26: Das Modell des Fertigkeitserwerbs nach Dreyfus & Dreyfus (zit. n. Neuweg, 2004, S. 313; Rauner, 2007, S. 60)

	Novize	Fortge-schrittener	Kompetenz-stadium	Könner	Experte
Berücksich-tigte Elemente	kontextfrei	kontextfrei und situa-tional	kontextfrei und situa-tional	kontextfrei und situa-tional	kontextfrei und situa-tional
Sinn für das Wesentliche	nein	nein	erarbeitet	unmittelbar	unmittelbar
Wahrneh-mung der Ge-samtsituation	analytisch	analytisch	analytisch	holistisch	holistisch
Bestimmung des Verhal-tens	durch Re-geln	durch Re-geln und Richtlinien	durch exten-sive Pla-nung	durch be-grenzte Pla-nung	intuitiv

„Klugheit hat aber einen starken Bezug zur Praxis und zum Einzelfall, Weisheit zur Theorie und zum "Allgemeinen" - sie ist eher die Gesamtheit der Klugheit, die Me-taebene über allen Klugheiten im Einzelnen" (Schmid, 1997, S. 33)

Wie auch immer: Wenn die Anforderungen höherwertig werden, muss man vom regelgeleiteten Planen zur Intuition kommen. Ein Beispiel völlig außerhalb der beruflichen Bildung ist das japanische Brettspiel Go. Hier müssen auf einem 19x19-Brett nach einfachsten Regeln Steine gesetzt werden, die für den Laien vor allem am Ende des Spiels hoch komplex sind. Erfahrene Spielerinnen und Spieler können bei diesen Spielen nicht erfolgreich sein, wenn sie ausschließlich Regel basiert entscheiden. Vielmehr ist es hier die Wahrnehmung der Gesamtsituation (Lage der Steine), die sie zur Entscheidung führt, wohin der nächste Stein gesetzt werden muss.

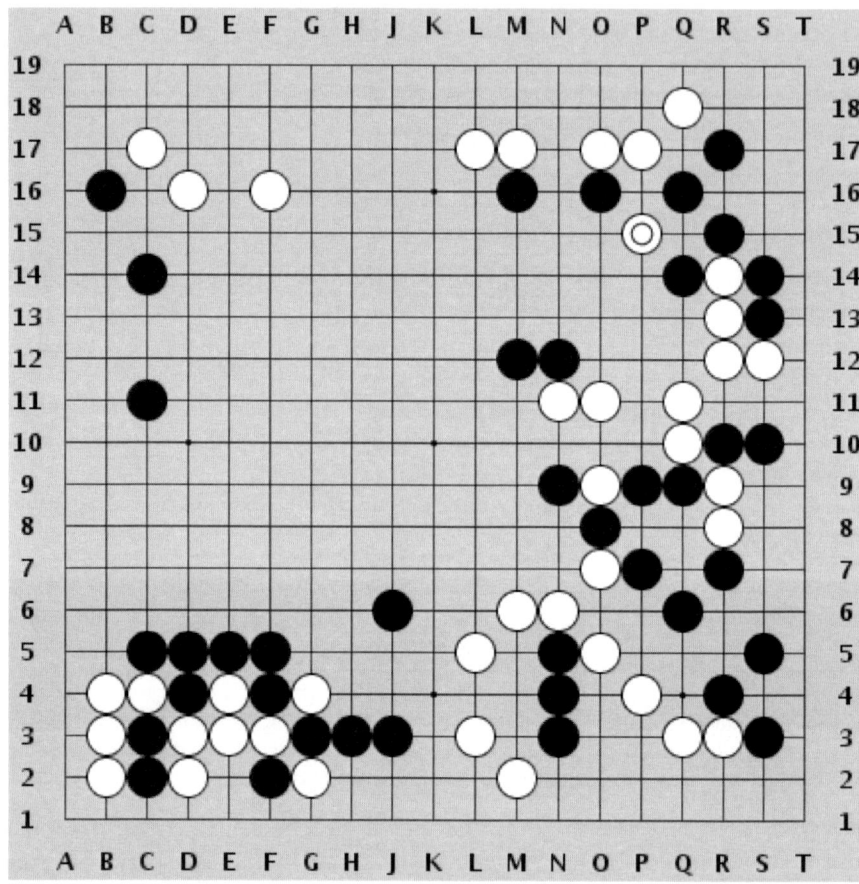

Abbildung 32: Go - das japanische Brettspiel (www.wikipedia.org)

Noch einmal ein Blick auf die Diskussion im Bereich des beruflichen Lernens:

> „Das praktische Wissen bildet eine zentrale Dimension beruflicher Kompetenz. Die populäre Vorstellung, dass es in der wissensbasierten Ökonomie vor allem auf das explizite Wissen ankäme, welches in Datenbanken gespeichert per E-Learning abrufbar wäre, wird durch die neuen Untersuchungen zum praktischen Wissen relativiert. Als ein Ergebnis der domänenspezifischen Forschungen zum praktischen Wissen aus gewerblich-technischen Berufsfeldern formuliert Rauner in Anlehnung an Patricia Benner sechs Dimensionen praktischen Wissens als kategorialen Rahmen" (Rauner 2004 S. 19).

Tabelle 27: Dimensionen praktischen Wissens (Rauner, 2007 in der Fassung von Haasler, 2006, S. 179)

Sensibilität	Bei zunehmender Berufserfahrung bildet sich die Fähigkeit zur Wahrnehmung und Bewertung immer feinerer und feinster Unterschiede in den berufstypischen Arbeitssituationen heraus.
Kontextualität	Die zunehmende Arbeitserfahrung der Mitglieder der beruflichen Praxisgemeinschaften führt zur Herausbildung vergleichbarer Handlungsmuster und Bewertungen sowie zu intuitiven Verständigungsmöglichkeiten, die weit über die sprachliche Verständigung hinaus reichen.
Situativität	Arbeitssituationen können subjektiv nur dann adäquat begriffen werden, wenn sie auch in ihrer Genese verstanden werden. Erfahrungsgeleitete Annahmen, Einstellungen und Erwartungen münden in das begreifende Erkennen und situative Handeln ein und konstituieren eine außerordentlich feine Ausdifferenzierung der Handlungsentwürfe.
Paradigmatizität	Berufliche Arbeitsaufgaben haben dann eine paradigmatische Qualität im Sinne von "Entwicklungsaufgaben", wenn sie im Entwicklungsprozess jeweils neue inhaltliche Probleme aufwerfen, die dazu zwingen, bisherige Handlungskonzepte und eingespielte Verhaltensweisen infrage zu stellen und neu einzurichten.
Kommunikativität	Die subjektiven Bedeutungsgehalte der kommunizierten Sachverhalte stimmen in einer Praxisgemeinschaft in hohem Maße überein. Der Grad des fachlichen Verstehens liegt weit über dem der außerbetrieblichen Kommunikation, die kontextbezogene Sprache und Kommunikation erschließt sich in ihrer vollen Bedeutung nur den Mitgliedern der Praxisgemeinschaft.
Perspektivität	Die Bewältigung unvorhersehbarer Arbeitsaufgaben auf der Grundlage des prinzipiell unvollständigen Wissens (Wissenslücke) ist kennzeichnend für das praktische Arbeitsprozesswissen. Daraus erwächst eine Meta-Kompetenz, die zum Umgang mit nicht-deterministischen Arbeitssituationen befähigt.

Diese Beschreibung gilt selbstverständlich für die berufliche Bildung, damit für ältere Schülerinnen und Schüler bzw. auch für Erwachsene. Dennoch ist sie eine große Herausforderung für die Schulpädagogik. Sie ist ein deutli-

cher Appell, sich noch einmal die Lerntransfertypen von Weinert näher an-
zuschauen und zu akzeptieren, dass man dem lateralen bzw. horizontalen
Lerntransfer mehr Beachtung schenkt (siehe Tabelle 12 auf S. 80).

Nur die beiden Wissensformen (siehe Abbildung 33) führen zum Handeln.
Insofern werden explizites und implizites Wissen miteinander versöhnt. Un-
ter dem Aspekt der Leistungsmessung bleibt das Problem, dass man in der
Schule Dinge misst, die man nur teilweise verwenden kann.

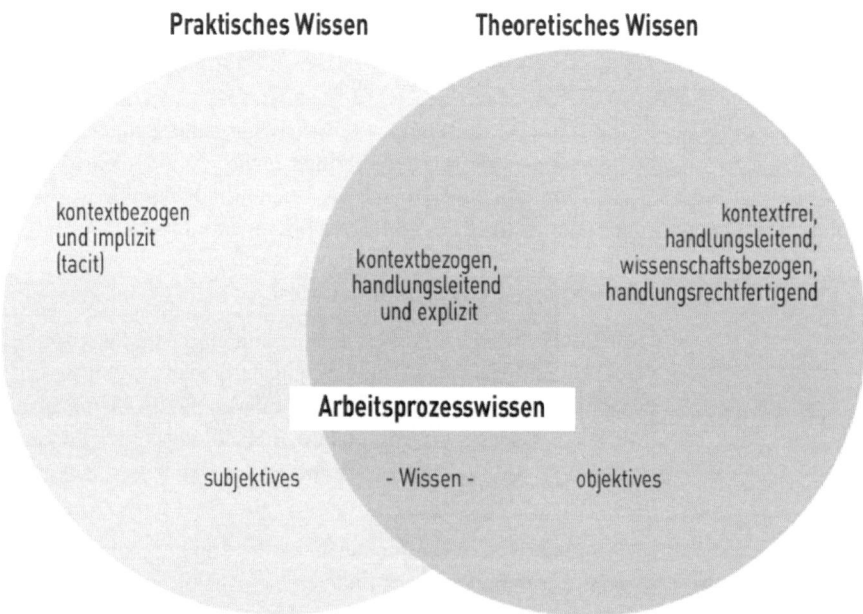

Abbildung 33: Zwei Wissensformen nach (Rauner, 2007)

Problematisch sind vor dem Hintergrund dieser Diskussion Situationen der
Leistungsmessung, z .B. einer Klassenarbeit. Wenn man die Bewältigung einer Leistungsmessung definiert als Arbeitsprozess - und dies liegt nahe -
dann spielt offenbar auch hier implizites Wissen eine Rolle.

> „Die Leistungsbeurteilung muß sich, so wichtig Analyse und Reflexion für den
> Aufbau und die Weiterentwicklung des Könnens auch sind, an den Syntheseleis-
> tungen des Lerners orientieren. Wir verlangen vom Experten nicht, daß er über sei-
> ne Sache angemessen reden kann, unter anderem, weil er im Urteil eine Vielzahl
> von Faktoren berücksichtigt, die sich seiner bewußten Aufmerksamkeit entziehen,
> weil er die Faktoren, die er bewußt registriert, im Kontext der konkreten Situation
> deutet und daher auf Vorrat und dekontextualisiert gar nicht berichten kann, weil

die Bedeutung von Begriffen und Konzepten nicht ein für alle mal festgelegt ist, sondern sich im Gebrauch fortlaufend verändert, und weil ein flexibel gesteuertes Handeln nicht als beschreibbares „Programm" aufgefaßt werden kann, sondern als immer wieder neu geschaffenes adaptives Verhalten im Lichte des jeweiligen Kontextes zu verstehen ist. Expliziertes Wissen ist, das ist die Mindestschlußfolgerung, die man aus unseren Überlegungen ziehen muß, kein geeigneter Indikator für Können; die Beurteilung eines Könnens darf sich niemals an der vermeintlich dafür vorauszusetzenden Fähigkeit orientieren, dieses Können zu verbalisieren." (Neuweg, 2004, S. 399)

Diese Diskussion um den Kompetenzbegriff, die in Teilen weit wegführt von einer rein kognitiven Orientierung, muss in der Pädagogik zur Verunsicherung führen. Der Exkurs in die Weisheitsforschung bzw. berufliche Bildung zeigt, dass in anderen Diskursen der direkte Zusammenhang zwischen Wissen und Können so nicht gesehen wird. Diese Diskussion ist aber überhaupt nur möglich geworden, weil Schulen sich vermehrt dem Kompetenzraster zuwenden. Unter der Perspektive der Notengebung oder Verfassen von Lernentwicklungsberichten wäre diese Perspektive gar nicht aufgegriffen worden.

Diese Diskussion muss auf jeden Fall weitergeführt werden. Es bedarf dazu aber noch viel Forschung und auch einer intensiven theoretischen Anbindung an den Bildungsbegriff.

9.3   Begriff Kompetenzraster

Der Begriff Kompetenzraster wird häufig für grafische oder tabellarische Darstellungen verwendet, die eigentlich keine Kompetenzraster im ursprünglichen Sinne sind:

- Manchmal sind es, wenn auch sehr gute, Strukturierungen des Stoffes.[28]
- Auch findet man "Kompetenzraster" ohne Kompetenzstufen (und mit "Du"-Formulierungen)[29]
- Im Kompetenzraster *Informationskompetenz* der Züricher Hochschule der Künste werden unterschiedliche Stufen mit gleichen Inhalten belegt: Stufe 2 und 3 lautet gleich: *TN nutzt bereits NEBIS*.[30]

---

28 www.janina-s-kressel.de; "Freundschaft schließen ..."
29 http://www.hh.shuttle.de/hh/teiw/img/Kompetenzraster_3._Klasse_TWS.pdf
30 http://miz.zhdk.ch/files/Kompetenzraster_IK_MIZ_ZHdK_1007.pdf

Man kann aber auch sehen, dass derartige Modifikationen des Kompetenz-rasteransatzes auch zur Einführung neuer Begriffe führen, wie zum Beispiel das *Lernraster.*

Es gibt an unterschiedlichen Stellen in der Literatur Kompetenzraster, die mit der bisher vorgestellten Verwendung nicht ganz konform gehen.[31] Dies heißt nicht automatisch, dass diese Kompetenzraster fehlerhaft sind, sie sind aber in gewisser Weise eigentümlich. So wird ein Kompetenzraster vorge-stellt, das versucht, kognitive Strategien zu erfassen.[32]

Tabelle 28: Stufen der Selbstständigkeit im Denken und Handeln von Hilbert Meyer (eigentlich 5 Stufen), Bereich: *Informationen erfassen.*

Abhängigkeit von Fremdregulation/ Abarbeiten vorge-gebener Lernschrit-te (schriftlich, mündlich oder durch Vormachen)	Inseln selbst-ständigen Lernens/Geringe Selbstständigkeit im Rahmen vor-gegebener Lern-schritte	Planvolles Zu-sammenspiel von Selbst- und Fremd-regulation	Reflektiertes Zu-sammenspiel von Selbst- und Fremd-regulation/ Selbst-ständige Strategie-verfolgung und Re-flexion
Kann Informatio-nen nach vorgege-bener kleinschritti-ger Vorgehensweise erschließen	Kann mit einer ge-gebenen Technik/ Methode Informa-tionen selbststän-dig erschließen und Vorwissen aktivie-ren	kann mit eigenen und angebotenen Techniken und Me-thoden das Wesent-liche von Informa-tionen erfassen und einschlägiges Vor-wissen aktivieren	kann mit ge-eigneten Methoden und Techniken das Wesentliche von In-formationen erfas-sen und mit ein-schlägigem Vorwis-sen vernetzen

Die Umsetzung dieses Kompetenzrasters in ein Bewertungsverfahren ist au-ßerordentlich schwierig, weil offenbar nicht nur äußerlich beobachtetes Ver-halten einbezogen werden muss (was schon schwer genug ist), sondern auch durch eine Art Introspektion Gedankengänge eines Schülers zur Grundlage der Bewertung gemacht werden müssen (was unmöglich ist).

---

31 Gemeint sind nicht Kompetenzraster für außerfachliche Bereiche wie Präsen-ta-tionen (Merziger & Schnack, 2005) oder mündliche Mitarbeit (http://www.-schule-w1.de/selea/Kompetenzraster_mdl_mitarbeit.pdf) usw.
32 http://ganztag-blk.de/ganztagsbox/cms/upload/ind_foerderung/BS_4_Lernpro-zessdiagnose/104M104_Kompetenzraster_Lernstrategien.pdf

Auch wird gerne die *Erfassung* der Kompetenz vermischt mit ihrer *Bewertung:* Im Kompetenzraster zum Kompetenzerwerb für die Unterrichtsreihe *Blut und Immunsystem* werden Kompetenzstufen gleich bewertet, ob sie den Mindestanforderungen entsprechen oder nicht.

Tabelle 29 Kompetenzraster für die Unterrichtsreihe *Blut und Immunsystem*[33] für den Kompetenzbereich *Fachwissen*. "Ich kann ...

Standard I (entspricht nicht den Anforderungen)	Standard II (entspricht den Mindestanforderungen)	Standard III (entspricht den Anforderungen in vollem Maße)
...das Blut als Organsystem wahrnehmen und die Funktionen des Blutes benennen.	...das Blut mit Hilfe der Bestandteile und den dazugehörigen Fachbegriffen als Organsystem wahrnehmen und die Funktionen mit Hilfe der unterschiedlichen Bestandteile des Blutes und deren Struktur erklären.	...das Blut mit Hilfe der Bestandteile und den dazugehörigen Fachbegriffen als Organsystem erklären. Ich kann die Wechselwirkung zwischen verschiedenen Einflussgrößen (bspw. O_2-Gehalt, Bakterien) und dem Blutsystem beschreiben und erklären. Hierbei kann ich die Funktionen der unterschiedlichen Bestandteile des Blutes mit Hilfe deren Struktur erklären.

Problematisch ist daran, dass die Schülerinnen und Schüler zum Beispiel bei der Selbsteinschätzung gleich merken, ob sie den Mindestanforderungen entsprechen oder nicht. Bei schwachen Schülern ist die Rückmeldung natürlich negativ. Genau dies sollte allerdings bei Kompetenzrastern vermieden werden und erst zum Beispiel Gegenstand eines Zielvereinbarungsgespräches werden. Problematisch ist auch, dass der Kompetenzbereich Fachwissen mit Indikatoren erfasst werden soll, dieser Stufe nicht entsprechen (wahrnehmen, erklären, ...). Besser wäre es gewesen, hier vom kognitiven Bereich zu sprechen, dann wäre diese Übersicht auch anschlussfähig an die Lernzieltaxonomie.

Es lassen sich weitere Beispiele für dieses Vorgehen finden, wobei oft auch die „Ich kann .."-Formulierung fehlt (z. B. beim Kompetenzraster des BA-

---

[33] http://www.europaschule-gladenbach.de/fileadmin/projekte/Bio_Kompetenz/ Anhang2.pdf

Studiums Logopädie der FH Nordwestschweiz oder beim Kompetenzraster Handarbeit St. Gallen[34]).

In einem Kompetenzraster zur Selbstkompetenz werden nicht zu erstreben-de, sondern zu vermeidende Kompetenzen erfasst: „Ich komme eher oft zu spät und habe mein Material ab und zu nicht vollständig dabei. Auch gibt es selbstverschuldete Absenzen."[35] Diese Kompetenz sei "ungenügend" - und wohl daher auch kaum anzustreben.

Auch gibt es Kompetenzraster, die gar keine Steigerung in den Kompeten-zen ausweisen, sondern nur der Systematisierung dienen, so z. B. das Kasse-ler Kompetenz-Raster des Instituts für Arbeitswissenschaft der Universität Kassel (Kauffeld, 2002).[36]

9.4   Kompetenzstufen

Neben der manchmal etwas wirren Verwendung des Kompetenzbegriffes bzw. des Kompetenzrasteransatzes sind viele Diskussionen kaum verbunden mit der Debatte über Bildungsstandards und mit dort verwendeten Kompe-tenzstufen.

So tauchen in der Literatur und auch der Schulpraxis zahlreiche Versuche auf, die Kompetenzstufen zu benennen. Diese Benennungen müssen nicht unbedingt schlecht sein, sie führen in ihrer Heterogenität aber dazu, dass das Gemeinsame aller Kompetenzrastermodelle verloren geht.

So liegt zum Beispiel ein Kompetenzrastermodell vor, das folgende Kompe-tenzstufen verwendet: Informieren, Planen, Entscheiden, Ausführen, Kon-trollieren und Bewerten.[37] Diese Abfolge klingt auf den ersten Blick ver-nünftig. Man muss sich allerdings fragen, warum man nicht gleich auf die

---

34 http://www.schule.sg.ch/home/volksschule/unterricht/beurteilung/foerdern_for-dern/instrumentenkoffer.Par.0003.DownloadListPar.0013.File.tmp/Kompetenz-raster%20Handarbeit.pdf (11.05.2011)

35 http://www.kslotten.ch/documents/Kompetenzraster%20zur%20Sozial-%20und %20Selbstkompetenz.pdf (11.05.2011)

36 http://www.exemplo.de/exemplo/Website_Produkte/Website_Nachtraege_050901 /der%20Einsatz%20des%20Kasseler%20Kompetenzrasters.pdf (11.05.2011)

37 Staatliches Studienseminar für das Lehramt an berufsbildenden Schulen (2006), S. 6

Abstufungen in der Lerntaxonomie von Bloom zurückgreift (vgl. Abschnitt 5.2).

Auch ist die Steigerung zwischen den Kompetenzstufen häufig nicht klar erkennbar. In einem Kompetenzraster *Handlungs- und Sachkompetenz* liegt z. B. die folgende Abstufung für die Teilkompetenz *Einbringen eigener Ideen, Materialien etc.* vor:[38]

1. Keinerlei eigene Ideen bzw. Materialien, lediglich passives Konsumieren erkennbar.
2. Noch geringer Eigenanteil an Ideen und Materialien.
3. Einbringen von eigenen Ideen und Materialien.
4. Regelmäßiges Einbringen von eigenen Ideen und Materialien.
5. Häufiges Einbringen von kreativen Ideen und Materialien

Stufe 3 ist die Wiederholung der Teilkompetenz selbst. Zudem ist dies eine reine quantitative Steigerung, die keines Kompetenzrasters bedarf. Man hätte dazu eine einfache Likert-Skalierung nehmen können (z. B. nie - selten - ... - sehr häufig), wie es Kempfert & Ludwig (2008, S. 102ff) gemacht haben. Allerdings wird bei diesen Verfahren nicht klar, was einem eigentlich noch fehlt, wenn man die nächste Stufe erreichen will.

Manche Kompetenzraster verwenden auch Stufen, die nicht trennscharf formuliert sind. Bastian, Combe & Langer (2007, S. 148) stellen ein Raster vor für Präsentationen mit folgenden Stufen für den *Einstieg* einer Präsentation:

- kein Einstieg erkennbar
- führt in das Thema ein
- erregt Aufmerksamkeit
- spannend und Neugier erregend.

Dies ist definitiv keine Stufung, sondern hier werden unterschiedliche Dimensionen nebeneinandergestellt. Man kann z. B. durchaus Aufmerksamkeit erregen, ohne in ein Thema einzuführen.

Zum Schluss dieses Abschnittes noch zwei kleine Hinweise:

---

38 http://www.georg-hipp-realschule.de/service/downloads /Kompetenzraster_Seminar.pdf

Auch andere Begriffe, die der Wissenschaft entnommen sind, werden häufig unüblich verwendet. So findet man zum Beispiel die Erläuterung der folgenden drei Begriffe:[39]:

- Personalisation: wahrnehmen, kennen, interpretieren
- Sozialisation: Fertigkeiten, die mit anderen erworben werden
- Enkulturation: In verschiedenen Situationen kompetent handeln

Unter populärwissenschaftlicher Perspektive mag diese definitorische Verzerrung noch erlaubt sein, unter wissenschaftlicher Perspektive handelt es sich hier schlicht um falsche Definitionen. Personalisation ist der Prozess der Entwicklung der individuellen Persönlichkeit. Sozialisation sind intentionale (Erziehung) und nicht-intentionale Lernprozesse, die weit mehr beinhalten als nur Fertigkeiten. Enkulturation ist ein Teilprozess der Sozialisation und umfasst das unbewusste Hereinwachsen in die jeweilige eigene Kultur.

Generell wird man sich fragen müssen, über welchen Zeitraum die Kompetenzraster strukturiert werden müssen. Nimmt man als Basis ein Schuljahr, dann sind die Aufteilung der Kompetenzen und ihre Steigerung auch für die Schülerinnen und Schüler gut nachvollziehbar. Nimmt man zum Beispiel vier Grundschuljahre, dann wird die Zahl der Kompetenzstufen konsequenterweise viel höher.[40] In den weiterführenden Schulen kann dies dann schnell zur Unübersichtlichkeit führen. Ein Ausweg wäre es nun, die Kompetenzraster selbst in einer Art Hierarchie zu bringen: In einer Matrix werden die groben Stufen über die gesamte Bildungslaufbahn festgelegt, wobei in jeder Zelle der Matrix zum Beispiel für jedes Schuljahr wiederum ein Kompetenzraster zu finden ist. Kompetenzraster wären dann fraktal aufgebaut (siehe dazu von Saldern, 2010, S. 72).

---

39 http://www.institut-beatenberg.ch/xs_daten/Materialien/anschluss_kompetenzraster.pdf
40 z. B. Kompetenzraster Mathematik der Waldschule (Grundschule) Flensburg mit 19 Stufen Stufenhttp://waldschule.lernnetz.de/paed-konzept/Kompetenzraster/KompetenzrasterMathe.pdf

9.5   Abgrenzung zur Bloomschen Lernzieltaxonomie

An einigen Stellen dieses Buches wird immer wieder auf die Lernzieltaxonomie verwiesen (z. B. Abschnitt 5.2.). Die Nähe des Kompetenzrasteransatzes zu diesem frühen Versuch, Lernziele qualitativ zu ordnen, ist unübersehbar.[41]

> „Die Kompetenzorientierung wird als „lernendenzentriert" der als „lehrendenzentriert" gekennzeichneten Lernzielorientierung gegenübergestellt, wodurch der Eindruck erweckt wird, die zuvor praktizierte Lernzielorientierung habe die Fähigkeiten und Kenntnisse der Schüler nicht berücksichtigt. Soll die jetzige Kompetenz- und damit Outputorientierung dies nun endlich in den Blick rücken?" (Rohrlack, 2008, S. 26)

Stellenweise wird sich sogar explizit auf die Lernzieltaxonomie bezogen. Dazu zählt zum Beispiel das Fortbildungsprojekt FINE des IQSH (Schleswig Holstein), die Lernziele im kognitiven Bereich für die eigenen Kompetenzraster heranzieht.[42] Auch die Hochschule für angewandte Wissenschaften in Zürich arbeitet mit Kompetenzrastern, die von der Bloomschen Taxonomie kaum zu unterscheiden sind.[43]

Das folgende Kompetenzraster (Tabelle 30) erinnert auch stark an die Bloomsche Taxonomie, wobei auch diese auf den ersten Blick nur den kognitiven Bereich abbildet, und dies ungenauer als von Bloom.[44] Schaut man genauer hin, dann werden kognitive und moralische Dimensionen miteinander vermengt (*Erklären* und *Verantwortung*).

Allerdings wird auch auf Unterschiede zwischen beiden Ansätzen hingewiesen:

> „An die Stelle der behavioristischen (performanzorientierten) Lernzielbeschreibungen, in denen eine semantisch möglichst eindeutige Angabe der beobachtbaren Elemente einer Verhaltensdisposition angestrebt wird, treten persönlichkeits- und handlungsorientierte (kompetenzorientierte) Zielsysteme, in denen auch strukturelle Wissensgrundlagen Orientierungspunkte sind, die nicht unmittelbar messbar sind." (Janneck, 2006, S. 5)

41 Zur Abgrenzung zu weiteren Begriffen siehe Rösch (2009)
42 "Entwurf: Andrea Schönberg (IQSH) in Anlehnung an die Taxonomie von B.Bloom"; Entnommen einer Präsentation des IQSH - ohne Jahreszahl und Autor
43 www.lsfm.zhaw.ch/fileadmin/user_upload/life_sciences/_Institute_und_Zentren/naturmanagement/geoinformatik/Lehre/Kompetenzraster_GIS_Advanced.pdf
44 groups.uni-paderborn.de/kool/iqhessen/downloads/ arbeitspapier-kompetenzraster.pdf (11.05.2011; © Marcel Gebbe, H.-Hugo Kremer)

Tabelle 30: Ein Kompetenzraster

	Fachkompetenz (Sache / Fach)	Sozialkompetenz (Gruppe)	Personalkompetenz (eigene Person)
Orientierungswissen (Kennen / Verstehen)			
Prozesswissen (Können / Verfahren)			
Verantwortungswissen (Erklären / Verantworten)			

Hinsichtlich der Schulleistungsfrage wird hier die problematische Annahme gemacht, dass Kompetenzraster Kompetenzen enthalten sollen, die nicht messbar sind. Wie sollte denn eine Schülerin oder ein Schüler im Zuge der Selbstbewertung oder eine Lehrkraft im Zuge der Fremdbewertung ein Urteil über das Erreichen von Kompetenzen fällen, die nicht messbar zu sein scheinen?

Bei dieser unmittelbaren Nähe der beiden Ansätze zueinander stellt sich die Frage, warum in zahlreichen Kompetenzrastern, in denen auf die Lernziel-taxonomie zurückgegriffen wird, diese nicht vollständig berücksichtigt wird: Neben dem kognitiven Bereich sind dort auch noch der psychomotorische, der affektive sowie der kommunikative Bereich enthalten. So stellt sich zum Beispiel die Frage, warum nicht z. B. in Bezug auf den Sportunterricht die Kompetenzrasteransätze auf die Erfahrungen in der Taxonomie zurückgreifen (siehe z. B. Kompetenzraster für den Sportunterricht der Stadt Zürich[45])

Will man die bisherigen Kritikpunkte streng zusammenfassen, dann muss man sich tatsächlich die Frage stellen, worin eigentlich der Fortschritt der Kompetenzstufen in den vorliegenden Kompetenzrastern im Vergleich zur Taxonomie zu sehen ist. In vielen Bereichen ist kein Fortschritt erkennbar, teilweise muss man sogar von Rückschritt sprechen.

Auch und gerade deshalb muss an dieser Stelle noch einmal erwähnt werden, dass die eigentliche Innovation nicht das Kompetenzraster selbst ist, sondern die pädagogischen und didaktischen Maßnahmen um das Kompe-

---

45 http://www.stadt-zuerich.ch/ssd/de/index/sport/schulsport/praxispool/kompetenz-raster.html (11.05.2011)

tenzraster herum, insbesondere die Erhöhung der Selbsttätigkeit des Schülers bzw. der Schülerin.

9.6 Empirieferne

Neue pädagogische Konzepte sind häufig auf der Basis von gebündelten pädagogischen Erfahrungen entstanden. Dieses Vorgehen, was gemeinhin als induktiv bezeichnet wird, ist zur Erkenntnisgenerierung zulässig, bedarf aber eines weiteren Schrittes: der empirischen Überprüfung der gemachten Annahmen. Um es kurz zu fassen: Dem Autor ist keine Studie bekannt, in der zum Beispiel experimentell überprüft wurde, ob Schüler, die mit dem Kompetenzraster arbeiten, erfolgreicher sind als Schüler, die herkömmlich unterrichtet und bewertet werden (was auch immer als herkömmlich bezeichnet werden soll). Zahlreiche Evaluationsberichte aus der Praxis weisen allerdings tatsächlich auf den Erfolg des Kompetenzrasteransatzes hin, aber saubere empirische Untersuchungen fehlen.

So sind es insbesondere ein paar Fragestellungen, die die Pädagogik immer wieder beschäftigen. Eine der zentralen Fragen ist, ob dieses Verfahren für alle Schülergruppen gleich wertvoll ist. Der häufige Bezug auf das Institut Beatenberg referiert auf eine Schülerpopulation, die man als hoch selektiv bezeichnen muss.[46] Die hohen Anforderungen im Bereich des selbstständigen Handelns führen automatisch zur Frage, ob dieses Arbeiten zum Beispiel für lernschwache Schülerinnen und Schüler oder von Kindern, die ADHS haben, oder für Hochbegabte usw. gleichermaßen zielführend ist.

Jatsch geht sogar so weit zu behaupten, dass auf den unteren Kompetenzstufen die Selbstständigkeit eher gering ausgeprägt ist (siehe Abbildung 34).

Neben dem noch nicht sauber durchdachten Zusammenhang zwischen Kompetenzstufen und Reflexionsfähigkeiten stellt sich insbesondere die Frage, ob dieser Ansatz für alle Schulstufen gleich umgesetzt werden kann. Hier fehlen noch klare systematische Analysen. Es deutet sich allerdings an, dass man den Kompetenzrasteransatz durchaus nicht starr und rigide für alle Schulstufen einsetzen sollte bzw. dieser Ansatz angepasst werden muss.

---

46 Privatinternat; ca. 56000 SFR Schulgeld, ca. 56 Schüler, ca. 25 Mitarbeiter

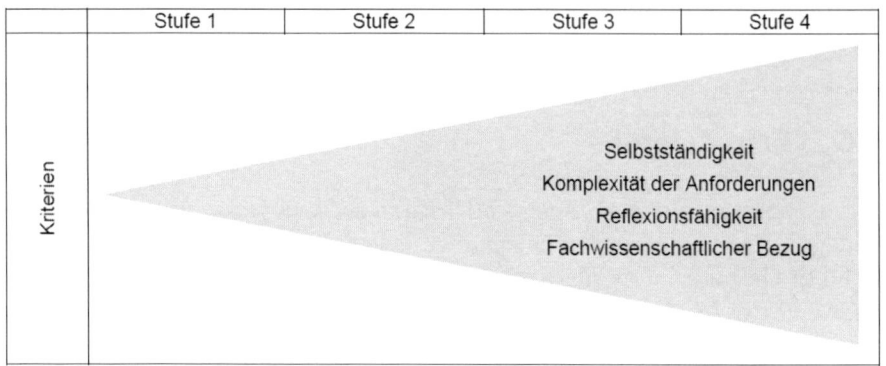

Abbildung 34: Zusammenhang von Kompetenzstufe und Selbstständigkeit etc.
(Jatsch, 2008, S. 48)

Das Hessische Kultusministerium legte 2007 eine Richtlinie vor, wie kompetenzorientierte Lernorganisationen eingeführt werden kann (Hessisches Kultusministerium, 2007, S. 87):

- Für den Bereich der Grundschule (bis hin zu den Jahrgangsstufen 5 und 6) ist nach diesem Konzept angedacht, dass Lehrer geleitete, regelmäßige Feedback-Reflexionsrunden am Ende einer Unterrichtseinheit mit den Schülerinnen und Schülern durchführen, wobei insbesondere die Schüler dahingehend angeleitet werden sollen, zu erkennen, welche Kompetenzen sie jetzt erworben haben.
- Auch in den Klassenstufen 5 und 6 ist dieser Prozess eher von der Lehrkraft angeleitet, wobei hier Lernlandschaften konzipiert werden sollen, die neben den Fachkompetenzen auch außerfachliche Kompetenzen enthalten sollen. Unterstützung bei der Selbstreflexion soll hier nicht nur am Ende einer Unterrichtseinheit erfolgen, sondern lernbegleitet. Ebenso wie in der Grundschule sind die Formulierungen zu beginnen mit „Ich kann ...".
- Erst in den Jahrgangsstufen 7 und 8 ist angedacht, den Kompetenzrasteransatz dargestellt konsequent durchzuführen, und gestufte Modelle als Grundlage der Lernbegleitung und der Selbstreflexion vorzugeben.
- In den Jahrgangsstufen 8 und 9 werden die Kompetenzraster *mit Markierungslinien* ausgestattet, bei denen die Abschlussbezogenheit deutlich wird. Ziel ist hierbei, das eigene Kompetenzrasterprofil mit dem objektiven Profil der einzelnen Schulabschlüsse zu vergleichen.

10   Fazit

Negt (1997, S. 15ff) kennzeichnete die Schule von heute als widersprüchlich und zum Zerreißen gedehnt. Sie sei daher komplett überfordert. Lässt
sich diese These vor dem Hintergrund der Leistungsdiskussion halten? Auf
der einen Seite stimmt die Beschreibung. So fasst z. B. Weinert (1998, S.
142) das Kernproblem unseres Schulsystems, die individuellen Lern- und
Leistungsunterschiede und die aktuellen Reaktionen wie folgt zusammen:

> „Da gibt es zum einen die traditionellen, teilweise zurecht umstrittenen Reaktions-
> formen der Benotung, der Zurückstellung vom Besuch der ersten Schulklasse, der
> Klassenwiederholung, der Umschulung und der Sonderbeschulung, die allesamt
> eine pädagogisch-psychologisch grobe differentielle Klassifikation der Schüler er-
> fordern und im Hinblick auf die Optimierung der individuellen Bildungsmöglich-
> keiten defizitär sind".

Auf der anderen Seite muss man allerdings festhalten, dass die Schule selbst
mögliche Freiräume nicht nutzt. Die Konferenzbeschlüsse bleiben häufig
ebenso hinter den rechtlichen Möglichkeiten zurück, wie die Entscheidungen der mit rechtlichen Kompetenzen immer stärker ausgestatteten Schul-
leitungen. Diese Beobachtung mindert nicht den Zweifel am unangemesse-
nen Eingreifen der Schulverwaltungen.

Die Beschulung unserer jungen Generation – und dies kann an der Leistungsbeurteilung besonders deutlich festgemacht werden – entspricht nicht
mehr den Anforderungen der Zukunft. Vor dem Hintergrund der Härte der
Auseinandersetzungen über den Standort Deutschland ist es erstaunlich,
dass die Verantwortlichen immer noch nicht wagen, das deutsche Schulsystem für die Bewältigung der Herausforderungen in diesem Jahrtausend umzubauen und zu verändern. Zu keinem Zeitpunkt waren die Analysen der
Wirtschaft (einmal abgesehen von ihrem langen Festhalten am mehrgliedri-
gen Schulsystem) und die Forderungen der Reformpädagogik einander näher als heute. Es herrscht in der bildungspolitischen Diskussion aber leider
keine klare Ziel-Mittel-Perspektive vor, sondern die Auseinandersetzung
wird von scheinbar gefestigten Vorurteilen und einer „Ruhe-an-der- Front-
Haltung" getragen, allerdings begleitet von einem politischen Aktionismus,
der Schulentwicklung vielfach zu einer Belastung werden lässt.

Um so wichtiger ist es zu vermerken, dass sich inzwischen eine ganze Reihe
von Schulen aufgemacht hat, alte Zöpfe abzuschneiden und neue Wege der
Leistungserfassung zu suchen. Der Kompetenzrasteransatz ist so ein Weg

und dazu vielversprechend, weil nicht die Leistungserfassung in den Mittelpunkt stellt, sondern pädagogische Aspekte zur Leitlinie des Handelns er-
hebt. Allerdings ist dieser Weg nicht einfach zu verfolgen, weil viele Betei-
ligte noch alte Bilder von Schule im Kopf haben. Zudem tun sich auch Probleme auf:

> „Der Kompetenz-Begriff steht für einen sinnvollen Paradigmenwechsel, bei dem
> das Lernen an den Bedürfnissen der Lernenden ausgerichtet wird. Er ist gefährdet
> durch seine unreflektierte und inflationäre begriffliche Verwendung, pauschale Ab-
> lehnung aufgrund von externer und interner Kritik und vor allem durch übertriebe-
> ne oder falsch ausgerichtete Evaluationen (Kayser, 2008, S. 16).

Mag sein, dass diese Analyse stimmt. Innovationen unterliegen anfangs häufig einem gewissen Durcheinander, das eine klare Linie vermissen lässt. Das
Problem bei der Implementation des Kompetenzrasteransatzes scheinen aber
eher die unterschiedlichen Auffassungen der beteiligten Interessengruppen
zu sein:

Die *Eltern* sind noch zur sehr davon geprägt, ihren Kindern den Lebensweg
zu bahnen (was ja an sich positiv zu werten ist) und deshalb die Schule so
zu nehmen, wie sie ist, manchmal sogar wider besseres Wissen. Eltern können dabei nur selten übersehen, wie sich die Herausforderungen in der Zukunft gestalten. Anders ist die noch vielfach verbreitete Bevorzugung von
Noten nicht zu erklären.

Die *Wirtschaft* hat sich zwar im Irrweg einer beschleunigten Bildungszeit
durchgesetzt, kommt aber in ihren Kompetenzforderungen reformpädagogischen Vorstellungen sehr nahe. Ihre Forderung nach mehr Transparenz für
das schulische Bewertungssystem geht vielfach weiter als die schulische
Praxis.

Die *Politiker* sind offenbar durch die Kürze einer Legislaturperiode gefan-
gen. Unmittelbar nach den Wahlen kommt es zu Veränderungen, danach
sollte Ruhe im Lande herrschen, um keine Wählerstimmen zu verlieren. Die
Schulen brauchen aber noch mehr Freiheiten, um sich auch im Bereich der
Leistungsmessung ihrer Schülerschaft anzupassen. Es fehlt nach wie vor der
Mut, das Schulsystem zielorientiert zu führen.

Die *Lehrkräfte* und *Schulleiter/-innen* hätten aus ihrer Erfahrung sicher einiges zur notwendigen Reform beizutragen. Denn sie sind die Einzigen, die
alltäglich die Friktionen zwischen Elternwunsch, Schülerbegabung und Beschäftigungssystem spüren. Aber auch hier gilt es, die nüchterne Analyse

zum Gegenstand ihrer eigenen Profession zu machen. Was fehlt, sind die Nutzung der inzwischen stellenweise gegebenen Freiheiten und die Infragestellung der eigenen in der Vergangenheit liegenden Schulerfahrung.

Die *Lehrerverbände* hängen oft veralteten Idealen nach, sei es eine bestimmte Schulform oder ein bestimmtes Fach, das für die Bildung als unbedingt notwendig erachtet wird. Dem Staat sollte nur ein Lehrerverband als Ansprechpartner gegenüberstehen, ebenso wie es nur einen Hauptpersonalrat für alle Lehrkräfte in einem Bundesland geben sollte. Dann würden manche Entscheidungen schneller gefällt werden können und die Lehrkräfte in der Bevölkerung als Einheit wahrgenommen werden.

Auch in der Lehrerbildung muss sich einiges ändern: Wenn ein Lehramtsstudent in der ersten Phase eine Einführung in den Kompetenzrasteransatz erfährt, und dies wenige Monate später in der zweiten Phase noch einmal geschieht, weil man nicht weiß, was an der Universität eigentlich gelehrt worden ist, dann ist das ein Armutszeugnis für die Lehrerbildung in Deutschland. Wenn Studierende lernen, in altersgemischten Kompetenzgruppen zu arbeiten, und sie in der zweiten Phase wieder in das veraltete Jahrgangsklassensystem sozialisiert werden, ist das ebenso bedauerlich. Solche Kuriositäten sind in unserem Bildungssystem zuhauf zu finden. Das Bildungssystem bedarf einer vorurteilsfreien und nüchternen Analyse, vor allem hinsichtlich eines Notensystems, das seit Jahrzehnten aller wissenschaftlichen Vernunft widerspricht.

Zuletzt sei noch auf einen wichtigen Punkt hingewiesen: Das Kompetenzraster hat auf der einen Seite den großen Vorteil, dass man Leistungsforderung und -messung, den Lernweg, die Rückmeldung usw. hoch individuell beschreiben und begleiten kann. Dies gelingt mit diesem Ansatz sehr viel besser als mit allen anderen Verfahren, die man bisher aus Leistungsrückmeldung und Leistungsmessung kennt. Eines darf dabei aber auf der anderen Seite nicht vergessen werden: In der Schule wie im Leben gibt es Leistungen, die nur gemeinschaftlich erbracht werden können. Dazu gehören Theaterstücke, das gemeinsame Musizieren und viele andere Dinge, die der Praktiker kennt. Diese wichtigen Formen des gemeinsamen Lernens und Arbeitens dürfen durch starke Individualisierung nicht in den Hintergrund treten.

11 Literatur

Aebli, H. (1989). Weisheit. Auch ein Ordnen d. Tuns? *Zeitschrift für Pädagogik, 35* (5), 605-620.

ARGE - Arbeitsgemeinschaft der Elternräte der Gesamtschulen in Hamburg. (1994). *Zensuren zensiert.* Hamburg: ARGE.

Arnold, K.-H. & Jürgens, E. (2001). *Schülerbeurteilung ohne Zensuren* (1. Aufl.). Neuwied: Luchterhand.

Arnold, R. & Müller, H. J. (1995). Berufsbildung: Betriebliche Berufsbildung, berufliche Schulen, Weiterbildung. In H.-H. Krüger & T. Rauschenbach (Hrsg.), *Einführung in die Arbeitsfelder der Erziehungswissenschaft* (S. 61–88). Opladen: Leske + Budrich.

Bastian, J. (2007). *Einführung in die Unterrichtsentwicklung.* Weinheim: Beltz.

Bastian, J., Combe, A. & Langer, R. (2007). *Feedback-Methoden: Erprobte Konzepte, evaluierte Erfahrungen.* Weinheim: Beltz.

Baumert, J. & Stanat, P. (2010). Internationale Schulleistungsvergleiche. In D. H. Rost (Hrsg.), *Handwörterbuch Pädagogische Psychologie.* 4., überarbeitete und erweiterte Aufl. (S. 324–335). Weinheim: Beltz.

Baumert, J., Stanat, P. & Watermann, R. (2006). *Herkunftsbedingte Disparitäten im Bildungswesen: Differenzielle Bildungsprozesse und Probleme der Verteilungsgerechtigkeit: Vertiefende Analysen im Rahmen von PISA 2000.* Wiesbaden: VS Verlag für Sozialwissenschaften.

Bayer, R. & Böhringer, J. (Hrsg.). (2009). *Lernen im Fokus der Kompetenzorientierung: Individuelles Fördern in der Schule durch Beobachten Beschreiben Bewerten Begleiten; Individuelles Fördern in der Schule.* Neue Lernkultur. Stuttgart: Landesinstitut für Schulentwicklung.

Bayer, R. & Fischer, R. (1993). Anregungen, Leistungsbeurteilung Grundschülern transparent zu machen. *Grundschulmagazin* (6), 57-60.

Becker, H. (1991). *Zensuren.* Heidelberg: C.F. Müller.

Becker, M. (2010). Wie lässt sich das in Domänen verborgene "Facharbeiterwissen" erschließen? In M. Becker, M. Fischer & G. Spöttl (Hrsg.), *Von der Arbeitsanalyse zur Diagnose beruflicher Kompetenzen. Methoden und methodologische Beiträge aus der Berufsbildungsforschung* (S. 54–65). Frankfurt am Main: Lang.

Benner, D. (1991). *Hauptströmungen der Erziehungswissenschaft.* Weinheim: Deutscher Studien Verlag.

Berkemann, J. (1989). Pädagogische Maßstäbe in der gerichtlichen Kontrolle schulischer Leistungen. *Zeitschrift für Pädagogik, 35* (4), 535-548.

Bernfeld, S. (1973). *Sysphos oder die Grenzen der Erziehung.* Frankfurt: Suhrkamp.

Betz, D. & Breuninger, H. (1993). *Teufelskreis Lernstörungen.* Weinheim: Beltz.

Beutel, S.-I. (2003). *Beurteilung des Arbeits- und Sozialverhaltens.* Hamburg: Freie und Hansestadt Hamburg, Behörde für Bildung und Sport, Amt für Bildung.

Bildungskommission NRW. (1995). *Zukunft der Bildung - Schule der Zukunft.* Neuwied: Luchterhand.

Black, P. & Wiliam, D. (1998). *Inside the Blackbox - Raising standards through class-room assessment.* London: King's College.

Blankertz, H. (1975). *Theorien und Modelle der Didaktik.* München: Juventa.

Boenicke, R., Gerstner, H.-P. & Tschira, A. (2004). *Lernen und Leistung: Vom Sinn und Unsinn heutiger Schulsysteme.* Darmstadt: Wissenschaftliche Buchgesellschaft.

Bohl, T. (2005). *Leistungsbeurteilung in der Reformpädagogik: Analyse und Gehalt der Beurteilungskonzeptionen.* Weinheim: Beltz.

Bohl, T. (2009). *Prüfen und Bewerten im offenen Unterricht* (4., neu ausgestattete Aufl.). Weinheim: Beltz.

Bolte, K.-M. (1979). *Leistung und Leistungsprinzip.* Opladen: Leske.

Böttcher, W., Brosch, U. & Schneider-Petri, H. (1999). *Leistungsbewertung in der Grundschule.* Weinheim: Beltz.

Broadfoot, P. (2009). Time for a Scientific Revolution? From Comparative Education to Comparative Learnology. In R. Cowen & A. M. Kazamias (Hrsg.), *International Handbook of Comparative Education* (S. 1249–1266). Dordrecht: Springer Netherlands.

Büeler, X. (1996). Prozeß oder Produkt? Grundprobleme bei der Erfassung und Beschreibung von Schulqualität. *Bildung und Erziehung, 49* (2), 135-154.

Buschbeck, H. (1989). Beobachten-Beurteilen. *Grundschule* (3), 39-41.

Deutsches Institut für wissenschaftliche Pädagogik. (1953). *Lexikon der Pädagogik.* Freiburg: Herder.

Di Fuccia, D.-S. (2007). *Schülerexperimente als Instrument der Leistungs-beurteilung.* Berlin: Uni-Edition.

Dietrichs, E. (1993). Beginnt der Ernst des Lebens mit dem Zeugnis? *Grundschule* (1), 49-54.

Dosenbach, F. H., Faix, W. G., Hofmann, L. & Stulle, P. K. (1993). *Bildungskrise? Bildungskrise!* Köln: Deutscher Instituts-Verlag.

Ebbinghaus, M. (1999). *Wie aussagekräftig sind Untersuchungen zum Leistungsniveau von Ausbildungsanfängern? Eine methodenkritische Betrach-tung ausgewählter Untersuchungen.* Bielefeld: Bertelsmann.

Einsiedler, W. (1998). *Bildung grundlegen und Leisten lernen in der Grundschule.* Erlangen: Universität.

Erpenbeck, J. (2010). Kompetenzen - eine begriffliche Klärung. In V. Heyse, J. Erpenbeck & S. Ortmann (Hrsg.), *Grundstrukturen menschlicher Kompetenzen: Praxiserprobte Konzepte und Instrumente* (S. 13–20). Münster:Waxmann.

Europäische Gemeinschaften - Kommission. (1994). *Die Bekämpfung des Schulversagens: eine Herausforderung an ein vereintes Europa.* Luxemburg: Amt für Veröffentlichungen der Europäischen Gemeinschaften.

Fasholz, J. (1997). Anforderungen an eine allgemeine technische Bildung aus Sicht der Wirtschaft. In H.-H. Krüger (Hrsg.), *Bildung zwischen Staat und Markt.* (S. 551–562). Opladen: Leske + Budrich.

Fast, L. & Klein, H. (1998). *Notengebung - Beispiel Technikunterricht.* Bad Heilbrunn: Klinkhardt.

Fauser, P. & Schweitzer, F. (1981). Pädagogische Vernunft als Systemrationalität. *Zeitschrift für Pädagogik, 27* (5), 795-809.

Feiks, D. & Krauß, E. (1992). Schulleistung - Neubestimmung eines Begriffs. *Lehren und lernen* (11), 1-24.

Fiegert, M. (2001). Der Leistungsbegriff in historisch-systematischer Perspektive. In C. Solzbacher & C. Freitag (Hrsg.), *Anpassen, verändern, abschaffen? Schulische Leistungsbewertung in der Diskussion* (S. 19–38). Bad Heilbrunn: Klinkhardt.

Fink, M. C. (2010). Lernkultur und reflexives Lernen - Das didaktische Potenzial der ePortfolio-Arbeit zur Förderung von Reflexivität im Lernen. In O. Hartung, M. C. Fink, P. Gansen, R. Priore & I. Steininger (Hrsg.), *Lernen und Kultur. Kulturwissenschaftliche Perspektiven in den Bildungswissenschaften* (S. 49–65). Wiesbaden: VS Verlag für Sozialwissenschaften.

Fischer, F. & Mandell, A. (2009). Die verborgene Physik des impliziten Wissens: Michael Polanyis Republik der Wissenschaft. *Leviathan, 37,* 533-557.

Fischer, M. (2006). Arbeitsprozesswissen als zentraler Gegenstand einer dömänenspezifischen Qualifikations- und Curriculumforschung. In G. Pätzold & F. Rauner (Hrsg.), *Qualifikationsforschung und Curriculumentwicklung* (S. 75–94). Stuttgart: Steiner.

Fischer, M. (2010). Kompetenzmodellierung und Kompetenzdiagnostik in der beruflichen Bildung - Probleme und Perspektiven. In M. Becker, M. Fischer & G. Spöttl (Hrsg.), *Von der Arbeitsanalyse zur Diagnose beruflicher Kompetenzen. Methoden und methodologische Beiträge aus der Berufsbildungsforschung* (S. 141–158). Frankfurt am Main: Lang.

Frederking, V. (2008). *Schwer messbare Kompetenzen: Herausforderungen für die empirische Fachdidaktik: Herausforderungen für die empirische Fachdidaktik.* Baltmannsweiler: Schneider.

Gessler, M. & Uhlig-Schoenian, J. (2007). *Projektmanagement macht Schule: Selbstorganisiertes Lernen und Arbeiten mit Plan - ein handlungsorientierter Leitfaden für den Unterricht in der Sekundarstufe II.* Norderstedt: Books on Demand.

Goetsch, K. (1990). Offene Lernprozesse bewerten? *Pädagogik* (6), 26-30.

Grunder, H.-U. & Bohl, T. (2004). *Neue Formen der Leistungsbeurteilung in den Sekundarstufen I und II* (2. Aufl.). Baltmannsweiler: Schneider.

Grünig, B., Kaiser, G., Kreitz, R., Rauschenberger, H. & Rinninsland, K. (1999). *Leistung und Kontrolle: Die Entwicklung von Zensurengebung und Leistungsmessung in der Schule.* Weinheim: Juventa.

Gschwendtner, T., Geißel, B. & Nickolaus, R. (2010). Modellierung beruflicher Fachkompetenz in der gewerblich-technischen Grundbildung. In E. Klieme, D. Leutner & M. Kenk (Hrsg.), *Kompetenzmodellierung. Zwischenbilanz des DFG-Schwerpunktprogramms und Perspektiven des Forschungsansatzes* (S. 258–269). Weinheim: Beltz.

Haarmann, D. (Hrsg.). (1997). *Handbuch Elementare Schulpädagogik*. Weinheim: Beltz.

Haarmann, D. (Hrsg.). (1998). *Wörterbuch Neue Schule: Stichworte zur aktuellen Reformdiskussion*. Weinheim: Beltz.

Haasler, B. (2006). Das praktische Wissen als Gegenstand der Qualifikationsforschung - Ergebnisse einer empirischen Untersuchung fertigungstechnischer Facharbeit. In G. Pätzold & F. Rauner (Hrsg.), *Qualifikationsforschung und Curriculumentwicklung* (S. 167–182). Stuttgart: Steiner.

Hansel, T. (1991). Zum Verständnis der Grundschule als Leistungsschule. *Lehrer Journal* (5), 4-7.

Harlen, W. & Deakin Crick, R. (2003). Testing and motivation for learning. In: Assessment in Education, *10* (2), 169-208.

Harney, K. (1995). Betrieb. In H.-H. Krüger & W. Helsper (Hrsg.), *Einführung in Grundbegriffe und Grundfragen der Erziehungswissenschaft* (S. 187–194). Opladen: Leske + Budrich.

Heldmann, W. (1987). *Studierfähigkeit durch berufliche Ausbildung? Sinn und Ziel wissenschaftspropädeutischer Grundbildung*. Krefeld

Heller, K. A. (1998). Förderung von Hochbegabten. In Bayerisches Staatsministerium für Unterricht usw. (Hrsg.), *Wissen und Werte für die Welt von morgen* (S. 191–212). München.

Heller, K. A. & Hany, E. A. (1996). Psychologische Modelle der Hochbegabtenförderung. In F. E. Weinert, N. Birbaumer & C. F. Graumann (Hrsg.), *Psychologie des Lernens und der Instruktion* (S. 477–513). Göttingen: Hogrefe.

Helmke, A. (1997). Individuelle Bedingungsfaktoren der Schulleistung: Ergebnisse aus dem SCHOLASTIK-Projekt. In F. E. Weinert & A. Helmke (Hrsg.), *Entwicklung im Grundschulalter* (S. 203–216). Weinheim: Beltz.

Helmke, A., Hosenfeld, I., Scherthan, F. & Wagner, S. (2004). *Projekt Vergleichsarbeiten (VERA): Kurzbericht über Ergebnisse der Zentralstichprobe in Rheinland-Pfalz 2003*. Universität Koblenz-Landau.

Hensge, K., Lorig, B. & Schreiber, D. (2008). Ein Modell zur Gestaltung kompetenzbasierter Ausbildungsordnungen. *Berufsbildung in Wissenschaft und Praxis, 37* (4), 18-21.

Herz, O. (1997, 22. November). Wer gegen Noten ist, ist nicht gegen Anstrengung: Eine Replik auf die Rede von Bundespräsident Roman Herzog zur Bildungspolitik. *Frankfurter Rundschau, 272,* S. 14.

Hessisches Kultusministerium. (2007). *Individuelle Lernpläne und kompetenzorientiertes Unterrichten*. Wiesbaden.

Heymann, H. W. (1996). *Allgemeinbildung und Mathematik*. Weinheim: Beltz.

Hilger, H. (1978). Schüler beobachten Unterricht. *Grundschule, 10* (5), 201-202.

Hintz, D., Pöppel, G. & Rekus, J. (1995). *Neues schulpädagogisches Wörterbuch.* Weinheim: Juventa.

Hoffmann, S. (2007). *„Kompetenzlernen" im Mathematikunterricht – Verbesserung mathematischer Kompetenzen durch individualisiertes und selbstverantwortetes Lernen: Hausarbeit im Rahmen der Zweiten Staatsprüfung für das Lehramt an Beruflichen Schulen.* Verfügbar unter: http://www.li-hamburg.de/fix/files/doc/ Hausarbeit%20Steffen%20Hoffmann%20ohne%20Bilder.2.pdf [7.5.2011].

Hondrich, K. O. (1998). Vom Wert der Arbeit - und der Arbeitslosigkeit. *Zeitschrift für Erziehungswissenschaft, 1* (4), 493-500.

Hondrich, K. O., Schumacher, J., Arzberger, K., Schlie, F. & Stegbauer, C. (Hrsg.). (1988). *Krise der Leistungsgesellschaft?* Opladen: Westdeutscher Verlag.

Hoppe, A. (2001). *Bewerten als Prozess: Dialog zwischen Selbst- und Fremdeinschätzung.* Braunschweig: Westermann.

Hopperdietzel, H. (2005). *Kognitive Leistungsdifferenzen nach frontal- und gruppenorientierten Unterrichtssequenzen.* Dissertation. Universität Erlangen-Nürnberg.

Huber, L. (1994). Nur allgemeine Studierfähigkeit oder doch allgemeine Bildung? In K. Ermert (Hrsg.), *Abitur - Hochschulreife - Studierfähigkeit* (S. 53–72). Loccum: Evangelische Akademie.

Huizinga, J. (2006). *Homo ludens: Vom Ursprung der Kultur im Spiel* (20. Aufl.). Rororo. Reinbek bei Hamburg: Rowohlt.

Ingenkamp, K. (1969). *Zur Problematik der Jahrgangsklasse.* Weinheim: Beltz.

Ingenkamp, K. (1986). Zur Diskussion über die Leistungen unserer Berufs- und Studienanfänger. *Zeitschrift für Pädagogik, 32,* 1-29.

Ingenkamp, K. & Schreiber, W. S. (Hrsg.). (1989). *Was wissen unsere Schüler? Überregionale Lernerfolgsmessung aus internationaler Sicht.* Weinheim: Deutscher Studien Verlag.

Ingenkamp, K. L. U. (2005). *Lehrbuch der Pädagogischen Diagnostik.* Weinheim: Beltz.

Janneck, M. (2006). *Wie eignen sich Kompetenzraster zur Unterstützung des Wissenserwerbs im Informatikunterricht?* Hausarbeit zur Zweiten Staatsprüfung für das Lehramt an Gymnasien, Universität Hamburg.

Jatsch, V. Kompetenzraster als Unterrichtshilfe. *Betrifft: Lehrerausbildung und Schule, 2008* (2), 42-49.

Jeker, R. A. (1986). Erwartungen an die Schule aus der Sicht der Wirtschaft. In Freies Gymnasium Basel (Hrsg.), *Pädagogische Denkanstöße* . Basel.

Jude, N. (Hrsg.). (2009). *Kompetenzerfassung in pädagogischen Handlungsfeldern: Theorien, Konzepte und Methoden* (Nachdruck 2009). Bildung - Ideen zünden! Bonn, Berlin: BMBF.

Jürgens, E. (2005). *Leistung und Beurteilung in der Schule: Eine Einführung in Leistungs- und Bewertungsfragen aus pädagogischer Sicht* (6., aktualisierte und stark erw. Aufl.). Sankt Augustin: Academia.

Kalthoff, H. (1996). Das Zensurenpanoptikum: Eine ethnographische Studie zur schulischen Bewertungspraxis. *Zeitschrift für Soziologie* (25), 106-124.

Kämper-van den Boogaart, M. (2008). Ganz auf Kompetenzen orientiert? *Betrifft: Lehrerausbildung und Schule* (2), 6-9.

Kant, I. (1784). Beantwortung der Frage Was ist Aufklärung? *Berlinische Monatsschrift,* 481-494.

Kauffeld, S. (2002). Das Kasseler-Kompetenz-Raster - ein Beitrag zur Kompetenzmessung. In U. Clement & R. Arnold (Hrsg.), *Kompetenzentwicklung in der beruflichen Bildung* (S. 131–152). Opladen: Leske + Budrich.

Kayser, J. (2008). Der Umgang mit dem Kompetenzbegriff. *Betrifft: Lehrerausbildung und Schule* (2), 10-17.

Kazemzadeh, F., Minks & Nigmann. (1987). *Studierfähigkeit - Eine Untersuchung des Übergangs vom Gymnasium zur Universität.* Hannover: HIS.

Kempfert, G. & Ludwig, M. (2008). *Kollegiale Unterrichtsbesuche.* Weinheim: Beltz.

Kirk, S. (2004). *Beurteilung mündlicher Leistungen: Pädagogische, psychologische, didaktische und schulrechtliche Aspekte der mündlichen Leistungsbeurteilung.* Bad Heilbrunn: Klinkhardt.

Kirschner, G. (1993). Kinder wollen Zeugnisse - wollen Kinder Noten? *Humane Schule, 20,* 9.

Klafki, W. (1959). Kategoriale Bildung: Zur bildungstheoretischen Deutung der modernen Didaktik. *Zeitschrift für Pädagogik, 5,* 386-412.

Klafki, W. (1963). *Studien zur Bildungstheorie und Didaktik.* Weinheim: Beltz.

Klafki, W. (1974). Sinn und Unsinn des Leistungsprinzips in der Erziehung. In A. Gehlen (Hrsg.), *Sinn und Unsinn des Leistungsprinzips. Ein Symposion* (S. 73–110). München: Deutscher Taschebuch Verlag.

Klafki, W. (1986). Die bildungstheoretische Didaktik. In H. Gudjons & R. Winkel (Hrsg.), *Didaktische Theorien* (S. 10–27). Hamburg: Bergmann+Helbig.

Klafki, W. (1991). *Neue Studien zur Bildungstheorie und Didaktik.* Weinheim: Beltz.

Kleber, E. W. (1992). *Diagnostik in pädagogischen Handlungsfeldern: Einführung in Bewertung, Beurteilung, Diagnose und Evaluation.* Grundlagentexte Pädagogik. Weinheim: Juventa.

Klein, H. (2009). *Transparente Leistungsbewertung und Zensurengebung in der Sekundarstufe I: umfassend, praxisorientiert, fair.* Baltmannsweiler: Schneider.

Kleinert, H. et. al. (1951). *Lexikon der Pädagogik (Stichwort: Klassenbestand).* Bern: Francke.

Kleinschmidt, G. (1993). Zum Wandel der Leistungsanforderungen in der Grundschule in den Jahren 1971-1991. *Schulverwaltung* (9), 163-165.

Knigge, A. von. (1804). *Über den Umgang mit Menschen* (8., verb. Aufl.). Hannover: Ritscher.

Kohls, E. (1990). Weg von der vergleichenden Leistungsmessung, hin zur individuellen Leistungsbeachtung. *Die Grundschulzeitschrift* (37), 43-47.

Kommission 'Anwalt des Kindes'. (1978). *Empfehlungen der Kommission 'Anwalt des Kindes'.* Stuttgart: GEW Landesverband Baden-Württemberg.

Konegen-Grenier, C. (Hrsg.). (2002). *Studierfähigkeit und Hochschulzugang.* Kölner Texte & Thesen. Köln: Deutscher Instituts-Verlag.

Krichbaum, G. (1993). Leistungsbewertung. In D. H. Heckt & U. Sandfuchs (Hrsg.), *Grundschule von A bis Z* (S. 151–152). Braunschweig: Westermann. (S. 151–152).

Krumm, V. (1974). Leistung - Schulleistung - Schulleistungsmessung. In C. Wulf (Hrsg.), *Wörterbuch der Erziehung* (S. 382–389). München: Piper.

Krumm, V. (2010). Elternhaus und Schule. In D. H. Rost (Hrsg.), *Handwörterbuch Pädagogische Psychologie.* 4., überarbeitete und erweiterte Aufl. (S. 116–124). Weinheim: Beltz.

Labuhn, A. S. (2008). *Förderung selbstregulierten Lernens im Unterricht.* Dissertation, Georg-August-Universität. Göttingen

Lange, H. (1994). Das Personal ist unser Kapital. Personalentwicklung in Schule und Schulverwaltung. *Pädagogik, 46* (5), 16-18, 20-21.

Lenk, H. (1976). *Sozialphilosophie des Leistungshandelns.* Stuttgart: Kohlhammer.

Lenzen, D. & Luhmann, N. (1997). *Bildung und Weiterbildung im Erziehungssystem.* Frankfurt: Suhrkamp.

Lersch, R. (1993). Grundschule ohne Not(en)? *Wissenschaft und Praxis* (12).

Lersch, R. (2007). Kompetenzfördernd unterrichten: 22 Schritte von der Theorie zur Praxis. *Pädagogik,* 36-43.

Linke, J. (1999). Der Ruf nach Leistung. *Die Deutsche Schule, 91* (2), 210-217.

Lissmann, U. (1997). *Probleme und Möglichkeiten der Schülerbeurteilung.* Landau: Verlag Empirische Pädagogik.

Lübke, S.-I. (1996). *Schule ohne Noten.* Opladen: Leske + Budrich.

Luhmann, N. (1991). Das Kind als Medium der Erziehung. *Zeitschrift für Pädagogik, 37,* 19-40.

Luhmann, N. (1996). Takt und Zensur im Erziehungssystem. In N. Luhmann & K. E. K.E. Schorr (Hrsg.), *Zwischen System und Umwelt* (S. 279–294). Frankfurt: Suhrkamp.

Luhmann, N. & Schorr, K. E. (1979). Das Technologiedefizit der Erziehung und die Pädagogik. *Zeitschrift für Pädagogik, 25,* 345-365.

Luhmann, N. & Schorr, K. E. (1999). *Reflexionsprobleme im Erziehungssystem* (2. Aufl.). Suhrkamp-Taschenbuch Wissenschaft: Bd. 740. Frankfurt am Main: Suhrkamp.

Lütgert, W. (1992). Die Fragwürdigkeit der Zensurengebung und die "Berichte zum Lernvorgang" der Bielefelder Laborschule. *Die Neue Sammlung* (32), 387-404.

Mahnke, U. (1996). Leistungsbewertung im integrativen Unterricht: Zwischen pädagogischem Anspruch und gesellschaftlichem Auftrag? *Pädagogik und Schulalltag, 1* (51), 42-53.

Marek, R. (2009). *Naturwissenschaftliches Lernen in der Sek. I: Das Beispiel Erich Kästner-Gesamtschule.* Individualisierter Unterricht in naturwissenschaftlichen Fächern. Hamburg: LI.

Martin, C. (2007). Kompetenzraster aus dem schweizerischen Institut Beatenberg - eine Option für berufliche Schulen in Deutschland? *Berufs- und Wirtschaftspädagogik Online, 13*

Merziger, P. & Schnack, J. (2005). Mit Kompetenzrastern selbständiges Lernen fördern. *Pädagogik* (3), 20-24.

Müller, A. (2003a). *Jeder Schritt ein Fort-Schritt,* Institut Beatenberg. Verfügbar unter: http://www.institut-beatenberg.ch/xs_daten/Materialien/Artikel/ artikel_referenzieren.pdf [7.5.2011].

Müller, A. (2003b). *Sich den Erfolg organisieren,* Institut Beatenberg. Verfügbar unter: http://www.institut-beatenberg.ch/xs_daten/Materialien/Artikel /artikel_layout.pdf [7.5.2011].

Müller, S. (1996). *Schulentwicklung und Schülerpartizipation: Möglichkeiten der Beteiligung von Schülerinnen und Schülern an innerschulischen Innovationsprozessen ; untersucht am Fallbeispiel der Hauptschule E.* Neuwied: Luchterhand.

Negt, O. (1997). *Kindheit und Schule in einer Welt der Umbrüche.* Göttingen: Steidl.

Neuweg, G. H. (2004). *Könnerschaft und implizites Wissen: Zur lehr-lerntheoretischen Bedeutung der Erkenntnis- und Wissenstheorie Michael Polanyis* (3. Aufl.). Internationale Hochschulschriften. Münster: Waxmann.

Neuweg, G. H. (2009). *Schulische Leistungsbeurteilung: Rechtliche Grundlagen und pädagogische Hilfestellungen für die Schulpraxis* (4. Aufl.). Schulpraxis. Linz: Trauner.

OECD (2005). *Formative assessment: Improving learning in secondary classrooms.* Verfügbar unter: http://www.sourceoecd.org/9264007393.

OECD (Hrsg.). (2009). *Mehr Ungleichheit trotz Wachstum?: Einkommensverteilung und Armut in OECD-Ländern* (1. Aufl.). Paris: OECD.

Oerter, R. (1998a). Kultur, Ökologie und Entwicklung. In R. Oerter & L. Montada (Hrsg.), *Entwicklungspsychologie* (S. 84–127). Weinheim: Psychologie Verlags Union.

Oerter, R. (1998b). Motivation und Handlungssteuerung. In R. Oerter & L. Montada (Hrsg.), *Entwicklungspsychologie* (S. 758–822). Weinheim: Psychologie Verlags Union.

Paradies, L., Linser, H. J. & Greving, J. (2009). *Diagnostizieren, Fordern und Fördern* (3. Aufl.). Berlin: Cornelsen Scriptor.

Paradies, L., Wester, F. & Greving, J. (2005). *Leistungmessung und -bewertung.* Berlin: Cornelson.

Peez, G. (2008). *Beurteilen und Bewerten im Kunstunterricht: Modelle und Unterrichtsbeispiele zur Leistungsmessung und Selbstbewertung* (1. Aufl.). Seelze-Velber: Kallmeyer.

Perrenoud, P. (1984). *La fabrication de l'excellence scolaire.* Genf: Droz.

Perspektive Deutschland. (2006). *Projektbericht Perspektive-Deutschland 2005/06: Die größte gesellschaftspolitische Online-Umfrage* (1. Aufl.). Düsseldorf: McKinsey.

Piel, E. (1995). …wichtig ist, was oben rauskommt. *GEO-Wissen*, 75-80.

Plaimauer, C., Leeb, J. & Zwicker, T. (2007). *Schule ohne Noten in der Sekundarstufe I : Leistungsbeurteilung am Prüfstand: Leistungsbeurteilung am Prüfstand* (1. Aufl.). Schriften der pädagogischen Akademie des Bundes in Oberösterreich: Bd. 42. Linz: Trauner.

Polanyi, M. (1990). *Implizites Wissen*. Frankfurt am Main: Suhrkamp.

Polanyi, M. (2009). *Personal knowledge: Towards a post-critical philosophy* [Nachdr.]. Chicago: Univ. of Chicago Press.

Portmann, R. (1997). Schülerinnen und Schüler beobachten und beurteilen. In D. Haarmann (Hrsg.), *Handbuch Elementare Schulpädagogik* (S. 225–249). Weinheim: Beltz.

Rauner, F. (2007). Praktisches Wissen und berufliche Handlungskompetenz. *Europäische Zeitschrift für Berufsbildung* (40), 57-72.

Rebitzki, M. (2003). *Noten: kein Grund zur Panik : Leistungsbeurteilungen sinnvoll nutzen: Kein Grund zur Panik; Leistungsbeurteilungen sinnvoll nutzen*. Berlin: Cornelsen Scriptor.

Reichel, H. (1993). Leistung in der Schule. Bad Kreuznach: PZ.

Reisinger, C.-M. (2007). *Unterrichtsdifferenzierung*. Schulpädagogik und pädagogische Psychologie: Bd. 5. Wien: Lit.

Reusser, K. & Stebler, R. (1999). Authentizität bei der Beurteilung von Fachleistungen und Lernkompetenzen. *Beiträge zur Lehrerbildung, 17* (1), 10-23.

Rheinberg, F. & Fries, S. (2010). Bezugsnormorientierung. In D. H. Rost (Hrsg.), *Handwörterbuch Pädagogische Psychologie*. 4., überarbeitete und erweiterte Aufl. (S. 61–67). Weinheim: Beltz.

Richter, V. (2009). *Beobachtet und bewertet werden: Leistungsangst aus evolutionärer Perspektive*. Berlin: Lit.

Rohrlack, K. (2008). Des Kaisers neue Kleider? *Betrifft: Lehrerausbildung und Schule* (2), 25-27.

Roloff, E. M. (1913). *Lexikon der Pädagogik*. Freiburg: Herder.

Rösch, A. (2009). *Kompetenzorientierung im Philosophie- und Ethikunterricht: Entwicklung eines Kompetenzmodells für die Fächergruppe Philosophie, Praktische Philosophie, Ethik, Werte und Normen, LER:* Lit Verlag.

Rost, D. H. & Buch, S. R. (2010). Hochbegabung. In D. H. Rost (Hrsg.), *Handwörterbuch Pädagogische Psychologie*. 4., überarbeitete und erweiterte Aufl. (S. 257–272). Weinheim: Beltz.

Ryle, G. (1997). *Der Begriff des Geistes*. Universal-Bibliothek: Bd. 8331. Stuttgart: Reclam.

Sacher, W. (1992). *Schulleistung: Forderung, Überprüfung, Beurteilung*. Dillingen: Akademie für Lehrerfortbildung.

Sacher, W. & Rademacher, S. (2009). *Leistungen entwickeln, überprüfen und beurteilen: Bewährte und neue Wege für die Primar- und Sekundarstufe* (5., überarb. und erw. Aufl.). Bad Heilbrunn: Klinkhardt.

Sander, F. (1889). *Lexikon der Pädagogik*. Breslau: Hirt.

Schäfer, A. (1996). Zur relativen Autonomie des pädagogischen Wirklichkeitszuganges. In N. Luhmann & K. E. Schorr (Hrsg.), *Zwischen System und Umwelt* (S. 75–109). Frankfurt: Suhrkamp.

Scheiflinger, W. (1999). *Probleme der Lernerfolgsfeststellung: Wie kann Schulstress abgebaut, Lernfreude verstärkt und die Leistungsbeurteilung objektiviert werden?* Graz: Zentrum für Schulentwicklung.

Schiefele, U., Pekrun, R. (1996). Emotions- und motivationspsychologische Bedingungen der Lernleistung. In F. E. Weinert, N. Birbaumer & C. F. Graumann (Hrsg.), *Psychologie des Lernens und der Instruktion* (S. 153–180). Göttingen: Hogrefe.

Schilmöller, R. (1990). Leistung und Leistungsbeurteilung in der Schule: Pädagogischer Sinn und gesellschaftliche Notwendigkeit. *ForumE* (10), 10-17.

Schilmöller, R. (1998). Bildung und Leistung - Leistungsbeurteilung und bildender Unterricht. In J. Rekus (Hrsg.), *Grundfragen des Unterrichts. Bildung und Erziehung in der Schule der Zukunft* (S. 63–82). Weinheim: Juventa.

Schlie, F. & Stegbauer, C. (1988). Leistungsniveau und Leistungsbereitschaft in der Arbeitswelt. In K. O. Hondrich, J. Schumacher, K. Arzberger, F. Schlie & C. Stegbauer (Hrsg.), *Krise der Leistungsgesellschaft?* (S. 100–170). Opladen: Westdeutscher Verlag.

Schmid, W. (1997). Klugheit. *Information Philosophie* (3), 28-33.

Scholz, I. & Weber, K.-C. (2010). *Denn sie wissen, was sie können: Kompetenzorientierte und differenzierte Erhebung, Beurteilung und Bewertung von Schülerleistungen im Lateinunterricht* (1. Aufl.). Göttingen: Vandenhoeck & Ruprecht.

Schorr, K. E. (1979). Wissenschaftstheorie und Reflexion im Erziehungssystem. *Zeitschrift für Pädagogik, 25* (6), 883-891.

Schrader, F.-W. (1997). Lern- und Leistungsdiagnostik. In F. E. Weinert (Hrsg.), *Psychologie des Unterrichts und der Schule* (Enzyklopädie der Psychologie, S. 659–700). Göttingen.

Schröder, H. (1991). *Leistung in der Schule*. München: Arndt.

Schuler, H. (2010). Noten und Studien- und Berufserfolg. In D. H. Rost (Hrsg.), *Handwörterbuch Pädagogische Psychologie*. 4., überarbeitete und erweiterte Aufl. (S. 599–606). Weinheim: Beltz.

Schwark, W., Weiß, W. W. & Regelein, S. (1986). *Beurteilen und Benoten in der Grundschule*. München: Ehrenwirth.

Schweer, M. K. W. (2006). *Bildung und Vertrauen*. Frankfurt am Main: Lang.

Sevsay-Tegethoff, N. (2007). *Bildung und anderes Wissen: zur "neuen" Thematisierung von Erfahrungswissen in der beruflichen Bildung*. Wiesbaden: VS Verlag für Sozialwissenschaften.

Smit, R. (2008). Formative Beurteilung im kompetenz- und standardorientierten Unterricht. *Beiträge zur Lehrerbildung, 26,* 383-392.

Soll, W. (1993). Grundschule im Wandel; Leistungserziehung - Leistungsförderung - Leistungsbewertung. *Wissenschaft und Praxis* (1), 1-7.

Staatliches Studienseminar für das Lehramt an berufsbildenden Schulen. (2006). *Handreichung Kompetenzraster.* Neuwied.

Staatsinstitut für Schulpädagogik und Bildungsforschung. (1999). *Handreichung zur Ermittlung und Beschreibung von Schülerleistungen in der Grundschule* (8. Aufl.). Donauwörth: Auer.

Stadler-Altmann, U. (2008). Auswirkungen der schulischen Bewertungspraxis auf das Fähigkeitsselbstkonzept von Schülern. In U. Stadler-Altmann (Hrsg.), *Neue Lernkultur - neue Leistungskultur* (S. 272–283). Bad Heilbrunn: Klinkhardt.

Stamer-Brandt, P. (2009). Lernsettings gestalten – Lernvereinbarungen treffen. *Lernende Schule* (45), 24-26.

Staudinger, U. M., Smith, J. & Baltes, P. B. (1994). *Handbuch zur Erfassung von weisheitsbezogenem Wissen.* Materialien aus der Bildungsforschung: Bd. 46. Berlin: Max-Planck-Inst. für Bildungsforschung.

Stöger, H. (2002). *Soziale Performanzziele im schulischen Leistungskontext.* Berlin: Logos-Verlag.

Strazny, H. (1993). Leistung und Leistungsbewertung in der Schule: Bemerkungen zu einem Dilemma. *Pädagogische Führung, 4* (1), 4-11.

Struck, P. (1991). Schüler brauchen Noten. *Rhein-pfälzische Schulblätter* (11), 160.

Struck, P. (1992). Die Abschaffung von Noten würde zum Kollaps der Schulen führen. *Rhein-pfälzische Schulblätter* (4), 71.

Tarnai, C. (2010). Verbale Schulleistungsbeurteilung. In D. H. Rost (Hrsg.), *Handwörterbuch Pädagogische Psychologie.* 4., überarbeitete und erweiterte Aufl. (S. 902–907). Weinheim: Beltz.

Tent, L. & Birkel, P. (2010). Zensuren. In D. H. Rost (Hrsg.), *Handwörterbuch Pädagogische Psychologie.* 4., überarbeitete und erweiterte Aufl. (S. 949–958). Weinheim: Beltz.

Titze, H. (1981). Überfüllungskrisen in akademischen Karrieren. *Zeitschrift für Pädagogik, 27,* 187-224.

Träbert, D. (2010). *Null Bock auf Lernen? So fördern Eltern die schulische Leistung Ihrer Kinder.* Weinheim: Beltz.

Ulich, D. & Jerusalem, M. (1996). Interpersonale Einflüsse auf die Lernleistung. In F. E. Weinert, N. Birbaumer & C. F. Graumann (Hrsg.), *Psychologie des Lernens und der Instruktion* (S. 181–208). Göttingen: Hogrefe.

Vögeli-Mantovani, U. (1999). *Mehr fördern, weniger auslesen: Zur Entwicklung der schulischen Beurteilung in der Schweiz.* Trendbericht: Bd. 3. Aarau: Schweizerische Koordinationsstelle für Bildungsforschung.

Vollstädt, W. (2004). Schulische Leistungsbewertung zwischen reform-pädagogischer Vision und Selektionsdruck. In U. Popp & S. Reh (Hrsg.), *Schule forschend entwickeln. Schul- und Unterrichtsentwicklung zwischen Systemzwängen und Reformansprüchen* (S. 105–117). Weinheim: Juventa.

Vollstädt, W. (2005). *Leistungen ermitteln, bewerten und rückmelden: Qualitätsinitiative SINUS; Weiterentwicklung des Unterrichts in Mathematik und den naturwissenschaftlichen Fächern.* Frankfurt am Main: Amt für Lehrerbildung.

von Hentig, H. (1980). *Die Krise des Abiturs - und eine Alternative.* Stuttgart: Klett.

von Hentig, H. (2007). *Bildung: Ein Essay* (7. Aufl.). Weinheim: Beltz.

von Rosenblatt, B. (Hrsg.). (1999). *Bildung in der Wissensgesellschaft: Ein Werkstattbericht zum Reformbedarf im Bildungssystem.* Schnittpunkte von Forschung und Politik: Bd. 1. Münster: Waxmann.

von Saldern, M. (2001). Schulleistung in Diskussion. In H. Döbert & C. Ernst (Hrsg.), *Schule und Qualität - Pädagogik.* Hohengehren: Schneider.

von Saldern, M. (2010). *Systemische Schulentwicklung.* Norderstedt: Books on Demand.

von Saldern, M. & Paulsen, A. (2004). Sind Bildungsstandards die richtige Antwort auf PISA? In J. Schlömerkemper (Hrsg.), *Bildung und Standards. Zur Kritik der "Instandardsetzung" des deutschen Bildungswesens* (S. 66–100). Weinheim: Juventa.

von Saldern, M. (Hrsg.). (2009). *Bushidô: Ethik des japanischen Ritters* [2. Aufl.]. Lüneburg: Verl. der Univ. Lüneburg.

von Saldern, M. (Hrsg.). (2010). *Die Meisterung des Ichs.* Norderstedt: Books on Demand.

Wagener, M. (2003). Ziffernzensuren oder verbale Beurteilung. Weinheim: Beltz.

Wahl, D., Weinert, F. E. & Huber, G. L. (1984). *Psychologie für die Schulpraxis.* München: Kösel.

Weimer, H. (1928). Fehlerbekämpfung. In H. Nohl & L. Pallat (Hrsg.), *Handbuch der Pädagogik* (S. 119–130). Weinheim: Beltz.

Weinert, F. (1998). Neue Unterrichtskonzepte zwischen gesellschaftlichen Notwendigkeiten, pädagogischen Visionen und psychologischen Möglichkeiten. In Bayerisches Staatsministerium für Unterricht, Kultus, Wissenschaft und Kunst (Hrsg.), *Wissen und Werte für die Welt von morgen* (S. 101–125)

Weinert, F. E. (1986). Lernen. Gegen die Abwertung des Wissens. *Friedrich-Jahresheft* (IV), 102-104.

Weinert, F. E. (1998). Entwicklung, Lernen, Erziehung. In D. H. Rost (Hrsg.), *Handwörterbuch Pädagogische Psychologie* (S. 91–99). Weinheim: PVU.

Weinert, F. E. (2001). Vergleichende Leistungsmessungen in der Schule - eine umstrittene Selbstverständlichkeit. In F. Weinert (Hrsg.), *Leistungsmessungen in der Schule* . Weinheim, Basel: Beltz.

Weinstock, H. (1936). *Die höhere Schule im deutschen Volksstaat: Versuch einer Ortsbestimmung und Sinndeutung.* Verpflichtung und Aufbruch. Berlin: Verlag die Runde.

Weise, G. (1990). Leistungsmessung. In J. Petersen & G.-G. Reinert (Hrsg.), *Pädagogische Positionen* (S. 216–230). Donauwörth: Auer.

Weiß, M. & Wernstedt, R. (2011). *Allgemeinbildende Privatschulen in Deutschland: Bereicherung oder Gefährdung des öffentlichen Schulwesens?* Schriftenreihe des Netzwerk Bildung. Berlin: Friedrich-Ebert-Stiftung.

Weiss, R. (1997). Pädagogische Diagnostik. In H. Hierdeis & T. Hug (Hrsg.), *Taschenbuch der Pädagogik.* (S. 1174–1183). Baltmannsweiler: Schneider.

Westphalen, K. (1997). Die verhängnisvolle Trennung von gesellschaftlichem und pädagogischem Leistungsbegriff - eine Erblast der 68er Bewegung. In K. Aurin (Hrsg.), *Schulpolitik im Widerstreit. Brauchen wir eine "andere Schule"?* (S. 99–112). Bad Heilbrunn: Klinkhardt.

White, M. & Epston, D. (2006). *Die Zähmung der Monster: Der narrative Ansatz in der Familientherapie* (5. Aufl.). Systemische Therapie. Heidelberg: Carl-Auer-Verlag.

Winter, F. (2010). *Leistungsbewertung: Eine neue Lernkultur braucht einen anderen Umgang mit den Schülerleistungen* (4., unveränd. Aufl.). Baltmannsweiler: Schneider.

Winter, F., Groeben, A. von der & Lenzen, K.-D. (Hrsg.). (2002). *Leistung sehen, fördern, werten: Neue Wege für die Schule.* Bad Heilbrunn: Klinkhardt.

Schule in Deutschland

Band 1

Matthias v. Saldern

Systemische Schulentwicklung

Matthias v. Saldern

Systemische Schulentwicklung

ISBN 978-3-8370-4675-5

Zu beziehen im Buchhandel

oder:

sites.google.com/site/entwicklungvonschule

Matthias von Saldern

Systemische Schulentwicklung

Von der Grundlegung zur Innovation

Schule in Deutschland 1

Schule in Deutschland

Band 2

Matthias v. Saldern (Hrsg.)

Selbstevaluation von Schule

Hintergrund – Durchführung – Kritik

Selbstevaluation – integraler Teil schulischen Lebens
Warum Selbstevaluation?
Definition von Evaluation
Merkmale guter Evaluation und Selbstevaluation
Vor- und Nachteile von Erhebungsverfahren im Rahmen der Selbstevaluation
SEIS – Kritische Darstellung eines Selbstevaluationsinstruments
Selbstevaluationsinstrumente für Unterricht I: Fragebogen
Selbstevaluationsinstrumente für Unterricht II: Andere Verfahren
Selbstevaluationsinstrumente für Schule I: Fragebogen
Selbstevaluationsinstrumente für Schule II: Andere Verfahren
Grenzen und Schwierigkeiten von Selbstevaluation in der Schule
Selbstevaluation ja, aber wie?
Was kommt nach der Selbstevaluation?

Matthias v. Saldern (Hrsg.)

Selbstevaluation von Schule

ISBN 978-3-8391-9981-7

Zu beziehen im Buchhandel

oder:

sites.google.com/site/entwicklungvonschule

Matthias von Saldern
(Hrsg.)

**Selbstevaluation
von Schule**

Hintergrund · Durchführung · Kritik

Schule in Deutschland 2

Schule in Deutschland

Band 3

Matthias v. Saldern

Klassengröße
Über ein vernachlässigtes Merkmal

Matthias v. Saldern

Klassengröße

ISBN 978-3-8423-5173-8

Zu beziehen im Buchhandel

oder:

sites.google.com/site/entwicklungvonschule

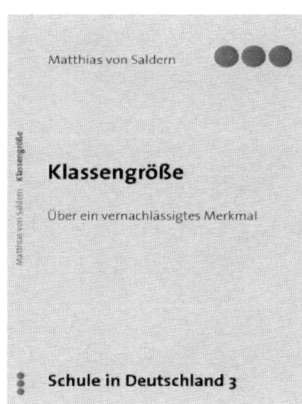

Band 5 im Erscheinen:
Schulinspektion - Fluch und Segen externer Evaluation